网络权力重构
与"锁定效应"突破策略

康　凯　魏旭光　著

资助项目：全球价值链中企业网络权力形成机理、重构路径与"锁定效应"突破策略研究（国家社会科学基金项目，14BGL055）

科学出版社

北　京

内 容 简 介

全球化的推动下，发展中国家的制造企业既获取了参与全球价值链的机会，同时也很容易被锁定于跨国公司主导的全球价值链低价值环节，而固化于全球经济结构边缘。如何通过网络权力重构改变在全球价值链中的地位，突破"锁定效应"，形成新的竞争格局是中国制造现阶段亟待解决的现实问题。本书基于扎根理论进行探索性案例分析，构造网络权力形成的扎根模型，归纳网络权力形成机理，进而解析价值链重构的具体路径，分析"锁定效应"突破的实现过程。最终提出网络权力形成、全球价值链重构和"锁定效应"突破的递进式全球价值链变革策略。

本书可作为管理科学与工程专业、企业管理专业研究生的参考用书，也可以为制造业行业协会、政府管理人员提供参考和借鉴。

图书在版编目（CIP）数据

网络权力重构与"锁定效应"突破策略/康凯，魏旭光著. —北京：科学出版社，2022.5
　ISBN 978-7-03-070447-4

　Ⅰ.①网… Ⅱ.①康… ②魏… Ⅲ.①企业升级-研究
Ⅳ.①F272.5

　中国版本图书馆 CIP 数据核字（2021）第 223095 号

责任编辑：郝　悦／责任校对：韩　杨
责任印制：张　伟／封面设计：无极书装

科 学 出 版 社 出版
北京东黄城根北街 16 号
邮政编码：100717
http://www.sciencep.com
北京盛通商印快线网络科技有限公司 印刷
科学出版社发行　各地新华书店经销
*
2022 年 5 月第 一 版　开本：720×1000　B5
2022 年 5 月第一次印刷　印张：13 3/4
字数：274 000
定价：146.00 元
（如有印装质量问题，我社负责调换）

前　　言

伴随分工国际化，生产的片段化特征日益凸显，跨国公司采用的"归核化"战略在很长一段时间为其在全球价值链中占据领先位置提供策略支持。在跨国公司模块化解构搭建的全球价值链中，发展中国家的制造企业获取参与全球价值链的机会，同时也很容易被跨国公司主导的全球价值链戴上隐形的"枷锁"，固化于全球经济的结构边缘。作为发展中国家的重要代表的中国及中国制造企业，如何改变在全球价值链中的地位，突破"锁定效应"，形成新的竞争格局是中国制造现阶段亟待解决的重要管理实践课题。

已有研究对全球价值链锁定内容的探讨更多的是从宏观经济视角出发，从研究对象面板数据着手，分析在区域经济发展过程中"锁定效应"的产生、形成及其影响。由于面板数据的区域性和整体性，故较少研究是从企业层面出发，探索"锁定效应"突破的实现路径。本书尝试以网络权力为出发点，分析网络权力的不同类型和水平高低给价值链重构带来的影响，并据此解析全球价值链"锁定效应"的突破路径和策略。

企业"锁定效应"突破的静态结果反映为在全球价值链中具有竞争优势，具体表现为享有主导权或获取超额利润，其实质是企业以较低的沉没成本、机会成本和转换成本实现以高效率、高品质产品和服务及市场敏捷性为主要特征的竞争优势。"锁定效应"突破的动态过程反映为在全球价值链中的位置提升，具体表现为实现产业升级，其实质是实现包括产品升级、工艺升级、功能升级及链升级在内的产业升级。据此，本书遵循如下逻辑思路展开研究：从网络资源出发探讨网络权力的形成机理，取径网络权力探索企业全球价值链重构路径，结合网络资源、网络权力和产业升级关联效应提出"锁定效应"的突破策略。具体而言，在文献综述基础上，首先采用基于扎根理论的探索性案例分析，构造网络权力形成的扎根模型，归纳网络权力形成机理。其次以网络权力为研究起点，结合"锁定效应"突破的结果表现——竞争优势，解析价值链重构的具体路径；以关联效应为依托，结合"锁定效应"突破的动态过程——产业升级，分析网络权力推动下的"锁定效应"突破的实现过程。最后依据价值链重构路径和"锁定效应"突破动态过程的研究结果，提出基于网络资源三维积累的企业网络权力形成策略、基于网络权力和创新模式选择的全球价值链重构策略和基于网络权力形成机理、重构路径和关联机制的"锁定效应"突破策略，三个逐层递进的全球价值链"锁定效应"突破策略。研究结果完善了全球价值链治理理论中治理结构的相关内容，促进了全球价值链治理理论的研究进展。同时，为受制于全球价值链中跨国公司的中国企业打破低端"锁定效应"实现转型升级提供策略依据。

　　本书在写作过程中，参考了很多理论观点，引用了大量的实例，在这里对这些资料的作者所做的前期工作致以敬意。此外，本书在出版过程中得到了科学出版社的大力帮助和支持，在此表示衷心的感谢。由于时间有限，难免有不妥之处，敬请读者批评指正。

康　凯
2021 年 1 月

目　　录

第一章　全球价值链中"锁定效应"研究概述

第一节　全球价值链研究背景

再工业化是西方学者为了改善工业产业地位而提出的全球竞争战略，伴随对工业产业的重视，全球产业分工格局发生重要变化。原有的以贸易为纽带的国际分工方式开始逐渐被以生产为基础的新型分工方式所取代（邱斌等，2007）。跨国公司通过实施"归核化"战略与内部垂直反整合的模块化解构所形成的全球价值链（Arndt and Kierzkowski，2001），为发展中国家制造企业嵌入价值链提供机会和方式，同时也为其向高价值环节攀升设置层层困难。近年来，伴随制造业回流呼声的此起彼伏，中国制造企业由于低成本在前一阶段形成的国际竞争优势正在逐渐退去，新的具有明显特征的竞争优势尚未形成。如何改变在全球价值链中的地位，突破"锁定效应"，构建新的竞争格局，是中国制造现阶段亟待解决的重要管理实践课题。

在价值链中似乎藏匿着无形的手将发展中国家的制造企业牢牢困在低价值泥潭，同时，全球价值链的主导者跨国公司则在研发、设计、营销和服务等价值环节一直占据领先位置。发展中国家制造企业希望通过参与全球价值链，在先进技术、品牌价值、服务质量等方面有所提升，却又不得不面临被固化于全球价值链低端的风险。这种矛盾表象上看是跨国公司与价值链低端制造企业之间的战略博弈，其实质是全球价值链治理结构的演化及治理结构核心——网络权力的消长。

第二节　全球价值链"锁定效应"突破问题聚焦

对全球价值链锁定的已有研究更多的是从宏观经济视角出发，从研究对象面板数据着手，分析在区域经济发展过程中"锁定效应"的产生、形成及其影响。由于面板数据的区域性和整体性，较少研究考虑从企业层面出发，探索"锁定效应"突破的实现路径。本书尝试取径企业网络权力，分析网络权力的不同类型和水平高低给价值链重构带来的影响，并据此解析全球价值链"锁定效应"的微观突破路径和策略。

本书尝试从资源视角出发，解释网络权力的形成机理，并以此为依据基于微观层面从企业网络权力出发解析价值链重构，探讨"锁定效应"的突破，深入分析"锁定效应"突破已有研究，发现"锁定效应"突破的静态结果表现和"锁定效应"突破的动态过程实现。具体而言，"锁定效应"突破的静态结果表现为在价值链中享有主导权或超额利润，体现为企业具有超越其他竞争者的竞争优势；"锁定效应"突破的动态过程表现为在全球价值链中实现攀升，体现为在产品升级、工艺升级、功能升级及链升级维度的产业升级。据此，本书遵循如下逻辑思路展开整体研究：从网络资源出发探讨网络权力的形成机理，取径网络权力探索企业全球价值链重构路径，结合网络资源、网络权力和产业升级关联效应提出"锁定效应"的突破策略。依据价值链重构路径和"锁定效应"突破动态过程的研究结果，提出中国制造的全球价值链"锁定效应"的突破策略。本书包含的具体研究内容如下。

1. 网络资源、网络权力构念与网络权力形成机理

目前在已经完成的研究中对资源的研究并不匮乏，但对于网络层面的资源的归纳并不系统。本书探讨的资源是网络层面的资源，并尝试探讨在网络资源的培养和获取基础上的网络权力形成。首先筛选调查对象并组织半结构化访谈，采用扎根理论对访谈数据进行三级编码。编码结果显示，网络资源概念析出了节点资源、关系资源和结构资源三个子维度，这三个维度体现了网络资源的多层次来源。同时，网络权力概念析出了技术、结构、认同和制度四个子维度，这四个子维度体现了网络权力的多资源基础。采用扎根理论研究方法进行探索性案例分析，界定网络资源的内涵，即网络资源是指在全球价值链中的企业掌控或支配的有形和无形的内外部资源，依据资源的层次差异进一步可分为节点资源、关系资源和结构资源。同时，界定的网络权力构念如下：在全球价值链中成员企业由于其在网络资源拥有上的异质性，而使得一些企业具有驱使其他企业实现自身意愿、满足自身利益需求的能力。通过扎根理论三级编码形成的扎根模型，可以解析影响网络权力形成的资源因素，分析形成机理。

2. 企业全球价值链重构模型构建与"锁定效应"突破的具体路径解析

根据基于扎根理论的探索性案例分析得到的扎根模型，结合已有研究的研究

成果，推演研究假设，形成企业全球价值链重构理论模型。归纳企业价值链重构路径具体如下：在全球价值链中企业基于自身享有的网络资源形成网络权力，并据此实现在关系和知识两个方面的价值网络重构。对已有研究量表筛选和选取，发放问卷并回收，基于回收数据分析四种网络权力类型与创新模式共同作用于结构自主性和知识链重构，以及最终反映为竞争优势的具体路径。

3. 企业全球价值链"锁定效应"突破的动态路径解析与"锁定效应"突破策略归纳

解析网络资源、网络权力和产业升级的概念模型，探讨三者之间的关联关系，构建企业全球价值链"锁定效应"突破动态路径的理论模型，并据此形成系统动力学模型，采用河北省装备制造业相关数据仿真网络资源、网络权力和产业升级的动态演化过程。结合典型的海尔集团案例，进行纵向案例演化分析，进一步印证企业全球价值链"锁定效应"突破的动态路径，依据研究结果对"锁定效应"突破策略进行归纳。

企业网络权力形成和演化既是全球价值链竞争格局演化的驱动和结果，又是企业自身良性发展和突破"锁定效应"的关键。取径网络权力探讨全球价值链的重构和"锁定效应"突破策略，既是对既有理论的拓展，也是企业国际化成长急需解决的现实问题。

本书的理论意义和现实意义如下：①理论意义。剖析企业层面的网络权力概念和构成维度，并以此为研究起点，解析在全球价值链中企业网络权力的形成过程，推动网络权力的微观组织分析和量化分析。取径网络权力探讨全球价值链重构路径和"锁定效应"的突破策略，完善全球价值链治理理论中治理结构的相关内容，促进全球价值链治理理论的研究进展。②现实意义。本书为中国制造企业、行业乃至政府进行全球化的资源配置和布局，搭建具有竞争优势的全球价值链权力结构，提供理论基础；为进一步提升中国企业国际化经营水平突破"锁定效应"提供改善依据。嵌入全球价值链中通过资源积累和权力提升寻找突破机会，是企业尝试参与全球价值链互动，拓展既有关系和改善价值链结构的有益尝试。研究以突破"锁定效应"为最终目标，有助于被困全球价值链低端"锁定效应"的发展中国家企业，选择合适的应对策略和有效的升级路径。

第三节　全球价值链"锁定效应"突破研究方法选择

研究方法选取的合适与否，直接决定研究结果是否可信。方法正确才能保证结论合理，方法科学决定结论科学。研究方法的选择为本书开展全球价值链"锁定效应"突破研究，实现研究目标提供支持。为开展在全球价值链中网络权力形成机理、重构路径与"锁定效应"突破策略的研究，本书使用的研究方法包括理论研究、实证研究和仿真研究。

（一）理论研究

理论研究是展开后续一系列研究的基础，通过理论研究可以梳理研究思路，捋顺研究逻辑。将理论研究析出的各种变量按照逻辑关系予以归纳，可以形成研究框架，提炼研究问题。在已有理论基础支撑下，本书初步形成"资源获取—权力形成—重构实现—锁定突破"的研究逻辑。采用半结构化访谈方法收集资料，基于扎根理论的三级编码对资料进行分析，析出网络资源、网络权力、重构方式等构念。在构念搭建研究框架基础上，将研究问题归纳为在全球价值链中网络权力形成机理、价值链重构路径和"锁定效应"突破策略三种。

（二）实证研究

由于在全球价值链中网络权力形成机理、价值链重构路径与"锁定效应"突破策略研究的概念模型中涉及研究变量间的关系较复杂，有必要在明确理论框架基础上，实证检验构念间的影响作用。"网络权力"对"重构方式"直接影响、"重构方式"对"竞争优势"直接影响、"网络权力"对"竞争优势"直接影响、"网络权力"通过影响"重构方式"进而影响"竞争优势"、"网络权力"在"创新模式"的作用下通过影响"重构方式"进而影响"竞争优势"，按照以上逐层深入的研究思路，分析网络权力在创新模式的影响下对重构方式的影响以及对"锁定效应"突破结果表现——竞争优势的作用。具体思路如下：第一，结合已有研究将扎根研究析出的构念转化为变量，筛选量表并形成调查问卷。第二，应用结构方程模型（structural equation modeling，SEM）（AMOS 软件）和回归分析（SPSS 软件），逐层解析变量间直接和间接影响，同时检验变量的中介和调节作用，解析价值链重构具体路径。第三，选取典型案例，按照纵向时间轴归纳分析基于网络权力的价值链重构过程，从静态和动态两种视角深入解析基于网络权力的价值链重构路径。

（三）仿真研究

在已有研究基础上，解析网络资源、网络权力与动态"锁定效应"突破过程——产业升级的关联效应。在理论研究搭建的研究逻辑基础上，按照"资源—权力—升级"的思路展开，解析变量因果作用。在构建的主要构念间因果关系基础上，增加部分变量，形成相对完整的系统流图。通过对变量间关系的函数构建和表达，形成网络资源、网络权力与动态"锁定效应"突破过程——产业升级的系统动力学模型，以河北省装备制造业数据为依据进行仿真。通过对关联效应的分析，揭示"锁定效应"突破的动态过程。

第四节　全球价值链"锁定效应"突破研究框架构建

本书基于扎根理论析出的构念构建理论模型，在已有研究基础上筛选量表测度变量，运用结构方程模型和回归分析进行实证检验，结合仿真研究和典型案例分析，逐步展开在全球价值链中基于网络资源积累的企业网络权力形成机理、基于网络权力提升的价值链重构路径和基于网络资源、网络权力与产业升级关联效应的"锁定效应"突破过程的研究。技术路线图如图1.1所示。

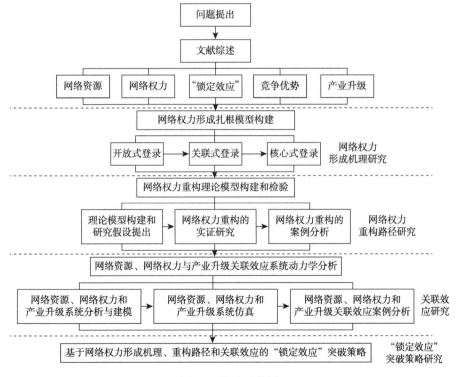

图 1.1　技术路线图

第二章　全球价值链中"锁定效应"理论基础

第一节　网络权力的资源基础

一、网络资源的多维认知

权力的资源分析视角可以追溯至 Dahl（1957）对权力的研究，其认为对权力的研究可以从权力的溯源、权力发挥的范围和权力的产生基础三个方向展开。权力溯源的研究从资源视角解析权力生成需要的资源基础。权力范围的研究更加注重对权力作用发挥边界的讨论和分析。权力产生基础的研究从权力的主客体出发解析权力行为和权力行为作用结果。在其研究基础上 Penrose 提出的资源基础观点，进一步为解释权力的来源提供理论支撑（Penrose，2015）。资源基础理论把企业视为资源集合，之所以企业之间存在差异，是由于其各自资源存在异质性。企业通过对自身异质性资源的积累和使用，形成区别于其他企业的竞争优势。同时，学者们还注意到竞争优势不仅与企业内部异质性资源息息相关，与企业外部资源和资源特征也紧密相关。异质性资源是维持组织间关系的重要纽带，也是企业获取竞争优势的外部基础（Barney，1991）。企业与其外部其他主体由于关系纽带的连接，组成区别于内部的更为复杂的具有网络特征的外部环境（Gulati，1998）。企业间相互影响和作用关系构成的网络，为技术资源、市场信息在网络中的传递提供了平台。企业借助网络平台进行学习，依据范围经济获得超越竞争对手的优势。影响企业的生死存亡和继续发展壮大的资源有很多，它们源源不断地通过企业网络传输而来，企业网络既为企业提供"资源池"，同时也为其获取资源提供方法和途径。综上，很长一段时间学者对资源的认识，以企业为界限。他们认为企业网络层面的资源包括两个层次来源，内部异质性资源是网络资源的节点表现，外部关系性资源是网络资源的二元结构表现，网络中节点资源和关系资源共同构成企业网络资源。

随着研究的逐渐深入，学者们对网络资源的认识逐渐突破二元关系的界限，开始转向网络整体，认为企业拥有的网络资源是指该企业在网络层面所享有的全部资源。Gulati（1999）认为企业资源的研究内容不仅包括企业内部区别于其他企业的资源，还包括网络整体构架、网络中成员质量、关系网络状态和网络管理能力。在对如上资源的分析基础上，聚焦企业网络中的关系，并将其定义为企业网络的关系资源（方建国，2005），关系资源作用于企业所拥有的机会集，借助其可获得性和数量改变企业的机会集进而对企业战略实施产生影响，网络信息为企业网络资源带来信息优势，信息量与机会集呈现正向关系增长趋势。

资源依赖理论（resource dependence theory）是权力来源解释的另一重要支撑，权力来源与主体所拥有的资源稀缺性密切相关，且权力水平与资源稀缺程度具有一致性。企业通过占有异质性、稀缺性的资源，获得区别于其他成员的权力，具有异质性和稀缺性特征的资源引起了学者的广泛关注，并纷纷对此展开深入的研究。资源基础理论的明确提出，为权力来源提供了更为明确的理论支撑。Wernerfelt（1984a）明确提出"资源基础理论"，并指出一些企业能够获得超额收益，保有持续性的竞争优势，源于其组织的能力、拥有的资源和累积的知识。此后，为进一步探究到底什么样的资源会带来竞争优势，Barney（1991）进行深入研究，认为价值性、稀缺性、不可模仿性和不可替代性，是企业维持持续竞争优势的资源的最重要特点，并根据传统分类方法将企业资源分为三类，即实体资本资源、人力资源及组织资源。其中实体资本资源的内容包括企业所处的地点、企业运营过程必要的物料、场所和设备，以及使用的工艺。人力资源囊括管理者和普通员工两类主体，尤其是他们自身具有的卓越能力，如工作经验、对事情的鉴别力和洞察力以及智力，这些都是维系企业正常的经营活动所必需的。企业工作结构的形式、正式和非正式的计划、掌握和沟通的系统，以及企业内部合作主体之间、企业与外部环境中的团体之间的联系都是组织资源的主要构成部分。虽然已有研究发现异质性资源是权力的来源，但到底是何种异质性资源，以及资源的何种异质性程度会带来权力，还有待进一步深入研究。Smith（2003）研究认为企业占有的市场、形成的品牌和掌握的信息也可视为企业区别于其他竞争者的资源，是权力的重要来源，尤其关注市场因素。我国学者在如上已有研究基础上，开始关注网络资源，在将网络资源区分为实体资源和非实体资源基础上，又将非实体资源进一步细分为企业内部的智力和文化资源以及企业间的关系资源。石永贵（2009）认为网络中的节点企业能够成功设立并保有持续增长的竞争优势，源于其对网络资源的获得和整合剖析，加之其对资源的有效管理，资源在网络层面的延展和深入研究，为企业权力研究提供新的视角和层次。网络资源开始成为解析网络权力来源的重要分析依据，研究的核心和重点应当以各类资源的取得、整合和协调为主。虽然网络资源的研究开始进入研究者的视野，但纵观国内外已有研究，当前关于网络资源的构念研究框架搭建还未完善，尚缺乏系统性的解析，本书的研究以权力的资源来源为逻辑出发点。表2.1总结了学者们基于自身研究倾向对资源类型的划分及其内容表述。

表2.1 资源类型的划分及其内容表述

资源类型	具体内容	代表学者	特点
实体资源	技术、装备、原材料	Wernerfelt（1984a，1984b）、Barney（1991）	有形
人力资源	培训、员工关系、知识、生产经验	Wernerfelt（1984a，1984b）、Barney（1991）	有形
组织资源	工作结构、规划、控制机制、信息	Wernerfelt（1984a，1984b）、Barney（1991）	无形
市场资源	品牌、企业文化、顾客忠诚度	Smith（2003）	无形
关系资源	与网络内其他个体间的关系、网络关系能力、中介资源	方建国（2005）、石永贵（2009）	无形

二、网络资源的管理配置

企业对资源的管理体现为企业对资源的使用途径和管理方式的控制。企业对自身资源的管理有助于其提升自身能力，企业对网络资源的管理有助于其有效利用网络资源提升在网络中的地位，从而在获取网络权力过程中具有资源优势。资源管理过程是基于企业运营的制定和实施过程，解析其资源及配置情况，以期产生最优效果的过程。资源配置是强调资源间的相互配合，从而使得组织活动获得支持的过程。也有学者从资源配置主体的视角认为资源配置是企业管理层、决策层对战略的评估、制定过程，按照发生次序进一步划分为启动、整合和共同管理三个维度（Burgelman，1984）。Bower 和 Gilbert（2005）重点研究资源如何在跨越组织固有的层级过程中进行重新配置的过程，并就重新配置过程伴随的时效性问题和重复性问题进行深入的讨论与试验。当前大多数研究过程都是集中于探讨企业内部如何进行资源配置，对网络层面的资源配置研究，虽有提及，但研究尚不系统，较少从全球价值链视角分析网络资源在不同主体间的配置方式。近年来资源配置的研究方向吸引了我国一部分学者的目光，特别是我国部分学者开始在中国情境下尝试对资源配置概念进行界定，普遍认为企业由于生产的需要而对现有资源进行重新分配就是资源配置（宋晨英，2006；魏文川，2008），这个过程就是企业不断实现创新、保持竞争优势的路径（韩彩欣，2002）。在资源配置过程中，资源管理是十分重要的内容（Sirmon et al.，2007）。对于网络资源而言，作为网络资源配置中的核心内容，网络层面资源配置由于层面的拓展具有更强的延展性和多样性。对网络资源配置整合研究，区别于仅限于企业内部的资源配置，在当今全球化背景下，特别是置于全球价值链这一平台，具有更为重要的研究意义。根据目前的研究框架，遵从已有的构建、整合和杠杆三个维度对网络资源的管理过程进行总结，如表2.2所示。

表2.2　网络资源的管理过程

资源管理过程	描述	维度	描述
构建	构建企业的资源组合	资源获得	通过购买获取资源
		资源积累	通过企业内部培养获取资源
		资源放弃	放弃对企业无用的资源
整合	企业组合资源以改造现有的能力	稳定资源	稳固现有资源基础
		改进资源	扩展和细化现有资源的过程
		创造能力	通过资源扩展出新企业能力
杠杆	将企业的能力实践以获取竞争优势	识别	识别企业自身具有的能力
		调整	将识别出来的能力进行整合
		实现	将能力进行应用以创造竞争优势

第二节　"锁定效应"的权力核心

一、权力

最初对权力的探究开始于政治学和社会学。权力鉴于其主客体特征，在政治学研究中，最早被用于表达权力主客体之间的心理关系。权力主体通常可以实现对客体的有效掌控，即凭借权力客体对利益的追逐、对失利的惶恐、对领导和规定的顺从等几个方面影响客体。政治学中的权力由影响力和控制力两个来源共同构成（Dahl，1957），其中影响是基于客体对利益的期待、对损失的恐惧，从而主体对客体产生的作用。权力的控制则是基于客体对领袖和制度的敬仰与爱戴，主体对客体产生的作用。与权力的关系属性相对应，权力不断的集聚过程是权力配置研究的重点，权力的运行离不开权力势能，权力势能可以不断聚集，并逐渐形成单独的模式。权力势能论和关系论的主要区别在于权力的运行与配置过程具有非静态性，即重点阐述权力的动态调整和不断变化的性质，这个过程也是内因和外因共同作用的结果。学者们对权力的研究除对权力概念本身的研究外，开始探讨权力的维度划分。Nye（1990）认为权力包括命令性权力和同化性权力，并在对权力分类基础上，最早提出软权力的构念。与已有研究中对权力关注较高的硬性权力相比，软权力更多是通过说服和诱导的方式，让权力客体认可权力主体的行为准则、价值观念和制度安排。正是基于此，我国学者尝试在硬软权力的划分下，进一步对软权力进行深入探究，将软权力进一步解析为制度性软权力、认同性软权力和同化性软权力。

社会学研究提出的权力客体对于权力主体的依附性观点是权力研究的核心，权力主体对权力客体的权力体现为权力客体对此事件的反抗程度的大小，权力客体面对拥有绝对优势权力的权力主体，尤其是在该客体无法抵抗权力主体的情况下，权力主体可以让客体承担和完成其不愿承担和完成的任务（Emerson，1962）。社会学研究中对权力的研究可以归纳为，权力主体对客体的权力就是权力客体对权力主体的依赖。由此可见，社会学的权力概念建立在二元关系基础上，认为个体层面的权力是指权力主体对权力客体的影响能力。在依赖前提下的二元关系中的影响使权力客体不得不做出一些其他条件下不可能做的事（Huxham et al.，2008）。此外，近年来对权力的研究开始从静态的二元静态关系逐渐发展至动态演化视角，权力关系并非一成不变的，也并非均衡平等的，在运行过程中不可避免地会发生权力损失。在动态过程中，权力主体通过意志施加作用于客体，使得权力主体、主客体行为和权力关系三者发生交互作用（李景鹏，2008）。

综上所述，早期权力的研究主要基于政治学和社会学，不同领域的学者基于不同的学科和研究视角对权力的概念及其内涵进行了研究，并将研究逐渐从权力管理的静态研究推进至权力关系的动态变化研究。比较而言，政治学中的权力研究更加关注于政治活动中所包括的主客体，相对应地，社会学中的权力范畴，主要研究社会文化和相应环境。然而管理活动中的权力概念及其影响下的企业行为，单单凭借政治和社会学研究中的权力研究结论是远远不够的。在管理学研究范畴下探讨企业权力属性、权力应用及权力关系等内容，是对权力理论的进一步完善，特别是在当今全球化背景下，对全球价值链中的网络权力的解析和诠释，将是对权力理论的一次重要且必要的理论丰富。

二、网络权力

网络权力是权力概念的网络化延伸，从网络层面研究网络权力，针对网络中组织主题开展的对主体间关系的系列研究。这项研究的目的是加强对网络权力的认识，并在管理研究的背景下探索网络权力在全球价值链中的构成结构和运作过程。网络权力构念的解析和深化，有助于在中观层面完善权力的概念及其来源、类型、特征和结构。

为进一步解析权力的类型，French 和 Raven（1959）对权力进行研究后提出六种权力的具体形式，分别为强制权力、奖赏权力、法定权力、专家权力、参照权力和信息权力，如表 2.3 所示。这种权力形式的划分为后续研究奠定了重要基础，也是其后学者开展权力研究的重要依据。Brown 等（1983）在其研究基础上，指出权力形式类型的划分的本质是基于权力来源。学者们探讨权力类型后，开始考虑权力的外部表现以及权力如何度量的问题。Rose 和 Shoham（2004）开始关注权力如何被识别，他们研究发现组织间的冲突是权力，准确说是中观层面权力，是可以被识别的最核心的外部表现。具体而言，这种组织间的冲突又包括情感冲突和任务冲突，它们都是权力关系变化过程中的外部反映。同时，即使面对困难重重的测量过程，研究者们依旧尝试分析如何对权力进行度量。Provan（1980）认为权力概念本身复杂性使得对其的测量也存在难度，在对权力的识别上也存在困难，可以将其理解为一种能力，即可以潜伏或者被发现并使用的改变其他客体属性和行为的一种能力。如何测量权力成为学者们不断探究的方向，权力构念及其维度划分是学者们尝试突破的一个重要方向。

表2.3　权力的具体形式

权力类型	含义	体现
强制权力	权力主体对权力客体不按主体要求行动进行的威胁和惩罚	权力主体使用惩罚的次数以及权力客体不服从的强度
奖赏权力	权力主体对权力客体按主体要求行动进行的奖励和承诺兑现	权力客体对奖赏需求的大小
法定权力	权力主体制定规则和法律壁垒	拥有制定规则的个体或组织拥有权力
专家权力	权力主体拥有的核心技术和权威性	权力主体对权力客体提供信息和技术支持
参照权力	表示权力客体对权力主体的感受	权力客体跟随权力主体的企业形象或品牌
信息权力	掌握沟通内容的准确度和数量	权力主体承担起较多重要沟通，并拥有大量信息

权力的理论研究引起了学者们的广泛兴趣，Belaya 和 Hanf（2009）意识到权力的多维理论属性，从三种理论分析权力的基本构成和维度，即社会学方面、心理学方面和管理学方面。与之对应，中观层面的网络权力也反映为一个多理论视角概念。不同于一些学者将网络权力的研究重点集中于网络结构，Rutherford 和 Holmes（2008）则强化了在结构基础上的网络权力的能力属性，即网络权力是存在于网络结构上，相互关联且可以对权力客体使用的能力。同时，权力主体的权力来源为其一段时间内的资源积累。对于权力主体而言，网络权力是否使用，还要结合其与权力客体的关联程度以及权力应用绩效进行考量。景秀艳（2007）基

于权力的作用结果从能力视角出发界定网络权力的概念，认为网络权力是权力主体驱动其他权力客体实施系列行为达成自身目的的能力。易明（2010）对网络权力的界定出于对权力发挥作用的过程，认为网络权力作用发挥的外部表现为影响、支配和控制等过程手段。张闯（2008）将网络权力置于层次性结构上进行界定，认为网络权力是权力主体对处于同一系统内不同层次上的权力客体的行为施加影响和控制的能力，由于网络层次性结构特征，网络权力的互依性、中心性、结构性、动态性和空间性表现得更为突出。张巍和党兴华（2011）对网络权力的界定主要从信息视角展开，他们研究发现网络权力的资源来源尤其重要，与信息资源息息相关。网络权力的大小取决于权力主体拥有的信息，基于关键信息整合的知识和创新能力是网络权力区别于权力的核心特征。

对在全球价值链中的网络权力而言，可以从合作性、协同性和制度性（Rutherford and Holmes，2008）三个方面划分其维度。在价值链中权力的合作性体现为企业在网络中领先企业影响下，与其他企业一对一配置资源并决策，即在双元关系中探讨权力达成的合作效果。在价值链中权力的协同性从整体层面出发，全面解析领先企业与其他成员企业在共同配置价值链资源基础上的权力的价值链整体分布，此维度突出权力的多元协调关系。在价值链中权力的制度性偏重价值链中各主体受到政府及其他非营利组织的影响，此维度体现权力的行政外部性。

网络权力是存在于全球价值链的一股不可忽视的重要力量，在全球价值链运行过程中发挥着决定性作用（Palermo，2000）。立足于"权力"视角去研究全球价值链的演化过程开始受到关注（杨道宁，2005）。Sacchetti 和 Sugden（2003）强调权力的关系属性，引入权力关系认识网络组织，并尝试解析网络组织运行机制。Smith（2003）将研究关注点聚焦于动态权力关系，应用变化的权力关系对区域产业集群进行解析，以斯洛伐克的服装产业集群为例，对其动态权力关系观点进行阐释。Casciaro 和 Piskorski（2005）关注权力关系的不均衡特征，同时也指出这种关系不均衡源于资源基础的差异。姜翰等（2009）进一步将权力关系上升为权力结构，解析其构成要素并与联盟控制权的不对称分布之间进行对照分析，同时以电器联盟为例阐述其理论应用。另外，Belaya 和 Hanf（2009）整合多个理论视角，将权力置于组织关系中探讨其关系属性。

综上可知，研究者们基本达成了权力的资源来源这一基本共识，由于学者们研究领域和关注焦点的差异，对网络权力的概念界定及其内涵仍存在差异。在此基础上对网络权力的来源进行整合，认为网络权力不仅来源于内生资源还受到外生资源的影响。在已有研究基础上本书对网络权力进行界定，认为网络权力的本质是一种影响力和控制力，在全球价值链中的网络权力是参与全球竞争的过程中企业带动其他企业达到自身目标、满足自身利益的影响力和控制力。

三、网络权力特征

权力在网络层面中发挥作用的过程伴随着依赖性、向心性、结构性、动态性、空间性五大特征（景秀艳，2007）。

（1）依赖性（互依性）。权力的关系属性一直是研究者们的研究核心，同时，作为关系型组织的全球价值链，其核心为在企业间网络关系相互依赖基础上实现的价值增值。在全球价值链中，企业间无论是领先企业还是其他成员企业都存在不同程度的相互依存。同时，网络中所有行为者包括领先企业和其他成员企业的各种行为都需遵循网络整体的行动规则。虽然有共同认可的行动规则作为所有网络成员的规范，但在网络中所有成员的行为还会受到依赖关系的影响（Powell，1990）。网络权力发挥其影响力与控制力也正是以这种成员间的依赖关系为基础的。网络中的两类成员——领先企业和其他成员企业都受到这种依赖关系的影响，这种依赖关系既决定自身在网络中的地位，又反映为影响其他成员的权力。具体而言，正是由于在网络中领先企业和成员企业所拥有的资源不同，反映为不同的行为表现，进而使得权力在网络中的成员间进行分配。在所有的资源种类中，知识是尤为重要的一类资源，权力依赖关系与知识这类资源在网络中的传递受到权力关系的影响（闵成基等，2010），也就是说，知识作用方式是权力相互依赖的一个显性表现，同时最终反映为企业的竞争能力。

（2）向心性（核心性）。在网络中所有成员企业间的依赖程度存在差异，领先企业无论是自身具有的内部资源还是占据的网络资源相对于其他成员企业而言均具有资源优势，这种优势来源于领先企业凭借自身能力控制的关键资源。由此可见，对关键资源的控制从另一个视角反映了组织权力过程的控制（Castells，1996）。对于在全球价值链中的企业而言关键资源包括专有技术、品牌声誉、关系网络和非替代性节点位置等。对关键资源的占有和控制程度决定企业在价值链中的角色，占有和控制关键资源的程度越高，该企业在价值链中的实际控制能力的发挥越游刃有余，从而其主导网络成员间的关系安排能力越强（Jones et al.，1997），网络整体表现为具有较强的向心性。即在全球价值链中，以领先企业为核心与其他成员企业形成一系列连接关系，且这些连接关系均指向价值链的领先企业。在价值链中的领先企业的网络权力水平越高，其凭借网络权力对其他企业的影响力和控制力就越强，这些指向领先企业的权力关系的强度就越高。从另一侧面反映出领先企业在价值链中被其他成员企业视为期待的合作者，因此领先企业在与其他成员企业的合作中逐步占据网络的战略核心位置。

（3）结构性。网络权力区别于已有研究权力的主要特征是其结构属性。网络权力重要来源之一是企业在网络中占据的位置资源。企业在网络中的位置一方面表现为企业享有的结构资源,另一方面表现为其在联合其他成员企业时的能力(Bridge,1997),即网络位置具有资源和能力的双重外在属性。在网络中的企业由于其占有的异质性个体资源和网络资源,使得成员企业之间在关键资源的配置上存在差异。在企业的位置的决定因素中,资源稀缺性、资源重要性及是否可替代,决定企业在网络中位势的高低。这一位置决定其与其他成员企业的关系以及在参与网络活动过程中的企业行为。网络中心性较强的企业在网络中的主导作用更强,尤其在合作企业的选择过程中具备更大的主动权与更强的灵活性,排他性优势表现明显。由此可知,处于网络中心位置的企业可以据此大大提升获取自身利益的可能。同时,处于网络边缘位置的企业,由于其所处位置较为被动很容易受到处于网络中心位置企业的裹挟和控制,或者直接在合作关系中被排除。基于网络结构而产生的排他效应,极有可能引发网络结构边缘企业爆发竞标战争(Markovsky et al.,1988)。在全球价值链中,微笑曲线的存在使得网络权力的结构特征愈加明显。

(4)动态性。学者们对权力的资源来源的关注,加之权力的度量存在的困难,使得很长一段时间内学者们对权力动态性的研究进展缓慢。无论是权力行为观还是权力关系观,权力都不是一成不变的。在权力行为视角下,权力对资源的控制视为行为的一种,这种行为并非静止的,而是在不断的行为交互中实现的(Dicken et al.,2001)。在权力关系视角下,网络中的领先企业和其他成员企业的权力关系也在随时间变化。特别是在全球价值链中的领先企业和其他成员企业对价值增值的追逐,是权力关系博弈的结果反映。在价值链中权力的分布状态取决于关键资源的动态分布,无论是关键资源的重要程度,还是其稀缺程度,抑或是不可替代程度,都会随着时间轴的推进而发生变化和更替,关键资源的动态性使得网络权力具有显著的动态性。

(5)空间性。伴随生产的碎片化,在全球化背景下网络权力的空间性特征愈加明显,权力的空间范畴进一步拓展,全球价值链中的网络权力在更为广阔的空间内发挥作用。网络权力与所在空间不断发生交互作用,所在空间既是网络权力发挥作用的媒介,同时也对网络权力的运行和发挥产生影响。网络权力具有空间边界性特征,即网络权力运行研究需要考虑空间边界及阻碍(景秀艳,2007)。在全球价值链环境下对网络权力的探讨不能脱离空间属性。成员企业需要考虑怎样联合不同区域的成员企业,解析空间属性的双刃剑效应。一方面尽可能消除网络权力运行过程中出现的空间障碍;另一方面尽可能在更大空间内合理配置资源。由此可见,在当今全球化背景下网络权力的空间属性尤为重要,且在更大范围上体现了空间关系特征。

四、网络权力结构

综上可知，网络权力具有依赖性、向心性、结构性、动态性和空间性五种主要特征，随着纵向时间轴的延伸，五种特征表征的网络权力水平不断发生变化。基于权力水平的变化，权力势能与之匹配不断升降，权力均衡状态相对理想而不平衡性是常态（Benson，1975；Bathelt and Taylor，2002）。权力的非均衡性和不平等性决定了网络中权力结构存在差异。权力结构的不同，使得认识组织变异的动态过程具有了新的研究视角。彭正银（2009）研究提出组织异变的权力动态演化模型，探讨了企业网络演化的过程及其演化中权力的变化，权力在演化中保持非对称平衡。

在对权力结构的研究中，学者依据权力集中程度提出包括中心追随模式、最优接受模式、渐进接受模式和局部自治模式在内的四种治理模式（陶厚永等，2008），治理模式的差异其实质为权力结构的不同表象。在中心追随模式中，权力高度集中统一，在对应网络组织中存在一个具有绝对领导力的企业，其他成员企业均以此领先企业为向导。一旦组织环境发生变化，此领先企业会率先进行调整以适应环境变化，其他成员企业在领先企业的带领和影响下接受变化进行调整，以满足领先企业的要求。由于在网络中除领先企业外，其他企业拥有的关键资源较少，成员企业之间的异质性资源不足，可替代性水平较高，故其他成员企业受到领先企业的绝对领导，组织的科层性属性较高。最优接受模式网络中存在多个领先企业，且领先企业的权力不是一成不变的。伴随网络中关键资源的变化和更替，领先企业也随之更替。这种网络权力结构较中心追随模式结构权力集中程度和水平有所降低，但仍然集中于网络中几个核心企业中。在渐进接受模式中领先企业的权力集中程度和水平进一步降低，网络中其他成员对领先企业的依赖较最优接受模式也有了明显下降。领先企业对其他成员的控制也相对较弱，成员企业对领先企业施加的影响可以有选择地接受。此种网络权力结构与最后一种局部自治模式中网络权力的集中程度相对较弱。在这两种权力结构中局部自治模式权力结构不存在处于完全控制地位的企业，网络中各企业均可按照自由意志实施企业行为，成员企业与企业间的联系也并非源于权力的影响，而是具有完全自主性。网络中企业的权力水平趋于平均，是权力完全集中的对立面。由于网络中权力相对均衡，这种权力结构中网络成员的协同程度明显低于其他网络权力结构。

第三节　"锁定效应"的理论支撑

一、"锁定效应"的理论基础

"锁定效应"为全球价值链中的一种现象，已有对其进行解释的理论包括报酬递增理论、资产专用性理论、风险偏好理论和有限理性理论。这些理论虽然产生之初并非针对"锁定效应"问题，但理论中均讨论了前期进行投入和后期行为选择之间的关系，是"锁定效应"研究的重要理论基础。

（一）报酬递增理论

报酬递增理论认为，伴随投入在前期的不断积累，产品的边际产出会随之不断增加。基于投入积累的内外部来源，学者们对报酬增长的认识可以划分为组织内部和组织外部两个方面。亚当·斯密研究提出生产力的劳动分工是财富增长的主要原因（Smith，1776），市场不断扩大会带来新的劳动分工，新的劳动分工进而实现持续增长。分工可以带来财富增长，但其内部机制如何实现？马克思依据协作效应对其进行进一步解释，劳动力和生产资料之间的相互协调和累积是实现财富累积的重要方式（Marx，1848）。除了组织内部协调视角外，组织内部视角的另一重要方面来源于创新，以熊彼特为代表的学者认为，报酬递增源于组织内部的创新驱动和演化（Schumpeter，1912），强调创新模式尤其是创新模式中的突破式创新，是报酬递增的重要诱因。除了从组织内部寻找报酬增长的原因外，企业外部也是学者们解释报酬递增的来源之一。马歇尔在新古典均衡的范畴内采用外部经济的概念来诠释报酬递增机理，认为是外部经济引起报酬递增，即同一行业中各个企业之间的溢出效应导致报酬递增（Marshall，1890）。舒尔茨对报酬递增的来源进行了更为完善的整合归纳，认为报酬递增的来源可以包括如下几个方面：劳动分工、专业化、技术进步、人力资本的积累、经济思想和知识、经济制度等（Schultz，1961）。

综上所述，无论是来源于组织内部的劳动分工、创新演化、人力资源，还是来源于组织外部的外部经济、经济制度，报酬递增都会由于前期投入锁定本期获取收益进而得到更高的边际产出，从而获取经济效益（李明，2007）。报酬递增理论解释了"锁定效应"问题涉及的前期投入问题，并对前期投入的来源进行了探讨。也正是基于前期投入，企业获得的报酬不断增加，增加的报酬强化了先发企业锁定行为的选择。

（二）资产专用性理论

资产专用性理论为交易成本理论的重要基础理论之一，Williamson 是这一理论形成的重要贡献者。专用性理论关注资源在用于特定用途后，如果再用于他处会降低其原有价值。之后为了进一步解析专用性类型、目的和性质，将资产专用性进一步具体化为场地专用性、物质资产专用性、人力资产专用性、特定资产专用性、品牌资产专用性和时间专用性六种。也有学者尝试按照资产层次对专用性资产进行划分，具体包括团队专用性、产业专业性、国家专用性和消费专用性四种类型（袁安照，2002）。此外，Che 和 Hausch（1999）根据专用性投资目的将专用性资产进一步划分为自利性、合作性、混合性三类，这种划分方式在明确专用资产类型的基础上从新的专用性资产维度开展研究。James（2002）以资产在交易中的关系性质为准则，将资产专用性按照关系边方向进一步解析为单边依赖的专用性资产和双边依赖的专用性资产。

与报酬递增理论不同，资产的专用性理论向研究者们传递了如下思想：无论对专用性资产按照何种方式进行划分，前期投入会被锁定于特定资产中，后期不能够灵活使用。资产专用性程度越高，转换的可能性越低，即资产专用性投资会对交易双方形成一种锁定效应。综上可知，资产专用性理论强调了一种依赖关系，这种依赖中存在着明显的"锁定关系"。

（三）风险偏好理论

风险偏好理论是决策理论的重要组成部分，是从决策者心理学出发进行判断的一个理论。风险偏好意为企业或个体在达成既定目标的过程中面对所遇风险的种类、大小等方面的基本态度。该理论指出多数人在面临收益与损失时的风险偏好程度是不同的，由于较大的风险通常会带来较大的收益，风险偏好者愿意以较大的风险换取更多收益。由于在未来发展环境中存在诸多不确定性，故不同的决策自然携带着不同的风险"基因"。

即便是风险偏好者，仍需应对不确定性以达成其希望达成的目标。为了降低风险给己方带来的损失，同时尽可能积极应对环境不确定性，通常会在合约中说明已商定的风险执行条款及违约惩罚。基于执行条款和违约惩罚，转换行为的发生被控制，从而造成"锁定效应"现象的产生。风险偏好理论从实施锁定和被实施锁定双方决策出发，解释了现实中锁定行为产生的心理学来源和行为支撑。

（四）有限理性理论

有限理性理论作为心理学范畴的研究内容最早由 Keneth 提出，后诺贝尔经济学奖获得者 Simon 对有限理性理论的概念进行归纳完善，并在《管理行为》一书中予以界定。有限理性状态是指介于完全理性和非完全理性之间的一种状态,并基于心理学和生理学的相关研究将理性进一步划分为程序理性和结果理性。根据有限理性理论,通常无法在不确定环境中进行准确预测,因而只能通过一定的理性程序来应对无法完全按照既定程序采取行动的情况。

在组织发展过程中人的因素,尤其是领导者的决策因素发挥了重要作用。有限理性对组织领导者决策过程的心理支撑进行解析。有限理性理论对"锁定效应"的解释是在前三种理论基础上推进的,在有限理性视角下决策的产生受到众多因素的影响,极有可能不是最优的决策。现实情况是在执行相关决策行为后,此行为带来的后果才会逐渐析出,但通常此时前期决策行为产生的后果的回旋余地会受到制约。前期决策行为的结果可以通过资产专用性、报酬递增效应、风险偏好对当期的决策产生一定的影响,从而形成锁定。

二、"锁定效应"的成本表现

在明确"锁定效应"产生的理论基础后,进一步分析在价值链中"锁定效应"的成本表现。如果说"锁定效应"理论基础探讨的是锁定的来源与原因,那么"锁定效应"的成本表现解释的则是锁定的结果与反映。具体而言,"锁定效应"在成本上表现为沉没成本、机会成本、转换成本三个方面(戴晓天,2009)。对于在全球价值链中的企业而言,其中沉没成本和机会成本是一种可见投入和潜在损失,这种投入和损失是内嵌于某一关系累积而形成的,而转换成本则是在任意时刻成员欲脱离关系时所要承担的各种成本,三者共同决定价值链对企业的锁定深度,是价值链内部高低端锁定现象及网络"绑定"所引发的企业整体向前发展或走向衰落现象的决定因素。

(一)沉没成本

已经支出且不可回收的成本被称为沉没成本,而对价值链来说,沉没成本是指企业为了构建和维护关系所付出的特殊关系投资。这些投资包括时间、人力、物力及资金成本,沉没成本之所以能够引起"锁定效应",最主要的原因在于关系投资的无法恢复、无法回收。Dyer 和 Nobeoka(2000)从关系资产的资产专用性特征层面对其深层次原因进行阐释,在对日本汽车产业的研究中发现,汽车厂商与供应商建立的紧密合作网络和彼此投资的"专用化、特有化"关系资产有关,这种投资具有 Williamson 意义上的地理位置、物质资产、人力资本三大资产专用性特性。Saxenian(1994)的研究发现高科技产业的地理位置设置大多是较为靠近的,这种地点专用性特征在很大程度上推动其他资产设备和人力资源的关系投资进程。

综上所述，鉴于在全球价值链中企业间关系的复杂性，全球价值链中的沉没成本更多来源于关系投资。将特定要素投资给特定关系、特定对象，每对关系产生的关系资产内含着不同的特性的要素品质和要素结构。随着这些关系投资和其他成本投入的逐渐增加和沉淀，其他企业打破这一关系的难度也会逐渐加大。同时，关系资产作为典型的专用性投资，在关系解散失效后能用于其他方面的可能性较低，以关系投资为核心的沉没成本把企业锁定得也就越深。

（二）机会成本

保罗·萨缪尔森在《经济学》一书中将机会成本定义为一种特殊成本，它是指由于在某一方面的资金投资后导致失去的在其余多个方面的投资收益机会。关系投资为投资行为的一种，这一特性也被体现在关系投资之中。对于发展中国家的企业而言，全球价值链的机会成本包括企业在最初因选择参与价值链互动而错过其他选择所失去的潜在损失，也包括企业在决定离开原价值链时企业会失去原价值链所带来的收益和机会。成熟价值链的基本特征之一就是规模收益递增，随着企业在价值链中持续时间的增加，企业的关系投资随之加大，企业的嵌入度也逐渐增加。企业收获的价值分配持续提升，解除与价值链的关系会带来未来收益的减少。Baum 等（Baum and Dutton，1996；Baum and Korn，1999；Baum et al.，2000）研究发现企业在价值链中的嵌入时间越长、关系连接就会越复杂，达到的效果绩效就越高。Kim 等（2006）从网络惯性理论的角度认为，随着关系持续时间的不断增长，关系连接的数量不断增加以及关系合作的范围不断扩大，企业改变网络关系的意愿也会逐渐减少。

综上所述，在全球价值链中"锁定效应"的机会成本表现如下：如果企业不参与或者脱离了当前价值链，往往会使得其收益和绩效降低，可能失去一系列利润。机会成本的存在会令已经嵌入价值链的企业不愿舍弃依赖，机会成本是其愿意被锁定的原因。

（三）转换成本

转换成本的概念最早是从供应链企业间关系的"企业-供应商"和"企业-顾客"研究中被提出的。Klemperer（1995）从"经验品"的角度提出高的转移壁垒存在于长期合作的买卖双方之间，这种壁垒就是基于经验效应的转移成本。脱离某种原有的价值关系意味着可能需要花费更多成本发掘新的合作伙伴并培训和适应新产品、新规则。Liu 等（2005）研究发现即使合作双方并不满意当前的合作状态，但是碍于过高的转换成本也会勉强将合作伙伴关系维持下去。Ganesh 等（2000）从营销角度提出经过长时间对买卖双方的合作伙伴关系的管理和适应，双方产生互相信任互相依赖的现象。脱离这一关系就表示不能再享受同等的优惠，还要面临寻找新的具备同等优惠条件或是更多优惠条件的合作伙伴的难题。Woodruff（1997）、Davies（2004）进一步指出，随着客户价值结构的不断变化，客户对产品和服务的要求已经不仅仅是简单交付，而是要为客户提供一整套的整合解决方案。不同厂商提供给客户的产品和服务差异化以及个性化程度不断提高，企业或者消费者如果解除原有的合作网络，就意味着会丧失从合作中获得同样差异化、个性化的客户价值，是成本的变相增加。

　　企业在价值链中由于各种竞合关系的叠加同样存在转换成本。当企业从原价值链中脱离，而试图加入新价值链时，除了要面临巨大的转移壁垒，付出不可或缺的关系投资以外，还需承担丧失的个性化差异化的既有关系成本的损失。由此可知，企业愿意被锁定的又一重要原因就是脱离并参与新价值链的成本太过高昂。总之，转换成本是"锁定效应"产生的一个重要构成部分，脱离原有的价值链将会丧失重要供应商、市场（客户）及关键资源，如信息、技术等，而找到新的能够带来同样价值满意的合作伙伴也并非易事，同时构建新的价值关系也会耗费大量的关系投资。由于存在转换成本，企业为了规避转换过程带来的风险，宁愿维持在当前次优甚至不优的价值链，也不会轻易解除这些维持已久的价值链中的关系。

　　如上，本节归纳了"锁定效应"的理论基础和成本表现，解释了"锁定效应"的理论来源和成本因素。"锁定效应"突破的实现，是打破如上原因带来的锁定结果，既包含"锁定效应"突破过程，又包含"锁定效应"的突破结果。因此，本书从"锁定效应"突破结果——竞争优势和"锁定效应"突破过程——产业升级静态和动态两个方面解析"锁定效应"。

第四节　"锁定效应"的静态优势

一、竞争优势概念释义

　　竞争优势的概念源起经济学家张伯伦，在竞争优势概念提出后学者们便展开了竞争优势的研究并且直至今日。在对竞争优势已有研究进行综述之前有必要先从词义本身对其进行剖析。词义表面显示，企业竞争优势最少包括三层含义，分别表征概念主体、行为和结果：企业、竞争、优势。企业原指企图冒险持续经营某项事业，又被进一步归纳为自主经营、自负盈亏、独立核算的社会经济组织，后又被释义为从事生产、运输、贸易等经济活动的部门。竞争在中外词典中的释义鉴于其关注对象差异而有所不同，在《现代汉语词典》中关注个体而被释义为为了个人利益而与别人争胜。在《牛津词典》中关注对象为组织，故将其定义为为了赢得顾客、获取利益，拥有同样产品或服务的生产商之间所进行的争夺。《新帕尔格雷夫经济学大辞典》对竞争的概念进行整合提出相对完善的竞争含义，指出"竞争"是个人、集团或国家间的角逐和争夺，只要有多于或等于两方的势力意图夺取并非各方都能获得的某种资源时，竞争就会出现。同时，竞争还表现为一种具有排他性的经济行为。优势在《现代汉语词典》中是指能超过对方的有利形势。《韦氏英语词典》将其定义为由于某种行为而在整体上产生了一种相对对手而言更好的、更优越的位置或者形势。基于以上解释，企业竞争优势可以理解为在企业与其他企业对某种资源进行排他性争夺的过程中，表现出的相对更好的状态或占据更为优越的位置的情形。

二、竞争优势内涵认知

对竞争优势概念的释义已从个体和组织层面基本解释了竞争优势的本质内容，伴随研究的不断深入，学者们在组织研究中对竞争优势概念内涵的认知仍然存在差异和分歧，基于认知差异竞争优势内涵可以归纳为如下五个方面。

（一）市场位势观

市场位势观视角下的学者在探讨竞争优势的内涵时引入了物理学中"势能"的概念，认为竞争优势水平在市场中反映为位势的高低，并据此认识竞争优势的内涵，即在竞争市场中位势越高的企业具有的优势越大。基于这种认知倾向，Hofer和 Schendel（1978）将竞争优势定义为"一个组织通过资源的调配而获得的相对于其竞争对手的独特性市场位势"。此后，学者们又进一步将竞争优势与市场地位相匹配，认为势能高的最终表现体现为企业在市场中的地位高。此种超越其他企业地位的结果进一步体现为在市场中占据更大的市场份额，或是超越其他竞争对手的利润率（马刚，2005）和增长率，或是更加具体地反应为供应链末端的优势服务和产品（蓝庆新，2005）。企业竞争优势是指由于企业在整个产业中所处的优势地位使得在竞争时产生的一种优于对手的态势，具备竞争优势的企业在进行经营活动时也能为顾客提供更加优质的服务或更加优良的产品。除此以外，学者们开始逐渐将市场位势观从某一时间节点对应的静态结果认知，转向纵向时间轴的动态过程认知，认为竞争优势效应的最终发挥会是在一个时间段内而非仅仅是一个时间节点，并且其必将影响企业全局的未来发展（周晓东和项保华，2003）。

（二）战略结果观

企业战略观视角下的学者们认为企业竞争优势的获取是企业战略制定和实施

的后续结果，企业战略的制定和实施质量直接决定企业最终能否获取以及在何种水平上拥有竞争优势。Alderson 和 Martin（1965）认为经典的企业战略分析方法（SWOT①）是企业战略制定的重要分析工具，基于此工具竞争优势的概念被提出。以该研究为基础，Calcagno 等（1999）进一步指出战略实施的一个重要结果表现是竞争优势的形成，制定并实施正确的企业战略有助于企业在市场中占据优势位置，并有可能据此产生经济利润。竞争战略之父 Porter（1987）对竞争战略进一步深化，认为成本领先与差异化的竞争战略是企业能够在竞争中脱颖而出的关键，尝试解析竞争优势与竞争战略的关系，并将竞争战略关注的重点进一步聚焦到各个业务单元中。此后学者们开始尝试从战略本身特征及其类型对其优势获取结果进行分析。Barney（1991）研究认为，策略和战略特征是企业获取竞争优势的一个重要因素，如果企业制定和实施的战略特征是先进的且是区别于其他竞争企业的，企业竞争优势的获取就会超越其他竞争企业。Normann 和 Ramirez（1993）研究认为战略的价值创造属性是其获取优于其他企业竞争优势的重要来源。此后，Szymanski 等（1993）将价值创造与战略实施过程进行对应，如果此项价值创造战略是其他竞争企业未曾制定和实施的或未曾意识到的，那么此项价值创造战略可以产生竞争优势。

（三）资源能力观

持资源能力观的研究者认为竞争优势是源自有价值的、稀少的、不可复制的、无可替代的资源和能力（Amit and Schoemaker，1993）。虽然学者们对于如上的资源和能力的来源究竟是企业内部更重要还是企业外部更重要有基于自身的研究倾向的认识，但学者们都承认企业所拥有的资源的多少和能力的高低是竞争优势水平的具体表现。例如，Wernerfelt（1984b）认为企业内部独特的知识资源积累、组织能力等区别于其他企业的异质性资源和能力是企业获取超额利润和保持竞争优势的关键。同样核心能力学派也认为，企业拥有的核心能力是企业产生竞争优势的源泉，各个企业间出现竞争优势的差异主要是由于其核心能力的差异，这种能力潜藏在资源背后，是对资源的开采、使用、组合和保护的能力（Prahalad and Hamel，1994）。同时，以 Porter（1991）为代表的学者对企业拥有的外部资源和据此产生的能力进行研究，认为企业外部资源和应对外部市场变革的能力是企业竞争优势的重要来源和表现。此后学者进一步将能力观从静态拓展至动态，认为企业能够持续保持超过其他竞争者的优势，是由于企业能够不断进行产品自主创新和业务流程优化，从而使得其具有能够适应市场变化的能力（Teece et al.，1997）。Besanko 等（2000）认为在供应链中生产商的竞争优势是相比其他生产商而言在所

① SWOT：strengths（优势）、weaknesses（劣势）、opportunities（机会）、threats（威胁）。

在行业中获取突出绩效的能力，最终反映为其获取比同行更多利润的能力。此外，竞争优势的能力来源还可以进一步具体化为企业在经营目标、利润水平方面的能力（Grant，1991），这些能力的形成与企业对顾客提供的产品和服务本身有关（邹国庆，2003）。如果企业拥有竞争优势，其原因是企业具有能够获取超额利润或高于行业平均利润率水准的能力及隐藏能力。

（四）绩效水平观

持绩效水平观的研究者认为，企业竞争优势的核心表现为获取的超越其他竞争者的企业绩效。学者们在尝试探索为什么有些企业可以获得比其他竞争者更高的竞争优势的过程中发现竞争优势与效率、经营绩效、价值创造等表征企业绩效的概念息息相关。企业竞争优势程度的高低本质反映为企业最终的绩效，正是绩效差异为直接判断优势高低提供依据，即竞争优势最终通过绩效的方式表现。20世纪初哈佛大学学者提出经典的结构—行为—绩效"SCP"分析框架，并基于此框架提出企业绩效差异取决于市场结构和行为。需要注意的是，此时对绩效的研究与竞争优势的研究并没有进行区分，认为两者是具有一致性的相关概念。Porter（1985）对竞争优势与企业绩效的关系也给出了认知，即"在充满竞争的市场中拥有了竞争优势就可以提高企业绩效，竞争优势是企业绩效的核心"，"企业可以长时间保持超越产业平均水平的业绩，根本就是依靠维持其竞争优势"。由此可见，绩效水平是竞争优势评价的重要依据，也是竞争优势可视化和量化研究的重要基础。学者们开始尝试用绩效水平的高低衡量竞争优势的强弱。例如，Mathur 和 Murthy（1999）研究发现，很多学者从金融指标衡量竞争优势的强弱，超过正常金融水平的程度越多，意味着企业的竞争优势越大。也有学者用利润指标判定企业竞争优势的强弱，如果企业利润指标高于行业平均水平，那就意味着企业具有竞争优势（Varadarajan and Jayachandran，1999），即使用企业的绩效水平来判断企业是否具有竞争优势。此外，战略管理学者尝试引入经济学中"租金"的概念来诠释竞争优势的内涵。租金即具有有限供给特点的资源所产生的超平均收益或超机会成本的收益（Schoemaker，1990），其实质上体现的也是企业获得的超额利润，是企业绩效水平的反映之一。由此，在绩效水平视角下企业竞争优势反映的是企业获得比其他企业更加高昂的利润的一种优势状态。

（五）跨时持续观

与资源能力视角的研究者研究进程具有相似性，对竞争优势的认识随着研究程度不断深入，竞争优势的静态结果不能完全解释竞争优势的变化过程。加之全球化的推动，竞争态势愈演愈烈，企业在战略管理研究中关注的问题已不仅仅是开辟新的竞争市场，而是竞争优势的获取与竞争优势的保持。因此，企业竞争力的可持续性自然成为其不可忽视的根本特性之一。Porter（1985，1991）在竞争战略的实现低成本与差异化目标的研究中，率先关注竞争优势的跨时持续表现。Barney（1991）对持续竞争优势进行概念界定和性质解析，提出在企业可以实施其他竞争者所不能实施的价值创造战略时，就称该企业拥有了竞争优势。例如，当其他竞争者无法效仿该企业做出同样的价值创造战略时，就称企业拥有了可持续的竞争优势。Barney（1991）从资源的角度提出，可持续竞争优势来源于具备价值性、稀缺性、不完全模仿性和难以替代性四个特性的资源。Irwin 等（1998）基于时间维度进行更广范围的研究，发现企业可持续性竞争优势不仅是一种不可复制的价值创造战略，还是在该战略基础上所获得的长期利益的具体表现。这种特有的价值创造战略既不能被其他竞争者所效仿，所获得的战略利益也不能被其他竞争者所复制，由此企业会享有竞争优势，且在一段时间内保有竞争优势。除此以外，也有学者将长期时间进行片段化处理，认为长期的竞争优势是每个阶段竞争优势相互衔接、共同凝聚形成的（D'Aveni，1994）。综上所述，企业在某时间断面的竞争优势与基于时间轴的长期竞争优势相结合，才可称为竞争优势的跨时持续性，该竞争优势特性也是竞争战略的长远优势所在。

三、竞争优势获取方式

每个企业都希望能够获取并保持竞争优势，对竞争优势的内涵的认知过程解释了竞争优势的实质是什么，另一重要问题则是如何获取竞争优势。基于竞争的类型对竞争优势的获取方式进行归纳，具体包括对抗竞争、合作竞争和网络竞争三种获取方式。

（一）对抗竞争获取方式

对抗竞争优势的获取方式强调企业竞争的单赢模式，这也是传统竞争市场理论的重要理论基础，其认为竞争就是纯粹的两两对抗，两个对抗主体不能同时存在，是一种零和博弈过程。竞争的结果就是通过竞争，一方获取收益同时另一方产生损失，一方获取的收益部分正是对方损失的部分。在不同的市场类型中对抗竞争被进一步划分为如下两种。

（1）完全竞争市场中的对抗竞争。在完全竞争市场中的完全信息基础上，出售方和购买方都具有完全的自主性，且每个生产商生产的产品都是同质的，企业可以随时进入市场也可以随时脱离市场。在这样的假设前提下，即完全竞争市场的市场形态下，市场价格就是生产者制定价格的主要依据。不会出现生产者肆意定价的情况，因此生产者为了实现利润最大化，只能选择不断地降低生产成本，在完全竞争市场中，生产商以最低成本组织生产活动，这也是获取市场份额、抵御竞争对手侵蚀的重要方式，最终竞争优势表现为利润水平。

（2）不完全竞争市场中的对抗竞争。在现实中完全竞争市场是不存在的，这种完美的竞争市场形势的达成需要多种苛刻的前提条件，而不完全竞争才是企业在现实中需要面对的具体情况。按照卖方对市场影响程度的大小将不完全竞争市场划分为完全垄断市场、寡头垄断市场和垄断竞争市场。在完全垄断市场中，只有一家企业生产产品或者提供服务，该企业呈现市场垄断的趋势，其他企业与其的对抗竞争不明显，也很难对其产生影响。在此种不完全竞争市场中对抗竞争以垄断企业占据完全的竞争优势为特征，竞争优势的获取方式为企业通过创新等方式掌控关键资源并据此牢牢成为市场的完全垄断者。同样，在寡头垄断市场中，由少数几家企业生产产品或者提供服务。每个企业都占据一定的市场份额，因此市场价格和产量都受到几家寡头企业的制约。寡头企业之间相互依存又相互竞争，对于寡头市场中的竞争优势而言，其获取方式表现为对市场份额的占据和控制，具体获取路径可以借助批量生产的规模获取。此外，在多家企业相互竞争的垄断市场中，其产品或服务存在差异，这也意味着在价值交换过程中所获的市场资源也各有所异。但就总体看，市场垄断程度直接决定企业的业绩表现。在垄断竞争市场中竞争优势的获取方式为保持较高的垄断程度、维持产品的优势从而获取竞争优势。

综上可知，在对抗竞争的基础上竞争优势的获取方式核心是如何在遏制对手的同时提升自身。这种竞争环境要求企业以制定恰当的竞争战略制约对手发展作为侧重点，从而为企业自身创造更大的发展空间，形成更强的竞争优势（项保华和叶庆祥，2005）。

（二）合作竞争获取方式

伴随全球化分工合作的不断推进，企业间的关系不再是简单的对抗竞争，而是竞争中有合作，合作中有竞争。合作竞争看似矛盾的两个词背后体现的实质是企业与企业之间通过相互合作进行资源配置，弥补自身的不足，获取各自的竞争优势，或者可以将合作竞争理解为同一关系属性下相对应的两个方面。通过合作竞争方式获取优势的过程是合作双方企业通过相互协调配合，实现共赢，最大程度实现利润最大化及维护、发展自身竞争优势双重目标的有机结合（刘慧宏等，2005）。

合作竞争思想起源于美国的 Brandenburger 和 Nalebuff（1996），其研究以供应链的各主体为对象，认为价值创造须经由合作产生，在供应链中的顾客、供应商、雇员等主体之间的相互配合和紧密协作才可以实现价值创造。此后学者们对合作竞争进行了深入研究，对合作竞争中合作的本质进行探讨，认为合作动力的理论基础是交易成本理论。合作关系可以降低不断变化的市场风险，同时可以借由搭建合作关系降低由于层级制管理模式带来的较高管理成本。另外，在以组织学习理论为基础的内部合作动力视角下，对企业合作的内生驱动力进行研究时，构建企业间的合作关系也为成员之间相互沟通交流提供了新渠道。企业间的学习为知识的跨组织转移和传递提供机会，也正是借助于此种合作关系，不断提升知识在组织间的吸收、传播及应用频率，以实现组织竞争能力和竞争优势的最大化（Doz，1996；Hamel，1991）。在产业结构理论为基础的外在合作动力角度下，企业所处的发展环境不同，产业结构相异，故每个企业都处于特定的产业结构中。建立企业间的合作关系一方面是搭建产业结构的缩影，另一方面是企业巩固其在产业结构中的位置的方式之一（Meyer and Rowan，1977；Baum and Oliver，1991）。总而言之，合作竞争实现的前提是合作双方的资源互补，基于互补资源合作双方共同推动合作过程的完成，使得企业实现市场规模的扩大以及产业升级，以实现企业提升市场竞争优势的目标。合作竞争并非简单地扩大产品和服务对市场需求的覆盖度或提升企业规模，而是进一步产生"1+1>2"的合作竞争"双赢"效果，进而实现合作双方或多方企业的共同提升，并依据此效果各自获得高于原水平的竞争优势。鉴于合作竞争的二元性，学者们对竞争优势来源的探索开始于企业或组织间的角度。Dyer和Singh（1998）提出企业竞争优势来自组织间协同效应产生的关系租。此外，也有学者依据与供应链中合作成员的角色不同，将合作竞争模式进一步划分为与上游供应商合作、与市场竞争者合作及与下游分销商或消费者合作（衡朝阳，2004）。

综上所述，伴随分工合作在全球范围内的拓展，对抗竞争所普遍关注的个体竞争逐渐演变为合作竞争所关注的供应链中成员间两两合作竞争，重视借助正式、非正式合作力量，在使企业实现共赢的前提下，各自均赢得竞争优势。通过合作获得"关系租"进而共同实现竞争优势的获取方式，正在成为一种获取竞争优势的有效途径。

（三）网络竞争获取方式

在管理实践中伴随合作竞争的不断深入，合作的范围进一步得以拓展，企业获取竞争优势的方式也随之发生变化。二元合作关系逐渐转变为多边合作关系，网络竞争优势获取方式也开始取代传统的合作竞争方式。网络组织是介于市场和科层两种治理模式之间的混合组织治理模式，与市场相比其更具组织性，与科层相比其更具灵活性，从而有助于多边合作中的企业实现交易成本减少（Williamson，1991）。在网络组织中多个成员企业之间结成关系网络，网络中成员企业间的信任水平高于网络外企业，并且网络中的成员企业通常会进行信息资源共享，从而使得网络中所有成员均提升其抵御风险的能力（Morgan and Hunt，1994）。Robert

（1987）以通用和飞利浦等公司为研究对象，解析参与以如上核心企业形成的网络组织中各个成员企业之间合作基础上的相互协作、资源共享、信息共享、协同研发的网络关系，可以使成员企业获得更大的效益从而实现竞争优势。

这种优势的来源可以细分为两个部分：一是网络中各成员企业，即网络中的个体自身具有的竞争优势；二是由于成员与成员之间形成网络所凝聚的资源共同创造的竞争优势。网络资源在这里指的是一种公共资源，它是由各个成员企业达成合作关系并共同建成的贯穿于整个网络组织中的公共资源。网络资源为网络中的每一个成员企业所共享，但并非平等共享，网络中特定的规则决定网络资源的分配方式。因此，网络成员的竞争优势的获取方式也就包括获取自身的竞争优势和获取网络整体竞争优势两个途径（杜世海等，2006）。

随着全球化竞争的不断推进，企业的竞争无论在范围上还是程度上均发生巨大变化，企业之间彼失我赢的对抗竞争方式逐渐转换为新的竞争模式。原有的对抗竞争、二元合作竞争逐渐被由供应商、科研中心、生产商、经销商和顾客组成的价值链之间的竞争取代。这种更广阔范围内的以资源共享、共赢原则作为基础的竞争模式呈现更加优越的竞争优势获取方式。特别随着近年来全球化程度不断加深，在全球价值链中的网络竞争已经取代传统的对抗竞争及二元合作竞争，成为企业获取竞争优势的必由之路。

在全球价值链中的企业不再是一个个独立的个体，而是以价值增值过程为纽带集结成的一个网络整体。在这个网络整体中价值链上游企业、中游企业和下游企业形成良好的伙伴关系，有长期稳定的合作基础，资源获取效率更高，产品和服务质量更好，企业客户群和顾客满意度有所增加。在网络基础上竞争优势的获取不仅将企业竞争优势从简单的单边竞争升级为多边竞争，更将个体竞争上升为网络整体（价值链）的竞争，在这样的媒介下竞争优势的获取方式更加突出地反映为价值链的整体协调。

第五节 "锁定效应"的动态升级

一、产业升级的内涵

学者们对产业升级的研究由来已久，虽然研究成果较为丰富，然而对其研究结果进行分析可知，鉴于产业边界区分的困难性，研究层面多基于面板数据且集中于宏观层面。基于宏观视角的产业升级是一个持续性动态过程，在该过程中，主体（某个国家或地区）的生产要素不断转向更高效率的产业，且产业的层次结构合理化程度不断提升。在中观视角下的产业升级研究关注组成产业的各企业，经由对企业向高新技术及高附加值状态演变过程的研究，对产业整体发展状况进行归纳。在微观视角下的产业升级将着眼点放置于企业个体，企业如何优化配置资源，实现更高的获利水平是产业升级的微观表现。

在研究价值链过程中，Gereffi（1999）率先意识到有必要在价值链视角下探索产业升级，并尝试完善产业升级的价值链研究。工厂升级、企业间网络升级、地方经济升级和地区产业升级的四种升级方式是基于个体层面到宏观层面，对升级的主体和范围进行区分而划分的升级类型。Kaplinsky（2000）从供应链终端结果对产业升级进行界定，他认为产业升级即生产高质量产品或更高质量地生产产品。Ponte 和 Ewert（2009）将产业升级视为动态发展过程，这一过程是脱离原有轨道，实现更好交易，获取更高水平的利益的过程。

Ernst（1998）在已有研究对产业升级界定的基础上，尝试对产业升级类型进行划分，将产业升级概括为产业间升级、要素间升级、需求升级、在价值链不同阶段层级按照职能性活动升级以及在前后向链接层级升级。Humphrey 和 Schmitz（2002）按照面向的不同升级主体将产业升级概括为产品升级、工艺升级及功能升级，该观点也是目前研究中被广泛采纳和使用的一种。产品升级是指产品在横向和纵向型谱中得以发展产品，使本身更加复杂。工艺升级是指由于技术创新、生产系统的优化使得生产效率得以提升。功能升级是指在发展过程中企业在营销、研发等方面实现的新功能。与在宏观层面产业升级实现过程中政府政策的重要影响作用类似，中观层面升级的实现在很大程度上取决于领导企业的引领性作用。领导企业对待升级的意志力和态度及持续的投入，将在很大程度上促使产业升级的顺利实施。领导企业的影响作用会引领整个价值链中企业实现整体升级。此后，学者们在其基础上对产业升级进行完善，将链升级补充进产业升级类型中。产品升级、工艺升级、功能升级和链升级这一维度划分，成为展开后续研究的基本理论基础（Murphy，2007）。产业升级类型及其表现，如表 2.4 所示。

表2.4　产业升级类型及其表现

升级类型	升级表现	代表学者
产品升级	设计部门的扩张，创造出新产品或加强已有产品，使产品的单位价值增加	Humphrey 和 Schmitz（2000）
工艺升级	依靠新设备或新技术改进生产流程，提高加工的效率	
功能升级	重新组合已有经济活动或获取新功能，专注于高附加值环节，提高经济活动的回报率	
链升级	转移到新的产业，把已有的能力运用到全新领域产品的生产中	Kaplinsky（2000）；Ernst 和 Chefer（2001）

综上所述，产业升级的中观层面研究是以全球价值链为研究媒介，结合附加值提升的过程，以产品、工艺、功能及链四个角度为着眼点对企业在价值链中演化过程进行探索，本书正是在中观视角下探讨全球价值链中网络权力变化引起的组织变革。

二、产业升级的路径

产业升级的路径主要关注产业升级实现过程。Gereffi（1999）在价值链研究中关注产业升级并提出从装配加工、代加工到自主研发并最终形成企业自主创新品牌的常规产业升级路径。研究开始在价值链研究和产业升级研究中搭建联系，为"锁定效应"的突破研究提供理论基础和研究平台。

针对如何实现产业升级，学者们对此展开如下研究：创新是学者们发现的实现产业升级的重要方式之一，创新可以降低成本提高效率，创新还可以提升技术权力从而促进产业升级（周振华，1992；林兰和曾刚，2010）。孔曙光和陈玉川（2008）认为产业升级的核心仍然是科学技术的发展，在企业实际经营过程中表现为生产设备的更新、生产工艺的更新、产品本身的升级，以及与生产更新相匹配的人力资源要素素质的提升。

政治经济环境是产业升级过程的另一重要因素，特别是政府政策倾向。Giuliani等（2005）通过对拉丁美洲产业集群的实证分析发现政府扶持与政策倾向指导大大提升企业成功实施产业升级的概率。张赛和汪明峰（2015）对中国台北都市区信息产业进行研究发现，该产业以政府的产业分工政策为基础重塑产业空间组织，并将其作为产业发展的主线。政府政策引导作用非常重要，考虑制定促进产业发展壮大的产业政策的同时，应在产业空间发展方面提供政策规划以促进产业升级。霍影和霍金刚（2015）在地方经济发展战略的研究基础上进一步将产业类型进行细分，区别传统产业与战略性新兴产业，并基于外部结果表现将传统产业的升级改造路径概括为两类：一路径为技术引进基础上的要素升级路径，另一路径为产业转移基础上的模式创新路径。

肖创勇（2002）尝试从结构视角解析产业升级的具体路径，其研究发现网络结构对获取资源产生影响，从而影响产业升级。学者将网络类型区分为生产者驱动型和购买者驱动型两类，并据此对比两种类型价值链中产业升级路径差异（李配，2009）。研究发现，在生产者驱动型价值链中，工艺流程和产品升级实现起来相对容易，而从产品升级到功能升级的转换比较困难。在购买者驱动价值链中，升级的一般逻辑是以功能升级为基础，逐渐实现产品升级，进而推动工艺升级的实现，最终表现为价值链升级。景秀艳（2007）将网络类型按照是否是原生网络进行分类，逐一探讨产业升级路径的差异。对于原生型网络而言，网络的形成初期通常由亲缘和地缘关系逐渐形成并不断发展壮大。最初通常网络中有一个或几个领先企业，这种类型的网络发展过程中较多地发展为某些品牌领导企业的代工基地，它们的升级路径遵循从装配加工、代加工到自主研发并最终形成企业自主创新品牌的过程。在政策的重要引导作用基础上，跨国企业的跨国投资促进非原生型网络的形成。跨国企业在其投资环境中需要相当一段时间对当地文化、政策与法律法规增进了解。跨国企业在初期对本地生产者存在一定程度的依赖，随着其嵌入本地网络的程度逐渐加深，合作关系也逐渐深入。同时，部分当地生产者由于跨国企业的参与，经由与跨国企业的生产互动，逐渐摆脱原始的代加工角色，逐步掌握核心技术，此时渐进式创新在产业升级的路径中发挥更加重要的作用。与此种观点相类似，韩晶等（2015）研究认为，中国本土装备制造企业应该取发达国家之精髓，学习引进国外的知识和技术并与自身相融合，借以提高自主研发能力和创新能力，脱离低端锁定状态，实现产业升级。

综上所述，网络资源是在全球化背景下解释网络权力形成的重要基础，基于网络资源的网络权力演化与重构为"锁定效应"的突破提供可能。"锁定效应"的突破表现为静态和动态两个方面，静态"锁定效应"的突破表现为企业具有超越其他竞争者的竞争优势，动态"锁定效应"的突破表现为在全球价值链中的产业升级。

第六节　本　章　小　结

综上可知，在资源基础理论、全球价值链理论和网络治理理论的基础上，针对研究问题设计研究技术路线，为有序有据开展后续研究，已有研究综述提供了理论基石。对网络资源、网络权力及网络"锁定效应"的已有文献进行梳理，具体过程如下：首先归纳网络资源的内涵及基本网络资源管理过程，总结权力和网络权力的已有概念，并对网络权力的特征和结构进行归纳。其次对涉及"锁定效应"的已有理论基础进行总结，并通过三种成本表现进一步解析"锁定效应"产生和存在的理论依据。基于"锁定效应"产生和存在的理论基础，归纳得出"锁定效应"突破的静态视角和动态视角。最后对竞争优势和产业升级已有研究进行总结。对竞争优势的概念进行释义，对竞争优势的内涵进行解析，对竞争优势的获取方式进行总结。同时，对产业升级的内涵和既有路径进行分析。本章对研究涉及的核心概念进行总结归纳，梳理已有研究，从理论上解析了"锁定效应"突破的静态结果和过程表现，为后续研究开展夯实了理论基础。

第三章 全球价值链中企业网络权力的形成与重构

第一节 方法选择和数据收集

网络权力是解析全球价值链重构和"锁定效应"突破的重要研究视角，通过文献综述可知，已有研究中有关网络权力的研究虽有所涉及，但仍有很多内容有待深入。例如，虽然明确了全球价值链中有网络权力的存在且对网络权力的特征进行了分析，但对网络权力构念暂时还没有共识，有必要对网络权力的构念进行归纳，对其类型进行进一步解析；虽然对网络权力的集中程度进行了区分，但未能针对网络权力的不同类型对权力的形成和作用发挥予以解释。本章主要聚焦全球价值链中企业网络权力的形成机理，从资源视角寻求网络权力形成的理论解释。

鉴于目前网络权力的相关研究处于初级阶段，其构念提炼和形成机理存在较大研究空间，有必要采用扎根理论的方法从情境中探索发现问题，提炼构念并构建网络权力形成理论。同时，探索性案例研究在提出理论假设上的优势与扎根理论这一具有敏感性的研究方法（Lawrence and Suddaby，2006）相结合是解析网络权力构念、构建网络权力形成机理的合理且合适的研究方法。

一、扎根理论

扎根理论是 Glaser 和 Strauss 提出的从属于质的研究范畴的一种重要的理论构建方法。早期的扎根理论主要以经验资料为基础，从中提取有效信息寻找线索并在此基础上建构理论。扎根理论提出之初，就重视经验数据的收集，希望能够在理论研究和经验研究之间架起新的通路。扎根理论在发展过程中随着时间演进和研究认识程度的不断加深，逐渐演化为三种不同方向。早期的扎根理论是 Glaser 与 Strauss 提出的，他们强调理论的原生性，即对资料进行编码，然后通过理论抽样和分析比较方法得到结论。其二是在早期扎根理论基础上 Corbin 和 Strauss（1990）对扎根理论的程序化归纳，在对每一份资料进行分析阅读的同时就对数据进行分解、比较、重整和提炼。其三是 Charma 提出的建构型扎根理论，强调在资料阅读和分析过程中不断互动和提问，重复多次从资料中寻找理论构建的证据。扎根理论指出，当前得到的每一个理论都会引导研究者的研究方向，并限定下一步研究。因而，研究者首先需要根据所获资料构建假设，凭借资料和假设之间的多次比对构建理论，基于这些理论对资料进行编码寻找它们之间的理论逻辑（陈向明，2000）。

扎根理论方法在应用的过程中，首先确定资料及其来源，资料来源为多个案例。依据案例研究中所选用案例数量的差异，把案例研究划分为单一案例研究和多案例研究（Eisenhardt，1989；Meredith，1998）。单一案例研究在研究纵深维度上具有优势，但在提炼构念和形成完整的理论框架与假设方面存在支撑不足的缺陷。多案例研究可以挖掘出不同案例之间的异同，并在多个案例之中寻找逻辑相同点，整理出具有广泛适用性的理论模型，构建较为完整的理论体系（陈国权和李赞斌，2002）。依据案例分析的最终目标可以将案例分析的类型划分为探索性案例研究、描述性案例研究、解释性案例研究和评价性案例研究。本书尝试分析全球价值链中企业网络权力的形成机理，但企业网络权力概念维度还存在不足，需要系统性研究。已有研究虽有资源基础的权力认识，对网络权力形成的具体资源因素仍存在研究空间。因此，本书选择扎根理论研究方法总结和建立理论体系。同时，多案例研究的模式能够统筹探索过程中的信息充分性和结论普适性，拓宽理论适用范围。因此，本章选取基于扎根理论的探索性多案例研究方法来建构理论框架，探求基于网络资源的网络权力形成机理。

二、数据收集

本书所选样本企业需满足如下条件：一是企业需参与全球价值链的竞争与互动；二是企业不是初创企业，经历了一段时间的成长；三是企业对其自身的持续发展重视程度高，较为熟悉企业内部情况及外部市场境况，整体认知较深，对企业战略有一定了解的管理人员愿意接受访谈。鉴于研究者所处的位置，样本企业的选取集中于京津冀范围内。对样本企业的规模没有设限，尽可能兼顾大、中、小不同规模的企业，保证获取资料和数据的充足，防止单方面的数据获取方式及数据维度使研究受限。

　　确定样本企业后，进一步需要确定的是资料及其来源，本章研究中资料及其来源分为两类，一是与企业管理人员进行深度访谈所得的一手资料，二是借助各种平台媒介既有资料整理归纳形成的二手资料。研究核心资料来源于访谈得到的一手资料，按照 Yin（2003）提出的收集原则，提高一手资料的完备性。首先，运用多维度的证据来源收集数据，以提高研究效度。除对样本企业访谈对象进行访谈获取资料外，在资料整理过程中辅之以其他方式补充和核实资料，如通过电话调查、邮件等方法获得补充性资料，借助网络平台获取网络资料以及积极争取企业内部非公开资料，从而使其与获得的一手访谈资料形成对应和印证。

　　其次，搭建案例研究资料数据库并对资料做全面的记载和梳理，以增加研究信度。本章在研究过程中着重对案例资料进行闭环控制下的全过程整理。针对每个样本企业建立独立资料库和对比资料库。在访谈开始之前通过网络等公开资料对案例企业进行前期了解，整理公开信息构建独立资料库；在征求对方同意的前提下对访谈全过程录音，访谈结束后，随即对录音内容进行文字转化并且进行整理分析，丰富独立资料库，同时与其他样本企业资料相对比，构建对比资料库。

　　本章选取扎根理论资料直接来源的个案样本总共包括 23 家企业。在如上规则指导下，开展研究。鉴于扎根理论方法的使用特点，数据收集的过程和分析过程是同时进行的。在对资料分析基础上，为了保证研究结果的可靠性，不断增加样本企业，进行数据收集和分析直至研究结果达到饱和，基本情况如表 3.1 所示。

表3.1　访谈资料基本情况

序号	受访单位名称	受访者职位	调研时间
Q1	DR 集团	企业解决方案事业部总监	2013 年 1 月
Q2	ZTBQNJ 有限公司	副总经理	2013 年 5 月
Q3	TJJBGW 有限公司	总经理	2013 年 5 月
Q4	TJJWZZ 有限公司	总经理	2013 年 5 月
Q5	TJXRJD 有限公司	副总经理	2013 年 5 月
Q6	FHDDCTJ 分公司	总经理	2013 年 5 月
Q7	SIZQDBY 有限责任公司	副总经理	2013 年 7 月
Q8	SIZMKDZ 有限责任公司	采购部部长	2013 年 7 月
Q9	SJZZM 股份有限公司	副总经理	2013 年 7 月
Q10	HBJK 集团	研发部经理	2013 年 7 月
Q11	BSGJ 股份有限公司	副总经理	2013 年 7 月

续表

序号	受访单位名称	受访者职位	调研时间
Q12	SJZBSDZ 有限责任公司	企划部副部长	2013 年 7 月
Q13	SJZTHDZ 股份有限公司	副总经理	2013 年 7 月
Q14	XHHCGM 家具制品厂	厂长	2013 年 10 月
Q15	XHXCC 金属制品厂	厂长	2013 年 10 月
Q16	XHLTDQ 设备厂	厂长	2013 年 10 月
Q17	XHTFH 电器设备厂	厂长	2013 年 10 月
Q18	TJSZDDQC 股份有限公司	副总经理	2014 年 3 月
Q19	FBD 有限公司	副总经理	2014 年 3 月
Q20	HNWE 有限公司	副总经理	2014 年 4 月
Q21	KLXDZ 有限公司	副总经理	2014 年 4 月
Q22	FHDDCTJ 分公司	总经理	2014 年 4 月
Q23	CDLL 集团	副总经理	2014 年 4 月

编码和备忘录是扎根理论中的两个核心步骤，备忘录的作用在于将不同的人物、故事、概念和范畴联系起来并探讨它们之间的逻辑关系，从而在丰富的访谈资料的基础上建构调查对象的社会生活和社会经历的理性知识（孙晓娥，2011）。在剖析网络权力形成机理的过程中，涉及的备忘录总结如表 3.2 所示。

表3.2　备忘录总结

编码	备忘录类型（数目）	目的和来源
Min（i）	访谈备忘录（25）	记录有关访谈对象、过程和内容的信息与思考
Mcn（i）	编码备忘录（41）	描述当前节点，并记录研究者在阅读节点内容时产生的分析型思考
Mth（i）	理论备忘录（7）	对概念、范畴及它们之间关系的思考和归纳
Mcm（i）	会议及交流备忘录（13）	记录研究过程中研究者参与的会议、讨论和非正式交流的主要内容
Mnw（i）	新闻资料备忘录（25）	来源于报纸、网站等公共媒介物中与研究主题有关的新闻文章摘录
Mar（i）	档案材料备忘录（5）	整理并纪录地方政府部门所提供的统计数据、文件和其他档案材料

第二节　扎根数据分析

本章数据基于扎根理论的探索性案例分析，按照资料获取时间和资料分析时间间隔可以划分为两个阶段：第一阶段为即时的个案分析，即在访谈结束后，立即围绕本次样本获得的资料进行分析，主要关注此次样本资料中析出的范畴和逻辑线。第二阶段为跨案例综合分析，即当获取超过两个样本访谈数据后，对取得的样本资料进行跨案例对比分析，寻找不同样本析出的范畴和逻辑线的差异。通过以上两个步骤对资料进行逐级编码，这是扎根理论中的核心环节，直接决定构念的析出和理论构建的效果。具体而言，包括三个层次的编码过程：一级编码称为开放式登录、二级编码称为关联式登录或轴心式登录、三级编码称为核心式登录或选择式登录（Corbin and Strauss，1990）。编码是对深度访谈获取的资料里涉及的词句、段落等片段进行持续的分析概括和归纳标识的过程。

一、开放式登录

开放式登录是指对访谈资料的词句和片段进行概念化、抽象化的标示。它既可以是访谈对象所使用的生动、鲜明的词语，也可以是研究人员从资料阅读中所抽象出的名词和概念（孙晓娥，2011）。在一级编码过程中要求研究者最大可能摒弃个人"看法"和研究"偏见"，遵循资料本身状态进行登录（陈向明，1999）。

开放式登录是对资料进行的基础性分析，将所观察到的现象进行命名或分类的初级工作，是扎根理论研究方法后续分析的重要基础步骤。也就是说，开放式登录将用于扎根分析的资料细化为多个单位个体，对比其异同，对资料中所反映的现象进行命名，提出问题。这一环节可以使研究者对自身提出的或已有研究中涉及的假设进行更有针对性的分析探索，直至输出新的发现。开放式登录的具体过程可以概括为：定义现象—发掘范畴—为范畴命名—发掘范畴的性质和性质维度—各种不同的开放性译码—写译码笔记。开放式登录的具体步骤如下：首先对研究选取的 23 个样本企业获取的访谈记录进行仔细阅读和开放式登录即一级编码。当然开放式登录的过程并非在最后一个样本访谈结束后一起进行的，而是每访谈完一个样本，立即对访谈数据进行分析处理。对访谈数据形成的文本进行逐字逐句仔细研读，并对访谈数据设置标签，深层次剖析访谈记录文本，初步将受访者原话总结并命名为 66 个本土概念，梳理整合本土概念，筛选重复性概念，最终形成 58 个初始范畴，开放式登录结果如表 3.3 所示。

表3.3   开放式登录结果

访谈记录	本土概念	初始范畴
公司将引进优秀人才视为企业可持续发展的根本,不拘一格地引进各方面优秀人才,近期重点扩充研发、营销方面的专业人才和有经验的生产人员(SJZQDBY 有限责任公司,副总经理)	人才引进	人力资源
对核心技术的掌握非常重要,这在很大程度上决定了我们受制于人的程度(KLXDZ 有限公司,副总经理)	核心技术控制	核心技术控制
对于研发方面,我们每年的投入都不少,近期也在谋划与一些科研院所的合作,目前只形成了合作框架,具体内容仍然在沟通中(FBD 有限公司,副总经理)	科研院所合作	与科研院所建立合作关系
在技术方面国内起步较晚,国内的技术与国外相比还是存在一定差距的,这是一个必须要面对的现实……特别是在设备方面,我们总是处于一个追赶的位置,此外,与国内其他企业相比,技术水平也不尽相同(SJZQDBY 有限责任公司,副总经理)	技术存在差距	技术级差
对方是谁很重要,去年有一个日本的单就是这样,就冲着人家是有实力的大企业,并且之前听说过与别家合作过,交货后很快就能回款,虽然预付款没有全到位,我们也开始买料生产了(XHTFH 电器设备厂,厂长)	大企业	企业声誉
……	……	……
这些关键消息外围的一些(企业)很难获得,等知道的时候已经错过了最佳时期,或者有些根本就不知道……这主要看你平时联系的企业的面广不广(XHLTDQ 设备厂,厂长)	联系面广	弱联系发挥作用
有些创新是可以做到的,我们投入资金投入人力,很多时候不是不想创新,而是对于创什么难以发现或者说难以掌控。之前看过一句话可以更好表达我的意思:"创新的瓶颈不是技术而是缺乏发现需求的眼睛"(TJJWZZ 有限公司,总经理)	缺乏发现需求的眼睛	发现技术需求
信息很多,怎么样能从信息中筛选出有效信息,发现市场需求变化需要 IT 部门和企业以及供应商共同努力……很多时候我们能够预见产品需求的变化,但是反应却相对滞后(TJXRJD 有限公司,副总经理)	反应相对滞后	市场敏捷性
我们的产品差别其实不大,差异体现在次品率,抽检出次品率高,需要返厂甚至退单,长时间下来业内对每个品牌的次品率都有个差不多的估计和排名,为保证质量我们会自查……客户也考虑价格,但都会权衡性价比,品质很重要,返厂也会影响他们自身的效率(TJJBGW 有限公司,总经理)	品质很重要	高品质产品与服务
……	……	……

续表

访谈记录	本土概念	初始范畴
就像云计算技术其实质是对传统企业存储技术的挑战,企业存储应用的两个趋势,一个是互联网,采取分布式,低成本,但做到稳定性,性能的保障。另一种,在企业级中的高端应用,通过 SSD 存储方案,保证可用性(DR 集团,企业解决方案事业部总监)	技术趋势	技术变迁

二、关联式登录

关联式登录是对开放式登录得到的所有概念进行整合归纳,尝试解析概念之间的逻辑,同时对从属于统一范围同一类型的概念进行区分和整合,通过对概念解析和反复对比,形成更高一层次的范畴,依据分析结果归纳范畴的性质和维度(孙晓娥,2011)。这些概念和类属之间的联系包括因果关系、时间先后关系、语义关系、情境关系、相似关系、差异关系、对等关系、类型关系、结构关系、功能关系、过程关系、策略关系等(陈向明,2001)。

关联式登录的核心内容是在典范模式的指导下将副范畴整合成一条逻辑线。典范模式包括如下核心要素:(A)因果条件(多数)—(B)现象—(C)脉络—(D)中介条件(多数)—(E)行动/互动策略(多数)—(F)结果(多数)。运用这个典范模式,审视分析收集的一手和二手资料,将前一阶段形成的副范畴进行逻辑梳理。按照典范模式给出的逻辑脉络,将副范畴纳入不同的主范畴中进行分析。其中,因果条件是对现象产生的条件解析。现象在典范模式中发挥核心功能,现象表现为在因果条件影响下的一组行为或行动。脉络是现象发生的一组特殊条件组合,反映逻辑关系。中介条件是一种结构性条件,在特定的脉络中发挥作用,这种作用是两个方向的,即正向或负向。行动/互动是以现象为核心,围绕现象在其可见、特殊的一组条件下所采取的管理、处理及执行的策略,结果围绕现象采取行动。

首先对初始范畴进行整合分析明确副范畴,进而利用典范模式寻找副范畴之间关系形成逻辑线。例如,依据开放式登录形成的初始范畴和对初始范畴整合后的先进企业带动作用、企业声誉、获得合作企业支持、行业领先位置四个副范畴,基于典范模式整合为如下逻辑轴线:在全球价值链中某些企业由于其具有较好的企业声誉(条件/背景)总是能够获得合作企业支持(现象),随着时间发展其在价值链中逐渐成为具有号召力的领先企业,开始发挥带动作用(行动/互动),从而在全球价值链中占据行业领先位置(结果)。又如,根据对核心技术的控制、设立研发中心、技术级差、技术依赖、与大学和科研机构合作,以及典范模式整合为如下逻辑轴线：在全球价值链中，由于核心企业与外围企业存在技术级差（条件/背景），外围企业对拥有核心技术的企业存在或多或少的技术依赖（现象），经过初期技术学习后，不愿意长期依赖于核心企业的有一定资本积累的企业（脉络），开始设立自己的研发中心或者选择与大学和科研机构合作（行动/互动），从而实现对核心技术的控制（结果）。基于此逻辑轴线将对核心技术的控制、设立研发中心、技术级差、技术依赖、与大学和科研机构合作，作为技术权力的五个副范畴。按照如上步骤将确定形成的 49 个副范畴，归类为 12 个主范畴，具体情况如表3.4所示。

表3.4　关联式登录结果

副范畴（编码频次）	主范畴
人力资源（22）、物质资源（11）、创新资源（19）、组织资源（5）	节点资源
与供应商合作关系（27）、与买家合作关系（19）、与高校科研院所合作关系（11）、与地方政府关系（19）	关系资源
业务往来企业数量（14）、网络中心性（9）、结构洞（7）、难以替代性（6）	结构资源
对核心技术的控制（26）、设立研发中心（7）、技术级差（17）、技术依赖（19）、与大学和科研机构合作（11）	技术权力
快速获得信息（7）、与其他企业来往频繁（6）、控制信息传递（5）、弱联系发挥作用（19）、网络中心（6）	结构权力
先进企业带动作用（5）、企业声誉（8）、获得合作企业支持（7）、行业领先位置（11）	认同权力
限制其他企业进入（3）、激励其他企业（6）、约束其他企业（7）、惩罚措施（5）、奖赏措施（4）	制度权力
接近更多资源（14）、构建结构洞（9）、减少替代者（5）	结构自主性（关系网重构）
突发状况有技术应对措施（7）、拥有解除合作关系程序（6）、发现技术需求（13）	知识链重构
成本低（21）、效率高（18）、能够创新（19）、高品质产品和服务（25）、市场敏捷性（13）	竞争优势
局部改良已有产品（15）、对领先企业的模仿（18）、提升技术手段（9）、更新生产手段（11）	渐进式创新
与已有产品存在本质差异（12）、技术变迁（7）、淘汰原产品（9）	突破式创新

三、核心式登录

核心式登录的关键是针对主范畴进行分析，解析主范畴之间的关系，同时确定哪些主范畴是核心范畴，哪些主范畴是次要范畴，从而形成建立在范畴关系基础之上的扎根理论（孙晓娥，2011）。深入研讨上一阶段关联式登录得到的主范畴，找到核心范畴，探索其与其他范畴之间的逻辑关联，同时在梳理逻辑关系过程中对部分未发展完善的范畴进行补充。具体而言，此阶段对前一阶段关联式登录得到的主范畴进行逐一分析，节点资源是指在全球价值链中的节点企业拥有的企业内部资源，节点资源主范畴的四个副范畴有人力资源、物质资源、创新资源和组织资源，是在全球价值链中节点企业人才和物质积累、创新和组织内部协调能力水平的反映。关系资源是指企业通过参与价值链互动，逐渐形成和积累的与其他企业相比存在差异的资源，归纳而言，是与合作者之间的关系构建。关联式登录获得的包括与供应商合作关系、与买家合作关系、与高校科研院所合作关系和与地方政府关系在内的四个副范畴从属于关系资源主范畴。结构资源是指企业凭借在全球价值链中占据的位置，所拥有的外部资源集合，位置不同企业拥有的结构资源也存在差异。与关系资源的二元性相区别，结构资源的资源来源更加宏观，主要表现为网络的整体视角。业务往来企业数量、网络中心性、结构洞和难以替代性，既是企业位置的结构表征，也是在网络结构视角下企业外部资源的现状表现，是构成结构资源的四个副范畴。通过对节点资源、关系资源和结构资源主副范畴的归纳和梳理，进一步总结发现节点资源、关系资源和结构资源是网络资源的三个不同层面的表现，也可视为网络资源的三个维度构成。

通过关联式登录可知，技术权力这一主范畴包括五个副范畴，均反映了企业在参与全球价值链互动过程中，企业基于较高的技术水平或对核心技术的控制而拥有的对其他成员企业的影响。结构权力的五个副范畴，反映的是企业在全球价值链中所处的位置差异带来的影响。认同权力的四个副范畴是在认识认可前提下的企业对其他企业的影响。制度权力的五个副范畴是基于正式与非正式的规则，这些规则赋予价值链中某些企业影响和控制其他成员企业的能力，即在规则的作用下某些企业具有明显高于其他企业的影响力。限制其他企业进入、激励其他企业、约束其他企业、惩罚措施和奖赏措施四个副范畴均是在规则基础上的影响力的具体行为表现。竞争优势这一主范畴在研究前期并未纳入本章研究中，伴随研究的不断开展，特别是对访谈资料的整理时，不断析出的有关成本、效率、品质等概念推动着研究向后一步进行拓展。加之补充竞争优势概念后，使得网络权力形成机理的研究有了一个落脚点，综合考虑之下，将竞争优势纳入本章中。竞争优势的五个副范畴反映的是嵌入在全球价值链中的企业基于前期积累而在成本、效率等方面显现出的超越其他企业的现象。技术权力、结构权力、认同权力和制度权力是网络权力四种类型，是企业在全球价值链中拥有权力的不同维度表现。

在研究初期，研究者提炼了关系网重构主范畴，关系网重构主范畴包括接近更多资源、构建结构洞、减少替代者三个副范畴。关系网重构是指在全球价值链中的企业尝试构建新型关系网通常会选择采取的措施和行为。知识链重构主范畴由突发状况有技术应对措施、拥有解除合作关系程序、发现技术需求三个副范畴组成。知识链重构是指在全球价值链中企业为改变企业拥有技术现状采取的行为和技术策略。在基于扎根理论的探索性案例分析后期，通过对比发现关系网重构更加倾向对企业既有关系的重构，突破旧的关系网络进行重新组合，偏重于企业与企业两两关系重新搭建。接近更多资源、构建结构洞和减少替代者三个副范畴反映的内涵倾向于网络整体视角。加之参考王海花和谢富纪（2012）对企业外部知识网络能力的相关研究，最终决定采用结构自主性的表述方式代替原来的关系网重构的表述方式来反映企业诉求关系变化的措施，这样既符合关系变化的核心，又体现了网络整体视角的要求，使主范畴的表述更加准确合理。

渐进式创新包括局部改良已有产品、对领导企业的模仿、提升技术手段、更新生产手段四个副范畴。渐进式创新主要是指基于相对较短时间知识积累的企业在技术、产品和流程等方面的持续更新及其实现方式。突破式创新主范畴包括与已有产品存在本质差异、技术变迁、淘汰原产品三个副范畴，反映的是全球价值链中企业基于相对较长时间知识积累等前提而产生的跃进式变化，是企业在产品和技术方面颠覆性更替的具体表现。

基于以上分析，技术权力、结构权力、认同权力和制度权力四个主范畴在理论上具有内核一致性，均体现了在全球价值链中企业基于资源拥有的对其他企业的影响力和控制力。基于扎根理论将研究中析出的节点资源、关系资源和结构资源三个概念归纳至网络资源框架之下，三种资源分别从一维、二维、三维层面解析了资源不同网络结构来源。同时，将研究析出的技术权力、结构权力、认同权力和制度权力的概念，纳入网络权力这一核心范畴框架下，从权力的资源基础出发丰富了网络权力的维度构成。鉴于本书取径资源视角探索权力形成机理的理论预设，解析在资源视角下网络权力的形成机理。此外，基于扎根理论的探索性案例分析结果还析出了结构自主性和知识链重构两个主范畴，采用扩大网络范围和构建新型协作关系两种方式实现重构，用网络重构方式对这两种主范畴进行概括。同理，结合已有文献研究结果和基于扎根理论的探索性案例分析，企业的创新模式可依据其变革程度差异区分为渐进式创新和突破式创新（颠覆式创新）。竞争优势是前面资源和权力概念的后置性因素，这一概念的析出符合认识逻辑，也进一步明确了竞争优势是网络权力形成的结果表现，无论形成何种网络权力，最终的外在表象均为企业在全球价值链中享有竞争优势。

综上，本章研究的基本逻辑如下：由于资源异质性，全球价值链中企业影响力存在维度和水平差异，即来源于企业节点内部、二元关系和网络整体的资源差异，决定了企业在价值链中拥有的权力结构，此外，处于价值链低端环节的企业希望通过权力的增长实现对价值链的重构，并获取竞争优势。据此，最终核心式登录所得到的核心范畴之间的逻辑关系构成了网络权力形成机理，竞争优势是权力形成的终端结果，网络重构方式和创新模式是网络权力形成机理及其结果反映的重要内部构成要素。图 3.1 是网络权力形成机理扎根研究的编码数据结构图。

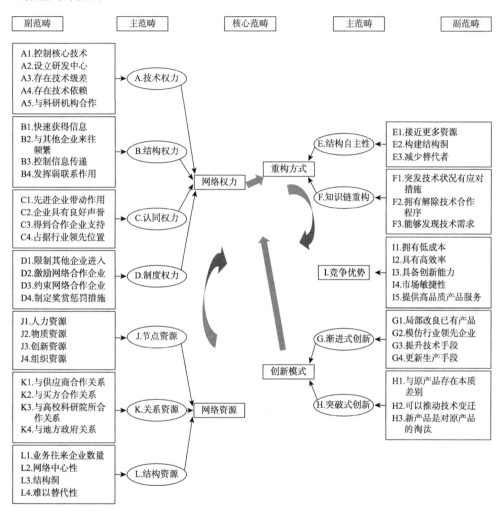

图 3.1　网络权力形成机理扎根研究的编码数据结构图

第三节　研究结果讨论

一、构念的内涵与维度解析

基于扎根理论的探索性案例分析结果显示，节点资源、关系资源和结构资源是构成网络资源的三个维度，即网络资源的构念整体是由一维节点资源、二维关系资源和三维结构资源共同构成的。技术权力、结构权力、认同权力和制度权力共同构成网络权力的四个维度，从权力的不同维度解释网络权力。

（一）网络资源

（1）节点资源。节点资源是指参与全球价值链互动的企业内部积累的所有有形和无形资源，既包括企业拥有的物质资源，也包括文化声誉等不以实物形式存在的无形资源。节点资源在网络资源三维度中属于微观视角，用其表示网络资源的微观节点企业的资源特征。节点资源的产生源于在全球价值链中企业自身内部的资源积累，其本质是企业内部要素在价值链整体中的点集式资源表现。

（2）关系资源。关系资源是指参与全球价值链互动的企业，由于相互之间的交互活动而形成的独特的联系性资源。关系资源作为网络资源的中观视角维度，其突出特征是基于两两合作关系不断积累和形成的资源外部表现。关系资源产生的基础在于全球价值链的多主体性，关系资源建立的前提是主体间的互动经验，其本质是价值链中企业间互动衍生出的二元外部关联资源。

（3）结构资源。结构资源是指参与全球价值链的企业，由于网络的结构性使得处于不同网络位置的企业拥有的外部结构性资源存在差异，即处于具有连接优势的网络位置的企业享有优于处于网络其他位置企业的结构性资源。结构资源作为网络资源的高层级整体维度，体现网络资源的宏观结构特征。结构资源产生基础源于全球价值链结构的空间性，其本质是在价值链治理结构异质性条件下企业在不同网络位置拥有的外部位势资源。

（二）网络权力

（1）技术权力是指参与全球价值链互动的企业，通过设立研发中心或与高校、科研机构合作等方式实现对核心技术的掌握和控制，利用多种扩散方式对其他成员产生影响的能力。技术权力发挥作用的核心逻辑是价值链中不同企业间存在技术级差，即不同企业技术水平存在差异，由于技术本身的稀缺性特征，处于低技术水平层级的成员企业会受到来自高技术水平层级成员企业的影响甚至控制。技术权力作为网络权力的一个维度，其发挥作用的核心基础在于价值链中高权力序阶企业对核心技术的所有权。

（2）结构权力是指在全球价值链中，由于企业占据的特殊位置使其拥有控制网络中关键资源特别是信息资源的机会，从而对其他企业产生的影响力。结构权力发挥作用的核心逻辑是在全球价值链中不同位置的企业，其既定资源存在差异的同时，资源获取也存在机会差异，最终体现为行为影响。即全球价值链中某些节点企业之间的关系连接必须借助于一些特定的节点，导致这些特定节点在网络中的地位相对优越。在网络中占据关键节点的企业可以通过这种优越性获得在网络中的特殊地位，从而具备影响其他企业行为的能力。

（3）认同权力是指处于全球价值链中的企业由于其前期积累的品牌、渠道和声誉等，获得其他成员的承认和认可，使得其他成员企业愿意维护与其的合作关系、支持其决策和行为，据此而拥有的对其他企业的影响力。认同权力发挥作用的核心逻辑是其他成员企业承认一些企业在全球价值链中的领先地位，愿意接受领先企业的带动作用。即在前期积累的基础上先进企业的品牌、声誉或渠道等独特性为所有成员认可，其可以据此对其他成员企业形成引领。其他成员企业基于对先进企业的声誉、品牌或渠道而产生的认知和认可，愿意做出追随甚至维护领先企业的行为，这是认同权力发挥影响力的逻辑过程。

（4）制度权力是指在全球价值链中，由于具有先发优势或具有特定资源而具有的制定规则和实施奖惩措施的能力从而对其他成员企业施加影响。制度权力发挥作用的核心逻辑是其他成员企业需要遵从领先企业既定的规则和实施的措施，即在全球价值链中具有制度优势的领先企业，基于各种显性和隐性制度最大限度地控制其他成员企业的互动权限，限制其他企业自由进入和退出合作，并通过制定奖惩措施达到实现激励和约束其他成员企业的目的和效果。

经过开放式登录、关联式登录和核心式登录三级编码，基于扎根理论的探索性案例分析析出网络资源和网络权力两个构念。节点资源、关系资源和结构资源三种不同层面的资源构成网络资源的全视角构念；技术权力、结构权力、认同权力和制度权力四种来源的网络权力具有一致的理论内核且共同构成网络权力总体概念，符合合并型构念的基本形态。基于如上编码过程及构念的内涵和维度分析，本章形成了完整的网络资源、网络权力构念。据此尝试对网络资源和网络权力进行定义，具体如下。

网络资源定义：在全球价值链中的企业掌控或支配的有形和无形的内外部资源，按照层级可进一步划分为节点资源、关系资源和结构资源。

网络权力定义：在全球价值链中由于成员企业拥有资源存在差异，而能够动员或驱使其他企业实现自身意愿、满足自身利益需求的能力，包括技术权力、结构权力、认同权力和制度权力四个维度，其本质是全球价值链中企业对其他成员企业的影响力和控制力。

同时，网络资源、网络权力结构假设如下。

网络资源是包含节点资源、关系资源和结构资源的三维度概念。

网络权力是包含技术权力、结构权力、认同权力和制度权力的四维度概念。

二、网络权力形成机理分析

(一)网络资源对网络权力的影响

1. 节点资源的累积有助于提升企业技术权力、认同权力和制度权力

在参与全球竞争过程中,节点资源的积累可以提升技术权力、认同权力及制度权力。首先,节点资源的积累意味着企业凝聚的内部资源不断提升,企业在人力、物质和创新等方面的资源积累不断强化技术权力,是技术权力提升的点集式驱动力。物质保障充足、人力资源充沛、创新资源丰富的节点企业,技术权力提供提升的可能性更高。其次,当节点资源积累速度和水平均超越同期同质企业时,其更容易得到其他成员企业的关注和认同,即其行为对其他成员企业的影响力有所提升。最后,节点资源的积累及在全球价值链中的节点企业在创新和组织协调方面的提升,有助于企业从量的积累实现质的飞跃,其对于其他成员企业的影响开始以各种显性和隐性的制度形式而外化。企业对其他节点企业由于逐渐生成的规则和或主动或被动实施的奖惩措施带来的影响随外化程度的提升逐渐凸显,并在逐次累积基础上逐渐固化形成制度权力。基于以上分析,提出如下命题。

$P_{3.1.1}$:在企业参与的全球价值链中,节点资源的积累有助于提升技术权力。

$P_{3.1.2}$:在企业参与的全球价值链中,节点资源的积累有助于形成认同权力。

$P_{3.1.3}$:在企业参与的全球价值链中,节点资源的积累有助于固化制度权力。

2. 关系资源的拓展有助于提升企业认同权力和制度权力

在全球价值链中企业间合作关系的形成和维系可以提升企业认同权力。与价值链中其他主体的合作关系形成,无论合作结果是否达到预期,首先拓展企业间关系资源的数量。随着前期关系资源量的不断积累,以及良好合作结果的反馈作用,企业支持度和声誉会随之提升。伴随关系资源的质的提升,对企业的认可随之提升。基于合作关系拓展形成的关系资源的量与质的提升,终极拓展结果是企业与价值链中所有企业均建立良好的合作关系。此时企业在价值链中的地位大大提升,对其他成员企业在制定规则和实施奖惩措施等方面的影响力随之提升,由此提出命题。

$P_{3.1.4}$:在企业参与的全球价值链中,关系资源的拓展有助于获取认同权力。

$P_{3.1.5}$:在企业参与的全球价值链中,关系资源的拓展有助于构建制度权力。

3. 结构资源的占据有助于提升企业结构权力和制度权力

结构洞位置的占据、非替代性程度的提升和网络中心性的集中会使企业在网

络中的结构权力和制度权力有所提升。结构资源对结构权力的具体影响过程如下：企业在全球价值链中拥有的结构洞、中心性等结构资源优势，一方面是企业关系网络形成的既定结果表现，反映前一阶段结构权力的形成结果，另一方面是下一阶段企业关系网络构建的重要前提条件，以结构权力的形式继续影响着企业的网络交往过程。结构资源对制度权力影响的具体过程如下：鉴于企业在全球价值链中占据的关键位置及其非替代性程度，随着网络交往经验的累积，逐渐形成一些显性或隐性的过程固化的制度，据此企业在规则制定和奖惩措施方面的影响力有所提升。结构资源的累积可以提升企业在网络中的位置优势，最终体现为企业在网络中的话语权。基于以上分析，提出如下命题。

$P_{3.1.6}$：在企业参与的全球价值链中，结构资源的提升有助于构建结构权力。

$P_{3.1.7}$：在企业参与的全球价值链中，结构资源的提升有助于固化制度权力。

（二）网络权力对价值链重构方式的影响

1. 企业结构权力的提升有助于实现价值链重构

在参与全球价值链互动活动中，企业结构权力的提升有助于企业扩大活动范围以及构建新型协作关系从而使得价值链结构发生变化。

第一，企业结构权力提升意味着企业在全球价值链中结构优势和影响力得到进一步改善。越来越多的成员企业愿意主动寻求与企业的交流合作。即企业在全球价值链中结构性影响力有所提升，那么也就意味着该企业在网络中拥有更为广泛的活动半径和更为广阔的活动空间。由于企业在价值链中节点重要性程度的提升，其他成员若要放弃既存的与本企业的关系连接而寻求新的合作关系，将会带来一定的成本，即其他企业的结果自主性会受到一定的限制。那么对于目标企业而言，意味着其在合作关系构建和维持、结构资源获取和控制等方面具有更高水平的自主选择权。即如果企业在网络中的位置使得其连接作用更加重要，影响力在水平和范围上都得以拓展，那么企业在业务伙伴选择过程中就具有更大自主性，当企业有意愿改变既定价值链结构时，价值链重构更容易实现。

第二，企业在全球价值链中的位置使其连接作用更加重要，且许多业务都需要其参与才能完成，意味着企业处于网络结构中的结构洞位置。由于企业占据独特的网络结构而对其他成员企业具有影响作用。这种影响对于企业维持自身较高的知识流动效率，并通过效率优势的累积向结构优势转化，最终实现在知识链中的重新布局有较大帮助。也就是说，由于在网络结构中占据关键位置，企业可以通过影响知识扩散的速率和流动的方向，不断地优化自身的知识容量，据此来实现知识链的重新布局的目的。基于以上分析，提出如下两个命题。

$P_{3.2.1}$：企业参与全球价值链互动，结构权力的提升有助于企业获取结构自主性。

$P_{3.2.2}$：企业参与全球价值链互动，结构权力的提升有助于企业重构知识链。

2. 企业认同权力的提升对价值链重构方式的影响

在全球价值链中一些企业由于其累积的声誉受到合作企业的广泛支持和认可，逐渐成为价值链中的领先企业。其他企业的支持和认可是企业实现网络重构的隐性力量。在全球价值链中企业认同权力的提升，意味着企业基于合作经验和声誉等对其他企业的影响力增强，在其他条件相同的前提下企业获得合作企业支持的可能性更高。在价值链中的其他成员企业对其行为的认可从数量的积累到质的飞跃，意味着企业的不可替代性得到长足改善。在认同和认可推动下企业行为随之发生变化，伴随关系的动态构建和解除，企业在结构洞占据方面也随之发生变化。不可替代性的提升和结构洞的占据是企业结构自主的水平提升和结构外化。即认同和认可带来的影响力通过作用于企业行为来调整价值链中企业间的合作关系，由此提出以下命题。

$P_{3.2.3}$：企业参与全球价值链互动，认同权力的提升有助于企业获取结构自主性。

3. 企业制度权力的拥有有助于实现价值链重构

全球价值链中企业由于其拥有政策倾向和行业规则优势而对其他成员企业产生的影响，是企业实现价值链重构的另一重要路径。具体而言，无论是明确提出的显性制度还是虽然没有明文规定但被成员认可接纳遵循的隐性制度，均是影响价值链中企业进入或退出的干预手段，也是约束和激励成员执行自身期望发生的企业行为的方式。享有制度权力的企业，通过或明或暗的规则，实施对其他成员企业的影响，并据此实现自身的结构自由。即随着企业制度权力的提升，企业结构自主性随之提高。企业的制度权力的提高在价值链中的突出体现是企业话语权的提升和选择决策权的改善，也就意味着企业具有更强的控制力，同时自身享有更加灵活的主动性。据此，提出以下命题。

$P_{3.2.4}$：企业参与全球价值链互动，制度权力的提升有助于企业获得结构自主性。

4. 企业技术权力的获取有助于实现价值链重构

全球价值链中企业拥有的技术权力，意味着企业对核心技术具有控制权，并据此对价值链中其他成员企业产生影响。伴随企业技术权力的增长，企业在全球价值链中的结构自主性随之增强。即对于相对领先企业而言，企业前期发生的设立研发中心、投入研发资金、与科研机构合作等技术行为，使得企业对核心技术的掌握和控制能力增强。由于企业存在技术级差，在价值链中其他成员企业的技术依赖更加明显，那么企业在全球价值链中选择合作伙伴时的自主性会随之增强。

企业技术权力的增长，有助于价值链中的企业重构知识链。相对于领先企业而言，在价值链中的大部分企业价值链重构的途径始于基于技术权力的知识链突破。企业通过研发投入和与科研机构合作等方式实现对核心技术的掌握和控制，并据此尝试重构价值链中的知识传递过程。据此，提出如下命题。

$P_{3.2.5}$：企业参与全球价值链互动，技术权力的提升有助于企业获得结构自主性。

$P_{3.2.6}$：企业参与全球价值链互动，技术权力的提升有助于企业重构知识链。

（三）价值链重构方式对竞争优势的影响

1. 企业获取结构自主性有助于构建竞争优势

企业结构自主性的提升对竞争优势的影响包括如下三个方面：首先，具有结构自主性的企业意味着其在全球价值链中占据着较为关键的位置，可以更广泛地接触到价值链中的各种资源，如技术、市场等，拥有更加宽泛的选择权。也就是说，企业结构自主性越高，其配置网络资源的机会和能力越高，资源配置的最终结果是企业成本得以降低、效率随之提升进而形成自身的竞争优势。其次，拥有结构自主性的企业，或者是其已经身处网络的结构洞位置，或者其可以构建新的结构洞位置，并据此实现对价值链中关键信息的掌握和控制，通过影响信息流提升企业市场敏捷度，帮助企业建构竞争优势。例如，嵌入全球价值链的一些企业由于其规模较大或基于以往合作经验，跨国企业通常会与其建立合作关系，即其可以优先获得跨国企业的青睐从而得到订单。需求旺季的订单量一旦超过其最大生产能力，其可以立即采取措施，将订单转发给其他企业。无论是订单获取的优势，还是应对市场变化的敏捷性，这些都源于企业的结构自主。最后，具有结构自主性的企业，意味着其是价值链中的重要节点，价值链中失去这样的节点，"桥接"作用的发挥会受到影响。也就是说，这样的企业拥有较少的替代者，其他成员企业取而代之的难度较大，非替代性是企业竞争优势的又一来源。据此，提出以下命题。

$P_{3.3.1}$：企业参与全球价值链互动，通过获取结构自主性可以提升企业竞争优势。

2. 企业知识链重构活动有助于形成竞争优势

企业提升在价值链中的结构自主性是企业通过拓展企业活动范围和选择权，重塑企业间关系进而实现的竞争优势。那么，在全球价值链中的企业重构知识链的本质则是通过改变知识流建立新型协作关系从而形成企业竞争优势。全球价值链中企业通过重构知识链实现竞争优势的具体过程是在企业发现行业内新技术需求的前提下，基于既有技术基础进行改进或通过研发投入获得的方式，构建知识主体间新型关系从而形成或延续企业在价值链中的竞争优势。知识链重构意味着关键知识在价值链中调整甚至易主，既涉及企业知识类型和水平变化，也是价值链知识发展历程的重要时间节点。随着关键知识在企业层面的调整，价值链中知识关系也会随之发生变革，这一过程也伴随着竞争优势的扩散和重新聚集，提出以下命题。

$P_{3.3.2}$：企业参与全球价值链互动，通过知识链重构可以提升企业竞争优势。

（四）创新模式的调节作用

在参与全球价值链互动活动中，企业结构权力提升意味着企业在全球价值链中结构影响力有所增加，结构权力的提升拓展企业在网络中的活动范围，使企业自身的不可替代性有所提升，同时，更多成员企业愿意与其建立合作关系和联系，企业自身的自主选择程度随之提升。然而价值链中企业并非只有依赖其所处的结构洞关键位置影响信息流向，或构建合作关系实现结构自主性的获取这一条途径。在现实中企业创新是其获取结构自主性的另一条重要途径，即具有结构影响力的企业通过创新往往可以帮助其获取更高层面和更大程度的自主性。具有一定结构影响力的企业，由于其在价值链中的关键位置，可以通过网络中的弱联系快速获取创新的相关信息，也可以运用结构洞控制创新信息的传播，从而保障局部创新的时效或者加速创新成果的扩散，最终使得企业在合作伙伴的选择和创新技术的选用方面具有更多的选择性和决策权。据此，提出如下命题。

$P_{3.4.1}$：结构权力与渐进式创新之间存在交互作用有利于企业实现结构自主性。

此外，由于参与全球价值链互动活动，企业技术权力得以提升，意味着企业对关键技术的掌握和控制不断提高。然而对关键技术的掌控，并非无水之源，或者是企业通过自身的研发投入得到的投入产出，或者是通过与科研机构合作方式等得到的合作结果。无论是企业内部研发还是外部合作开发，技术权力的提升必然伴随创新的过程，且技术权力提升的程度越大，突破式创新发挥的作用就越大。由于对核心技术的掌握和控制，企业会据此尝试对已有知识链结构进行调整。这一过程是典型的企业依据技术权力实现知识链重构的具体路径。同样在技术权力作用于知识链重构的过程中，无法摒弃创新的参与。在全球价值链中技术权力拥有者，往往既是突破式创新既得利益的获取者，也有可能成为突破式创新的非积极成员。在取得技术领先的前提下，企业既要继续维持现有技术优势，又不得不积极研发新的技术以应对不断变化的外部环境。然而，无论具有何种行为倾向，突破式创新与技术权力相结合是实现知识链重构的有效方法。较高水平的技术权力是突破式创新能够成功的前提和保障，同时，突破式创新又是提升技术权力的手段和方法，两者共同作用下企业可以调整现有知识关系，并据此实现知识链重构。基于如上分析，提出如下命题。

$P_{3.4.2}$：技术权力与突破式创新之间存在交互作用有利于企业实现知识链重构。

第四节　扎根模型形成

取径资源视角解析全球价值链中企业网络权力形成的具体路径和网络权力的形成的结果表现是本书的核心出发点。在对网络权力形成机理的探讨过程中，鉴于目前网络权力概念尚不清晰，网络权力形成机理理论有待完善的现状，选用基于扎根理论的探索性案例研究的方法进行研究。通过对访谈资料的三级编码，研究析出网络资源和网络权力的构念及其构成，以及在资源视角下网络权力的形成机理。同时，研究发现四种维度的网络权力并非单纯的结果变量，全球价值链中企业的网络权力形成过程必然伴随治理结构的变革，价值链重构是网络权力形成的直接结果。此外，网络权力形成机理中重要一环是权力形成的外在表现反映。研究发现竞争优势既是网络权力形成的外部表现，同时也是"锁定效应"突破在某一时间节点的静态反映。由此归纳本书对网络权力形成机理的探讨按照如下过程展开：参与全球价值链活动的企业，由于资源的不平衡性和异质性企业所拥有的网络权力在节点、关系和结构三个层面表现出水平差异。网络资源的差异使得企业拥有的网络权力在类型和水平上也存在不同。在既存网络权力的引导下，企业出现对现有的价值链格局进行重构的需求，甚至有些价值链在某些企业网络权力提升的过程中结构已经发生变化，已有的企业间关系格局被打破，一些企业据此获取竞争优势实现锁定突破。在这一过程中，不同维度的网络权力与不同类型的创新模式交互作用共同影响着重构方式的选择和竞争优势的提升。

图 3.2 是对前文基于扎根理论的探索性案例分析得到的所有命题的归纳，是基于网络资源的网络权力形成机理的扎根模型，同时模型中还反映了网络权力形成基础上的结果表现——竞争优势。模型中变量是基于扎根理论探索性案例研究析出的构念，变量间关系是基于三级编码数据结构结果和理论分析得到的构念间命题。

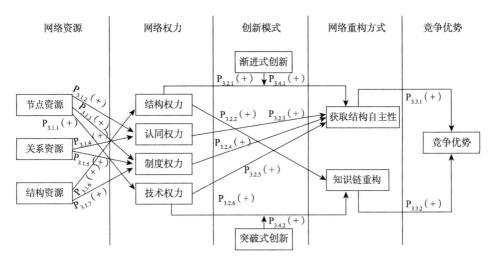

图 3.2 扎根模型：网络权力形成机理

第五节 本 章 小 结

采用基于扎根理论的探索性案例分析，解析网络权力形成机理。研究具体过程是通过对访谈资料的三级编码，明确网络资源、网络权力的构念及网络权力形成的资源基础，发现网络权力形成的价值链重构直接结果和竞争优势间接最终表现，同时还认识到创新方式在网络权力影响重构方式过程中发挥的作用。

取径网络资源探讨网络权力形成机理是本书的核心也是研究逻辑起点。本章研究的理论意义如下：第一，通过对交叉案例的质性数据的分析，构建网络权力形成机制的理论框架，并对现有研究中网络权力构念的构成进行改进。也就是说，从结构、认同、制度、技术四个方面对全球价值链中的网络权力进行解析，使网络权力的构成更加清晰和系统。第二，从网络资源出发，归纳其三个层面的维度即节点资源、关系资源和结构资源，使得网络权力形成机理的资源来源更加清晰。

在对质性数据分析的过程中，价值链重构概念逐渐明朗，价值链重构或是伴随网络权力提升的企业出现的对现有的价值链格局进行重构的需求，或是伴随企业网络权力提升过程中的价值链结构已经发生的变化。具体的重构方式既是企业拥有在网络权力基础上的行为选择，又是企业依据网络权力形成和提升竞争优势的重要途径，因此，重构方式作为模型的中间变量符合理论逻辑，也有助于打开价值链中企业网络权力形成的外部结果表现的黑箱。同时，通过分析质性数据和进行逻辑分析发现，创新模式中的渐进式创新和突破式创新（Mansfield，1986；Freeman，1978）在与网络权力中的结构权力和技术权力的共同作用下，会影响重构方式的选择。

综上所述，本章依据质性分析结论，形成了围绕核心构念和构念间关系的扎根研究编码数据结构，以此为基础综合已有研究，解析构念之间的关系，据此提出了网络资源、网络权力、重构方式、竞争优势等变量之间的一系列命题，构建了网络权力形成机理的扎根模型，深入剖析了在全球价值链中企业网络权力的形成机理。

第四章 基于企业网络权力的全球价值链重构路径

第一节 概 念 界 定

一、网络资源

Wernerfelt（1984b）提出企业所持有的资源可以源源不断地为企业带来优势或劣势的资产，具体表现形式包括有形和无形两种。Barney（1991）进一步指出这些资产是企业提升绩效的主要来源。Provan（1980）进一步解析企业资源的获取途径，即除了自身享有资源外，企业资源还可以通过交换从其他企业处获得。之后，在最初对企业资源的认识仅关注内部资源的基础上，学者们对企业资源的认识逐渐拓展至企业间。Gulati（1998）在分析企业具有的社会资本时提出企业资源由网络结构形态、成员资格特征、网络控制与协调及企业关系结构这四部分组成。根据上述观点可知，企业的网络资源既包括企业内部资源又包括企业外部资源，且无论是内部资源还是外部资源，均具有异质性，据此企业在价值链中的分工存在差异，并最终反映为企业的绩效和竞争优势。

此后，学者们开始尝试进一步解析网络资源的构成维度，Barney 等（1999）对战略性资源进行划分，在其基础上，Gulati 对企业网络资源的组成形式进行更深入的分析解释。本书按照资源的具体来源层次把网络资源分为节点资源、关系资源和结构资源三个维度。节点资源进一步细分为企业内部具有特征差异的物质资源、人力资源和技术创新资源。理论来源是资源依赖理论，代表学者有 Barney 和 Wernerfelt。关系资源包括企业与价值链上下游节点企业的合作关系及其强度，以及与价值链中其他参与者的关系。代表学者有 Walter、Provan、Granovetter、Porter、Gulati 等，主要理论依据是 Granovetter（1973）的弱连接理论。结构资源主要涉及价值链中关联节点种类多样性、合作节点数量、节点所处位置的网络中心性。代表学者有 Burt 和 Provan，其主要理论依据是 Burt（1992）的结构洞理论。基于如上分析，本书对网络资源的概念进行界定并对其维度划分提出结构性定义。

定义 4.1：网络资源是指在全球价值链中的企业拥有内外部资源的集合，具体包括节点资源、关系资源和结构资源。

定义 4.1.1：节点资源是指在全球价值链中的企业内部拥有的物质、人力及创新资源。

定义 4.1.2：关系资源是指在全球价值链中基于互动而获得的存在于企业之间的二元关系资源。

定义 4.1.3：结构资源是指企业在全球价值链中由于网络结构差异而占据的位势资源。

二、网络权力

网络权力的已有研究划分为两种倾向，即能力倾向和关系倾向。能力倾向的学者认为，企业之所以拥有权力是由于其自身能力所得。关系倾向的学者认为，企业拥有权力是基于其与其他成员企业关系而形成的。本书以在全球价值链中的企业为研究对象，探索在资源基础视角下的网络权力形成机理及其基础上的重构路径。依据资源基础理论，认为价值链中节点企业由于拥有异质性资源而对其他企业的影响力和控制力上存在差异。

已有研究对权力的类型有所探索，如 French 和 Raven（1959）认为权力有六种具体形式。网络权力除包含权力概念核心外，其还突出表现为网络结构特征影响下的权力形式。加之基于 Granovetter（1973）和 Burt（1992）的结构洞和弱连接理论，权力的维度也可依据来源层面进行划分。此外，张巍和党兴华（2011）在研究知识转移过程时发现企业网络权力的形成需要核心技术和关键信息的支撑。Sheu 和 Hu（2009）研究发现共同认知是网络权力的来源之一。鉴于如上研究结论，本书对网络权力概念进行界定并划分网络权力维度。

定义 4.2：网络权力是指全球价值链中企业由于其拥有异质性资源而形成的对其他企业的影响力和控制力，依据来源差异可具体划分为技术权力、认同权力、制度权力和结构权力。

定义 4.2.1：技术权力是指价值链中企业由于自身所拥有的知识资源而使其能够对其他企业产生影响的能力。

定义 4.2.2：认同权力是指企业因价值链中其他企业与其共同认知及认可，而具有的影响其他企业的能力。

定义 4.2.3：制度权力是指企业与价值链中其他企业互动过程中由于其拥有的关键资源而在规则制定和奖惩措施实施方面的影响力。

定义 4.2.4：结构权力是指由于企业在价值链所处的位置差异而使其对其他企业产生的影响力。

三、竞争优势

企业竞争优势概念是张伯伦在 1939 年提出的，其概念界定了主体——企业，阐释了过程——竞争，并给出结果——优势。斯蒂格勒对竞争进行了更加全面的定义，将竞争主体进一步区分，认为"竞争"是个人、组织或国家之间的角逐，是一种排他性经济行为。优势是指超越对方的有利形势，是整体上的相对更好，本书将企业竞争优势界定如下。

定义 4.3：竞争优势是指在全球价值链中的企业由于占有和组合异质性资源、实施独特的价值创造战略而实现的高于其竞争对象的状态。

第二节　重构路径的理论模型和研究假设

一、理论模型

在明确网络权力形成机理基础上，以网络权力为起点，解析在网络资源积累前提下和网络权力作用下的价值链重构，构建网络权力影响重构方式进而作用于竞争优势的这一全球价值链中企业重构路径，引入重构方式以解析企业不同的重构选择，引入创新模式以表征权力作用发挥的途径。全球价值链中企业基于网络权力的重构路径理论模型，如图 4.1 所示。

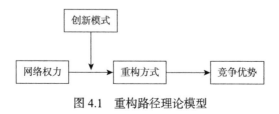

图 4.1　重构路径理论模型

二、研究假设

（一）网络权力对重构方式的影响

1. 结构权力与网络重构方式

Zald（1970）认为如果关键资源被其他企业掌握和控制，企业自身的自主性会有所损失，对资源控制的实质即权力的表现。Burt（1992）认为企业在网络中进行信息和资源交换的过程，处于连接其他企业的非重叠位置时，其位置带来的对信息和资源的控制，使其形成来源于网络结构的权力。即企业处于价值链中的结构洞位置，其自主性水平更高，同时结构洞位置也为企业获取异质性知识并据此实现创新提供可能。由此可知，企业在网络中占据的结构位置以及据此掌握的结构资源是结构权力的形成来源。对于此种资源的控制以及在控制基础上的影响，决定企业在网络中的自主性行为的水平。位置差异给企业带来的网络位置势能，使得结构资源控制力强的企业，在决策和行为中享有更高的自主权，进而提出如下假设。

$H_{4.1.1}$：全球价值链中企业拥有的结构权力对其结构自主性水平具有正向影响。

企业处于结构洞位置而拥有的异质性的网络结构资源对其他节点企业具有影响作用。即基于结构位置的影响力使企业提高了知识流通的速度与效率，同时通过积累效率优势实现效果的提升，进而实现企业在价值网络中位势的跃迁。

已有研究发现，企业间进行合作或发生冲突均会影响到知识链的运行状态和组成结构，视合作和冲突水平会给知识链结构带来不同程度的变革（吴绍波和顾新，2009）。结构洞位置形成的独有的弱连接与强连接不同，可以更快速地实现对异质性资源信息的接收，从而对知识的分享造成影响（von Hippel，1994）。知识链中企业之间的关系协调性较差会导致企业间的摩擦和冲突（全力和顾新，2010），产生这种问题的原因在于企业拥有结构权力间的差异和其产生的动态影响。价值链中结构给企业带来的位势差，是知识链重构的本源性因素。根据上述分析，提出以下假设。

$H_{4.1.2}$：全球价值链中企业拥有的结构权力对知识链重构具有正向影响。

2. 认同权力与网络重构方式

在合作经验、声誉等影响下的价值链中其他企业对目标企业的认同，使企业在合作伙伴选择等企业行为上给其他企业带来影响，这种认同和认可随着由量到质的积累变化后，结果反映为企业结构自主性得以提升。曹丽莉（2008）认为对直接上下游和间接上下游企业的认同，会使企业从价值链的整体利益出发制定企业的竞争策略。也就意味着认同权力较高的企业,可以对价值链中竞争秩序进行塑造,认同权力较低的企业或主动或被动地受其影响,而使其自身在网络中的自主水平受限,由此提出以下假设。

H$_{4.1.3}$:全球价值链中企业拥有的认同权力对结构自主性具有正向影响。

认同是信任构成的重要维度之一,即信任在很大程度上源于对对方的认同。同时,企业间的合作创新能否实现,信任在其中发挥很大的作用(Peng et al.,1997)。稳固的信任关系是合作双方顺利实现信息共享与经验交流的基础(Child et al.,2005)。价值链中企业间的信任关系特别是由于认同而使目标企业具有的对其他成员企业的影响力,会影响知识流向和流量,知识流向和流量的积累结果反映为企业在知识链中的位置更新。对文献归纳分析发现企业拥有的认同权力会影响知识链的结构变化。据此,提出如下假设。

H$_{4.1.4}$:全球价值链中企业拥有的认同权力对知识链重构具有正向影响。

3. 制度权力与网络重构方式

参与全球价值链互动的企业均处于或显性或隐性的制度框架下。制度在合法性的影响下发挥作用(Meyer and Rowan,1977)来影响同样位于价值链的其他企业的行为。任寿根(2004)进一步解析了制度分割如何影响其他企业行为,以及影响最终的结果表现是什么。他首先将制度分割进行分类,但无论是强制性还是诱致性制度分割,都以构建制度壁垒的形式影响其他企业。影响的结果就是受制于制度的企业的活动范围和出入自由受限。参与价值链互动的企业,其活动范围的大小可以通过制度进行影响和调整。企业如果拥有较高水平的制度权力,可通过若干显性规则的添加和使用,影响和控制其他企业,使自身具备更高广度和深度的活动范围和空间,从而使其享有更高水平的主动权。制度权力水平较低的企业,各种显隐性规则会制约其活动范围从而影响其自主水平,由此可提出如下假设。

H$_{4.1.5}$:全球价值链中企业拥有的制度权力对结构自主性具有正向影响。

4. 技术权力与网络重构方式

价值链中技术权力的形成和维系常伴随着较为突出的路径依赖(Hess,2004)。路径依赖意味着企业会由于惯性陷于既定权力关系中,限制价值链中企业自主性的提升(Burton et al.,2002)。同时,低技术权力拥有企业会尝试通过研发创新掌握核心技术,从而在技术权力等级上实现晋升,进而逐渐减少甚至摆脱对技术权力水平较高企业的依赖。即技术权力提升为解锁路径依赖给企业提供权力准备,而路径依赖的打破本质上就是既定关系结构的变革,是自主性在企业间的重新分配。

全球价值链中技术权力租使得各企业处于与之匹配的权力层级集聚的空间区位。为得到更高水平网络权力租，在价值链中的低权力序阶企业会通过各种途径向高层级空间区位攀升。为最大化自身利润，领先企业通常借助各种网络权力影响控制其他成员企业的空间区位选择。处于核心边缘结构外围的低权力序阶企业在技术权力不足或缺失的前提下，为实现持续利润，不得不维系对领先企业的依赖。技术权力提升是其获取控制地位的重要途径，也是其向价值链高端环节延伸的主要途径。企业技术权力提升有助于实现位置的区位迁移（邓智团，2010）。据此，提出如下假设。

$H_{4.1.6}$：全球价值链中企业拥有的技术权力对结构自主性具有正向影响。

在全球价值链中拥有优于其他企业技术权力的领先企业，由于它们可以控制价值链中的核心技术（林兰和曾刚，2010），因而更希望能够维持现有的价值链结构，其维系的结构是以领先企业为核心的网链结构（何柳和聂规划，2004）。同时，利用企业内部成立研发部门、外部与研究所进行合作的内外部共同建设的方式，在价值链中的其他企业希望实现对核心技术的研发和控制，打破原有知识链条，实现价值链攀升。在技术创新基础上的权力获取是知识链突破的主要方式。较高技术权力拥有者会据此限制价值链中低权力序阶企业的技术发展，使其继续依赖于原有的技术路径，对其尝试的知识关系变革进行阻挠。但同时企业不断提升的技术权力也可以帮助其实现对既有技术权力拥有者的突破，技术权力提升也是企业进行知识链重构的基础和依据（Tokatli and Kizilgun, 2004）。根据上述研究观点提出 $H_{4.1.7a}$ 和 $H_{4.1.7b}$，这两条假设本身具有竞争性，有且仅有一条假设成立。

$H_{4.1.7a}$：全球价值链中企业拥有的技术权力对知识链重构具有正向影响。

$H_{4.1.7b}$：全球价值链中企业拥有的技术权力对知识链重构具有负向影响。

（二）网络重构方式对竞争优势的影响

1. 结构自主性与竞争优势

蔡宁和吴结兵（2002）基于资源的结构性整合视角研究发现企业拥有的资源和网络结构方式会给竞争优势带来影响。价值链中企业会出现不同的结构自主性，其程度由于网络结构方式不同而存在差异，网络密度不尽相同。当企业在价值链中处于不同的位置时，企业的自主能力也会有所不同，处于不同网络密度的企业自主性存在紧密差异，均会影响其信息和关键资源的捕获。依据结构洞理论，一般而言，结构自主性水平高的企业在网络中会占据洞的位置。如果随着网络密度的增加，使网络补充的是大量的冗余连接，原来处于核心位置的企业享有的优势会被进一步强化（刘兰剑，2010）。企业在价值链中结构自主性程度以其拥有的资源范围、占据结构洞及网络中替代者数量来衡量。企业拥有较大的资源范围，占据价值链中结构洞的位置，具有较高的非替代性，说明企业结构自主性水平高，意味着其在价值链中的活动范围更大，选择性更强。结构自主性水平高是企业由于占有和组合异质性资源、实施独特的价值创造战略而实现的高于其竞争对象的结果。因此，结构自主性水平高，说明企业拥有超越价值链中其他企业的结构优势。据此，提出如下假设。

$H_{4.2.1}$：全球价值链中企业具有的结构自主性对获取竞争优势具有正向影响。

2. 知识链重构与竞争优势

Karlsen 等（2003）在研究中发现，企业自身及其在网络中的成长关键在于知识如何创造与使用，想要在价值链中获得更为有利的位置，需要企业灵活地使用获取与创造的知识，即体现为超越竞争对象的位置结果。企业重构知识链本质是通过构建区别于既有知识链的创新关系而重塑企业竞争优势。由此可见，借助对知识链的重构和优化，企业可以构建新型技术合作关系并解除已有合作关系，形成优于其他企业的竞争能力。根据上述观点提出如下假设。

$H_{4.2.2}$：全球价值链中企业实现的知识链重构对获取竞争优势具有正向影响。

（三）网络重构方式的中介作用

1. 结构自主性的中介作用

价值链结构通过影响企业交换重要资源的机会和交换潜在伙伴的可能性，影响企业对价值链中重要资源的获取机会和水平（ Cook et al.，1983；Markovsky et al.，1988 ）。通过 $H_{4.1.1}$ 和 $H_{4.2.1}$ 可知，参与全球价值链的企业拥有的结构权力是其结构自主性提升的直接来源。企业结构自主性的提升本身就意味着企业在结构上的优势提升，同时也意味着企业被依赖和锁定的影响逐渐减弱，企业可依据自身意愿，选择成长路径，增强竞争优势。中介变量可以解析自变量与因变量之间的作用机理。为了深入分析结构权力与竞争优势的作用机理，本节将结构自主性这一结构权力的直接后置变量，引入结构权力与竞争优势之间。探讨其是否发挥中介传导作用以及中介作用的类型，据此提出如下假设。

$H_{4.3.1a}$：结构自主性在结构权力影响竞争优势的过程中起完全中介作用。

$H_{4.3.1b}$：结构自主性在结构权力影响竞争优势的过程中起部分中介作用。

2. 知识链重构的中介作用

在价值链中核心技术具有核心价值高、难以模仿等特征，核心技术拥有者处于价值链高权力序阶，在价值链中具有较大的影响力（文婧和曾刚，2005）。Yan 和 Chi（2013）研究发现技术所有权和专有技术是企业打破既定格局，获取竞争优势的主要技术资源，并进一步解析了拥有技术权力的企业掌握的技术通常具有稀缺性的特征。在一定时间内此类技术拥有独特的价值且很难被其他技术取代。可以将此类技术作为突破口，帮助企业打破市场准入壁垒，实现竞争优势。由 $H_{4.1.7}$ 和 $H_{4.2.2}$，企业进行知识链重构受到企业所拥有的技术权力的影响。同时通过进行知识链重构，企业可以实现网络中位置的跃迁从而提高企业竞争力。因此，本节认为知识链重构作为知识结构变革的一种具体方式，在技术权力对竞争优势的影响中发挥中介作用，而且有必要进一步解析其中介类型，从而提出如下假设。

$H_{4.3.2a}$：知识链重构在技术权力影响竞争优势的过程中起完全中介作用。

$H_{4.3.2b}$：知识链重构在技术权力影响竞争优势的过程中起部分中介作用。

（四）创新模式的调节作用

1. 渐进式创新的调节作用

价值链中企业结构权力越大意味着企业优先接触网络中异质性资源的可能越大，从而在更大的网络范围产生更大的影响。相较于突破式创新，以渐进式创新为主要创新方式和创新选择的企业往往需要更深层次、关系更强的合作者（Feller et al.，2006）才能发挥作用，即结构权力的提升为渐进式创新的实现提供可能。渐进式创新活动的开展和积累，进一步提升企业的独特性，当价值链中其他企业依赖性越来越强时企业的自主性水平就会越高。因此，本节尝试发掘在结构权力作用于结构自主性的过程中渐进式创新所带来的影响。由此，提出如下假设。

$H_{4.4.1}$：渐进式创新在结构权力影响结构自主性的过程中起调节作用，企业渐进式创新程度越高，结构权力对结构自主性的正向影响越强。

如果企业在网络中的位置恰好是处于"桥接"的位置，那么意味着企业据此位置在价值链中享有一定的结构权力。同时，也意味着网络中存在的异质信息会被处于这样位置的企业所获取。企业通常进行的渐进式创新，很多都是基于结构影响力带来的信息而产生和推动的。同时，企业在结构上的影响力，影响和改变网络中的信息流动方式与方向，从而确保渐进式创新适用于当下，进而推动企业拥有超越竞争对手的市场反应速度和利润空间（Oerlemans et al.，2013）。渐进性创新是企业在已有技术基础上进行的局部改善，是提升产品性能使现有的竞争优势得到维持和强化（O'Connor and de Martino，2006）的主要手段和方式。

基于如上分析，在结构权力提升与渐进式创新共同影响下，价值链中企业结构自主性的变化，据此反映为企业竞争优势的改变。依据温忠麟等（2006）对有调节的中介效应和有中介的调节效应的分析过程，进行有中介的调节效应检验。

本书中渐进式创新是有中介的调节变量，据此提出如下假设。

H$_{4.5.1}$：渐进式创新调节结构权力影响结构自主性过程进而影响企业竞争优势。

2. 突破式创新的调节作用

在全球价值链中技术权力较高的企业通常是领先企业，领先企业由于长期的技术积累，拥有较强的突破式创新能力。技术权力水平较高的企业基于自身已经形成的技术影响研发新产品，进行本质性的技术革新的难度较其他追随企业更低。因此，当企业有知识链重构意愿时，较高的技术权力与突破式创新相结合可以更有效地实现知识链的重构。即在技术权力作用于知识链重构的过程中，突破式创新发挥调节效应。基于以上分析，提出假设。

H$_{4.4.2}$：突破式创新在技术权力影响知识链重构的过程中发挥调节作用，企业突破式创新程度越高，技术权力对知识链重构的正向影响越强。

在技术权力对知识链重构影响过程中，突破式创新这一创新模式的使用，会对作用结果产生影响。但相比渐进式创新，突破式创新的风险更高，其带来的成果在短时期内其他企业难以模仿。同时，也意味着在全球价值链中如果想要使突破式创新结果得以应用需要持续较长的时间（Oerlemans et al.，2013）。突破式创新的产生区别于当下市场的全新技术，并且以通过破坏当下市场为主要表征。因此，基于突破式创新而形成的竞争优势可视为竞争优势重建，这种创新也是价值链低权力序阶企业实现重构的重要途径。突破式创新可以帮助企业从根本上调整全球价值链中上游与下游企业间的联系，打破原有秩序，设立全新的规则，升级现有的产品以及将创新技术实践于新产品的生产研发过程（Rothaermel，2002；Day and Schoemaker，2004；Phillips et al.，2006）。也有学者提出不同观点，他们从既有技术优势出发，强调突破式创新也有弊端，如企业会过度重视对于新技术的投入，导致现有技术的停滞不前，甚至对现有的资源结构构成威胁，从而失去对现有资源的使用能力（Danneels，2004），进而对企业已有的竞争优势带来损害。因此，有必要进一步明确突破式创新在技术权力通过知识链重构作用于竞争优势过程中发挥的具体作用。

依据温忠麟等（2006）对有中介的调节变量的阐释，结合本书中突破式创新在技术权力通过知识链重构作用于竞争优势的过程中发挥有中介的调节效应，提出如下假设。

H$_{4.5.2}$：突破式创新调节技术权力影响知识链重构过程进而影响企业竞争优势。

归纳如上所有假设，如图 4.2 所示。

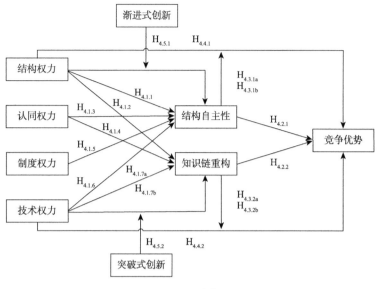

图 4.2 研究假设

第三节 研究设计和研究方法

一、研究设计

为探析基于网络权力的全球价值链重构路径，本章研究首先构建了网络权力、创新模式、重构方式和竞争优势关系的理论模型，并依据基于扎根理论的探索性案例分析结论和文献综述形成研究假设。在对量表进行筛选的基础上形成调查问卷，收集数据，通过 SPSS 和 AMOS 统计软件对数据进行分析，检验所选量表信度、效度，并利用结构方程模型的拟合模型，检验前文提出的直接效应、中介效应和调节效应假设，依据检验结果得出研究结论。

（一）网络权力量表选择

由基于扎根理论的探索性案例分析结论可知，网络权力包括结构权力、认同权力、制度权力和技术权力四个维度。通过对已有文献归纳分析，对网络权力四个维度的量表进行筛选。

1. 结构权力量表选择

Freeman（1978）通过研究认为在网络结构特征中的网络密度体现了企业通过网络获取信息的便捷水平，在网络结构特征中的中介度体现了网络中的权力。即价值链中企业可依据网络密度和中介度实现对价值链中信息流的控制、阻断，甚至扭曲信息内容。Burt（1992）研究发现处于网络结构洞中关键位置的企业在信息获取方面具有优势，掌握信息在上下游之间的流通。张巍和党兴华（2011）基于国内外学者的已有研究从中心性、网络连接密度和强度三个维度构建结构权力的量表。本章对结构权力的测度采用经过已有研究检验的成熟量表，从结构权力的信息表现视角关注结构权力的四个方面——网络密度、中心性、强度和频度，如表4.1所示。

表4.1　结构权力的测度量表

序号	题项	参考依据
STP 1	经常比其他价值链成员更快获得商业信息	Freeman（1978） Burt（1992） 张巍和党兴华（2011）
STP 2	能够主导商业信息在价值链中的流动	
STP 3	经常为价值链中合作伙伴传递信息	
STP 4	控制和关注价值链的信息流通	

2. 认同权力量表选择

认同权力反映成员间在目标和价值方面的认可（霍宝锋等，2013），价值链中企业认同权力类型进一步分为两种，即细化为认同和认可两个方面。一种是由于企业在某些方面的卓越成绩而使得其他企业愿意一起进行合作并在某些方面接受企业带来的影响。另一种是双方企业由于在价值利益与经营行为上存在一定的类似性，因而愿意相互影响（Zhao et al.，2008）。学者们开始尝试提出测度认同权力的方法，从分析经济人影响创新驱动的水平网络以及新产品的开发和关系强度之间的相互作用出发，即以 Swasy（1979）和 Comer（1984）在各自文献中建立的量表为基础，从价值观、观点、态度、行为上的相近和对方认定这五个方面来测度认同权力，但此时学者对认同权力的认识还集中于个体层面。对企业层面认同权力的测量，Zhao 等（2008）在已有个体层面研究基础上拓展至企业，研究认为企业间认同权力包括三个测量维度。这三个测量维度，依据认同程度和高度差异可做如下划分：其一是由于对方经营状况明显优于己方而选择的追随，这种认同源于羡慕。其二是对对方企业运营方式效率或效果优于己方而选择的认同，这种认同源于认可。其三是与对方企业在企业运营与管理方面有一致的看法或类似的做法，这种认同源于共识。赵爽（2009）在 Baker 等（1998）与党兴华和李玲

（2008）研究基础上认为口碑、社会地位、获取支持和影响网络整体也反映认同权力。

通过总结已有研究结论，分析认同的不同表现形式，结合本书研究对象为参与全球价值链活动的企业，得到认同权力的测度量表，如表 4.2 所示。

表4.2 认同权力的测度量表

序号	题项	参考依据
IDP 1	在价值链合作伙伴中的口碑很好	赵爽（2009） Zhao 等（2008） Baker 等（1998） 党兴华和李玲（2008）
IDP 2	与价值链中其他企业拥有相同价值观	
IDP 3	在行业中拥有较高的社会地位	
IDP 4	对整个价值链的动向有直接影响	

3. 制度权力量表选择

基于资源视角分析可知，制度权力来自在价值链中明显或者隐藏的制度规范。这些制度要求了成员企业应当履行的义务，将成员的行为限制在制度的框架内。制度及其影响是探讨在中国情境下价值链重构的重要因素。为测度制度权力，本章在已有研究基础上结合探索性案例研究结论确定制度权力的测度量表，如表 4.3 所示，表中包括 4 个具体题项。

表4.3 制度权力的测度量表

序号	题项	参考依据
ITP 1	可以联合价值链其他企业共同限制第三方的进入	景秀艳（2007） 赵爽（2009） 本书质性研究结果
ITP 2	针对价值链中企业建立了有效的激励和约束机制与措施	
ITP 3	具有很强的讨价还价能力	
ITP 4	对不满足自身需求企业能够采取一些措施使其利润减少	

4. 技术权力量表选择

已有研究在解析新兴市场国家或部分区域拥有高新技术的企业形成的网络时，涉及技术权力的研究（Kishimoto，2004），主要以汽车、电子信息产业为对象，但对其的深入剖析不足，仍存在一定的研究空间（林兰和曾刚，2010）。例如，Depner和 Bathelt（2005）研究发现汽车产业存在层级分层现象，层级中存在权力关系的不对等性，并且将权力关系置入关键技术中进行探讨，认为对关键技术的掌控水平是权力的重要外部表现。

目前已经进行的研究虽然发现并且意识到技术权力十分重要，但是缺少对技术权力的测度和其作用于价值链中的具体过程的进一步探究。国内学者党兴华和查博（2011）探究创新网络时定义了知识权力的概念并对知识权力本源进行解释分析，创建了知识权力的测度量表。技术的不断进步基于知识的无间断创造（周立和吴玉鸣，2006），技术权力作为权力类型的重要部分，根源于特殊的知识形态，本章综合已有研究结论，结合扎根理论，从其知识本质着手解析其维度构成。根据上述分析将从稀缺性、控制性、等级性、依赖性和动态性这五个方面来测量技术权力，具体内容如表4.4所示。

表4.4　技术权力的测度量表

序号	题项	参考依据
TNP 1	掌握价值链中其他企业不具有的核心技术	党兴华和查博（2011） 本书质性研究结果
TNP 2	技术优势对价值链其他企业的决策带来影响	
TNP 3	技术掌握水平存在差异使得价值链中企业存在等级	
TNP 4	技术掌控能力差异使得价值链企业之间相互依存	
TNP 5	技术在价值链发展演化过程中发挥重要作用	

（二）网络重构量表选择

价值重塑是未来竞争的重要途径，因此仅关注企业自身成长研究已经不能满足企业实践需要，需要将研究视角提升至整体层面，并探索价值创造体系的重构（Normann and Ramirez，1993）。王海花和谢富纪（2012）在探讨知识网络能力时从网络构想能力、网络建构能力、网络利用能力、网络解构能力和网络重构能力五个部分展开。其中网络重构能力包括关键联系人确定、结构自主性和知识链重构。在 Burt（1992）和 Walter 等（2006）研究基础上设计结构自主性的测度量表，在 Ritter 等（2002）、郝生宾和于渤（2009）、任胜钢（2010）研究基础上设计知识链重构的测度量表。

本书在前文基于扎根理论的探索性案例分析基础上，结合王海花和谢富纪（2012）的研究对本章知识链重构和结构自主性量表进行设计。由于无论是结构自主性的提升还是知识链重构，都是对原有价值链结构的调整和改变，必然涉及关键联系人确定环节，且将原有量表对重构能力的测度转换为对重构方式的测度，故将已有研究中涉及的关键联系人确定这一维度，拆分至获取结构自主性和进行知识链重构这两个维度中。同时，在王琴（2011）对价值网络重构逻辑分析基础上，将网络范围的延伸和新型合作关系的建立归纳为网络重构的本质表现。本书结合探索性案例的研究结果以及网络重构已有研究结论，明确价值网络重构在空间上表现为企业在价值链上纵向延伸，即拓展了企业活动的范围，在内容上表现为企业在价值链上横向搭建，即构建新型合作关系。本章将网络重构方式用获取结构自主性和知识链重构两个维度进行测度。在已有研究基础上本章通过 OSA 1

到 OSA 4 四个题项从社会背景、本企业替代者、合作企业间关系和合作企业替代者四个方面测度结构自主性，通过 KCR 1 到 KCR 3 三个题项从异常处理、关系解除和知识需求内容测度知识链重构，具体如表 4.5 和表 4.6 所示。

表4.5　获取结构自主性的测度量表

序号	题项	参考依据
OSA 1	经常保持联系的合作企业之间有相似的社会背景	
OSA 2	经常合作的企业与我们中断合作关系后很难找到替代者	Burt（1992）
OSA 3	经常合作的企业与我们分属于不同的圈子并且相互之间基本没有联系	Ritter 等（2002） 王海花和谢富纪（2012）
OSA 4	某一合作企业中断关系后能找到替代者并建立类似的合作关系，替代者与原有合作伙伴之间基本没有联系	

表4.6　知识链重构的测度量表

序号	题项	参考依据
KCR 1	当价值链中关键知识突发变动，企业会打破原来的合作计划并提出新的处理方法	Ritter 等（2002） 郝生宾和于渤（2009）
KCR 2	企业形成了退出和解除与价值链中其他企业知识协作关系的方式与程序	任胜钢（2010） 王海花和谢富纪（2012）
KCR 3	企业会预测价值链未来知识需求	

（三）创新模式量表选择

渐进式创新是指创新引起的技术变化不大，只是简单的产品改善或实施产品线延伸以相对较少的渐进式的改善提升企业绩效。突破式创新也可称作颠覆式创新，是对技术进行完全的、独一无二的、颠覆式的创造，用这种方式来冲击市场（Wind and Mahajan，1997）提升企业绩效。渐进式创新与突破式创新在本质上存在差异，很少有企业同时进行两种创新模式（Rice et al.，2001；Feller et al.，2006）。以异质性资源为前提，企业采用什么样的创新方法有助于实现价值链重构并据此形成竞争优势引发诸多学者的讨论（张春辉和陈继祥，2011）。如何选取创新模式对在新兴国家市场上拥有着差异权力水平和权力维度的企业争取更强的竞争力来说十分重要，对位于价值链最低端的新兴市场国家来说则更为重要。

虽然学者们认识到创新模式差异会给企业发展带来差异，但对管理实践中的渐进式创新和突破式创新仍需进一步区分。Koberg 等（2003）对渐进式创新和突破式创新进行进一步细分，认为渐进式创新囊括程序性、人员、流程及结构性的渐进式创新。对突破式创新进一步解析发现其创新的层面属于宏观层面，主要包括战略创新。例如，对产品服务的创新，可通过对产品和服务的颠覆式的创新扩大市场。在明确渐进式创新和突破式创新内涵的基础上，如何对其进行衡量成为学者关注的焦点。

刘石兰（2008）以 Gatignon 和 Xuereb（1997）的已有研究结论为基础，认为渐进式创新可以从技术和市场的创新程度这两个方面衡量，即产品的技术改善、新产品的顾客接受、新产品的消费行为改善程度。突破式创新的测量基于 Veryzer（1998）提出的量表。他认为有必要从技术稀缺性和顾客活动改变程度这两个方面共四个问项测量突破式创新。陈锟和于建原（2009）研究指出，从产品的局部改良和对领先产品模仿两个方面区分和衡量渐进性创新。从与原产品的显著差异和是否推进行业技术变迁两个方面区分和衡量突破性创新。同时，魏江和郑小勇（2010）在已有研究基础上，依据产品在价值链上的价值增值活动环节将渐进式创新的测度设计为新材料或新配件的选用、外观设计的更新、产品新属性的增加、新设备的引入等。突破式创新最主要的表现是在产品更新、业务更替及市场占有方面，体现其产生的颠覆式变化。

根据如上学者的研究结论，综合基于扎根理论的探索性案例分析结果，形成渐进式创新和突破式创新的测度量表，如表 4.7、表 4.8 所示。

表4.7　渐进式创新的测度量表

序号	题项	参考依据
ICI 1	在生产过程中采用了新材料或新配件	Molina-Morales 和 Martinez-Fernandez（2009） 张洪石（2005） 魏江和郑小勇（2010） 本书质性研究结果
ICI 2	在设计环节对产品外观进行了改善	
ICI 3	产成品在原产品基础上增加了新属性	
ICI 4	企业引进或开发新设备用于生产	

表4.8　突破式创新的测度量表

序号	题项	参考依据
BTI 1	通过创新活动引入了新产品	Mansfield（1986） 付玉秀和张洪石（2004） 潘松挺（2009） 本书质性研究结果
BTI 2	通过创新活动扩展了产品的种类	
BTI 3	通过创新活动开拓了新的市场	
BTI 4	通过创新活动开发了新技术	

（四）竞争优势量表选择

竞争优势是指企业相对于竞争对手而言表现出的在成本、产品功能、操作流程、市场反应方面的优势。通常具有竞争优势的企业在市场中的份额更多，增长更快，更加能够重视和满足客户需求。由此可见，竞争优势是企业价值链重构后的具体表现，也是价值链中低端环节企业希望借由重构实现超越和突破的最终效果。在已有研究中有关竞争优势的量表较为充分，按照其维度差异可分为竞争优势多维量表和竞争优势单维量表两类。例如，Vogel（2005）基于资源基础理论从差异化优势视角提出竞争优势单维测度指标。在对竞争优势采用单维度测量研究中，也有学者采用财务绩效指标来衡量。与竞争优势单维度测量相对比，也有部分学者认为竞争优势是一个多维度变量，与差异化相对应，低成本和风险因素同样是竞争优势构成的来源（刘曦子，2018）。鉴于本书理论基础和核心逻辑，对标价值链重构最终结果的竞争优势的测度，以差异化优势为本质内容，低成本也可视为差异化的具体内容之一。因此，本章在确定竞争优势量表过程中，以 Vogel（2005）和董保宝（2010）的成熟量表为核心，将低成本因素考虑纳入进来，使用单维度量表对竞争优势进行测度，如表4.9所示。

表4.9　竞争优势的测度量表

序号	题项	参考依据
CPA 1	企业能够以较低的成本为客户提供产品或服务	Vogel（2005） 董保宝（2010） 刘曦子（2018）
CPA 2	企业能够提供多功能、高性能的产品或服务	
CPA 3	企业能够以更加快速、有效的方式执行操作流程	
CPA 4	企业能够灵活地适应快速变化的市场并比对手更快地做出反应	
CPA 5	企业更加重视客户的需求	
CPA 6	企业的市场份额增长更快	

二、研究方法

为了进一步解析企业价值链重构路径，本章研究选用结构方程模型拟合多自变量多因变量之间的关系，并分析重构方式在网络权力影响竞争优势过程中发挥的中介作用。此外，使用 SPSS 分析创新模式在网络权力影响重构方式进而作用于竞争优势过程中的调节作用。

（一）结构方程模型

结构方程模型是一种利用回归的多变量统计分析方法，其主要的目的是分析潜变量之间存在的因果联系，并将变量之间的结构化关系以图示表现出来。相较于其他的回归分析方法，结构方程模型的优势在于其能够同时处理多个因变量，计算出自变量与因变量间的测量误差，分析出因子的结构和因子之间的关系，更灵活地测量模型并确定模型的拟合度（侯杰泰等，2004）。本章研究基于小样本数据分析结果，对调查问卷进行微调后进行正式调查回收问卷。采用结构方程模型对正式调研数据进行变量间直接影响作用检验以及重构方式的中介作用验证。

　　测量模型与结构模型的拟合度测试是结构方程模型分析中亟须得到的重点结果，并以此为基础来解释理论模型与实际数据的拟合效果。解释的过程是用三种指标来衡量模型的拟合效果，分别是绝对拟合指标、相对拟合指标和简约拟合指标，一般情况下需要准确计算这三项指标来验证模型的可信度（Hair et al., 1998）。结合侯杰泰等（2004）、邱皓政和林碧芳（2009）与吴明隆（2010）等对结构方程模型的研究成果，本章就指标名称与性质、范围、判断值及适用情形对结构方程模型拟合指标进行解释，具体内容如表4.10所示。

表4.10　结构方程模型拟合指标的比较与判准

类别	指标名称与性质	范围	判断值	适用情形
绝对拟合指标	χ^2 理论模型与观察模型的拟合程度		$\succ 0.05$	说明模型解释力强
	χ^2/df 考虑模型复杂度后的卡方值		$\prec 5$	不受模型复杂度影响
	RMSEA 比较理论模型与饱和模型的差距	0~1	$\prec 0.08$	不受样本数与模型复杂度影响
	RMR 假设模型整体残差	0~1	$\prec 0.05$	了解残差特性
	GFI 假设模型可以解释观察数据的比例	0~1	$\succ 0.80$	说明模型解释力
	AGFI 考虑模型复杂度后的GFI	0~1	$\succ 0.80$	不受模型复杂度影响
相对拟合指标	NFI 比较假设模型与独立模型的卡方差异	0~1	$\succ 0.90$	说明模型较虚无模型的改善程度
	NNFI 考虑模型复杂度后的NFI	0~1	$\succ 0.90$	不受模型复杂度影响
	CFI 假设模型与独立模型的非中央性差异	0~1	$\succ 0.90$	说明模型较虚无模型的改善程度，特别适合小样本
简约拟合指标	PGFI 对GFI的修正	0~1	$\succ 0.50$	说明模型的简单程度
	PNFI 对NFI的修正	0~1	$\succ 0.50$	说明模型的简单程度

（二）中介效应检验

　　中介变量的作用是其可以表征自变量通过中介变量对因变量产生作用的过程。中介效应也可以分成两种效应：一种是完全中介效应，即 X 对 Y 的影响完全通过 M，X 不再对 Y 起到直接的作用；另一种是部分中介效应，即 X 的部分影响作用到 Y 上，部分通过影响 M 再作用于 Y。自变量 X、中介变量 M 和因变量 Y 这三者之间的作用关系如图 4.3 所示。

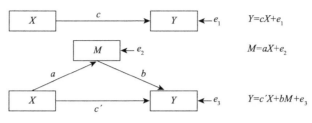

$$Y=cX+e_1$$

$$M=aX+e_2$$

$$Y=c'X+bM+e_3$$

图 4.3　中介效应路径示意图

中介效应需要两个条件成立方可发挥作用：一个条件是 X（自变量）和 Y（因变量）这两个变量之间显著相关；另一个条件是中介变量 M 是自变量 X 与因变量 Y 之间关系的媒介，M 受到了 X 的影响再作用于 Y。

本章基于温忠麟等（2004）提出的研究结论，即中介效应检验机制，应用过程的具体程序如图 4.4 所示。

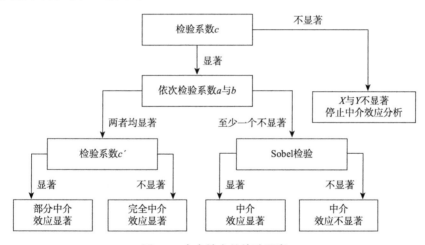

图 4.4　中介效应的检验程序

资料来源：Baron 和 Kenny（1986）、温忠麟等（2004）

步骤 1：检验自变量 X 发生改变时能否显著地解释因变量 Y 的改变，即图 4.4 中的 c 值是否显著。如果没有显著性，则证明 X 和 Y 间不存在显著的相关关系，直接跳至步骤 5，结束对中介效应的分析。显著则进入步骤 2。

步骤 2：检验自变量 X 发生改变时能否显著地解释中介变量 W 的改变，即图 4.4 中的 a 值是否显著，再检验 W 对 Y 产生的影响，观察 b 值是否显著。若 a、b 值均显著，进入步骤 3；若至少其中一个不显著，则进入步骤 4。

步骤 3：验证自变量 X 和中介变量 W 对因变量 Y 的协同影响。若 c' 不显著，则认定 M 为完全中介变量；若 c' 显著且 c' 小于 c，即可认定 M 是部分中介变量。

步骤 4：进行 Sobel 检验，如果显著，可认为中介效应显著，否则认为中介效应不显著。

步骤 5：检验结束。

（三）调节效应检验

如果变量 X 与 Y 间的关系是变量 W 的函数，即 X 和 Y 之间的联系需要得到 W 的作用，就认为变量 W 是调节变量（James and Brett，1984；温忠麟等，2004）。中介变量与调节变量之间的区别如表 4.11 所示。

表4.11　中介变量与调节变量之间的区别

项目	中介变量 M	调节变量 W
研究目的	X 如何影响 Y	X 何时影响 Y 或何时影响较大（小）
关联概念	中介效应、间接效应	调节效应、交互效应
什么情况下考虑	X 对 Y 的影响较强且稳定	X 对 Y 的影响时强时弱
典型模型	$M = aX + e_2$　$Y = ccX + bM + e_3$	$Y = aM + bM + cXM + e$
模型中位置	M 在 X 之后、Y 之前	X、W 在 Y 前面，W 可以在 X 前面
功能	代表一种机制，X 通过 M 影响 Y	影响 Y 和 X 之间关系的方向或强弱
与 X、Y 的关系	M 与 X、Y 的相关都显著	W 与 X、Y 的相关可以显著或不显著
效应	回归系数 a、b	回归系数 c
效应检验	回归系数乘积 $a \times b$ 是否等于零	回归系数 c 是否等于零
检验策略	做依次检验，必要时做 Sobel 检验	做层次回归分析，检验偏回归系数 c 的显著性（检验）或者检验测定系数的变化（F 检验）

（四）有中介的调节效应检验

如果一个模型除了自变量和因变量外，涉及的第三变量不止一个，可能会同时包含调节变量和中介变量。这些变量出现在模型中的位置不同会产生不同的模型，联系着不同的统计背景和意义。Baron 和 Kenny（1986）对有中介的调节效应进行解析，自变量为 X，中介变量为 M，调节变量为 U，UX 是调节效应项，如果它影响 M，而 M 影响 Y，说明调节效应（至少部分地）通过中介变量 M 而起作用，称这样的调节变量是有中介的调节变量。

有中介的调节效应检验程序如下，即先要检验调节效应，然后检验中介效应（温忠麟等，2006）。

（1）做 Y 对 X、U 和 UX 的回归，UX 的系数显著，这一步说明 U 对 Y 与 X 关系的调节效应显著。

（2）做 W 对 X、U 和 UX 的回归，UX 的系数显著。

（3）做 Y 对 X、U、UX 和 M 的回归，M 的系数显著。

（4）如果在第（3）步中，UX 的系数不显著，则 U 的调节效应完全通过中介变量 M 而起作用。

第四节　价值链重构路径的实证分析

一、基础数据分析

（一）样本特征分析

本书采用问卷调查方法解析价值链重构路径，通过收集问卷数据检验前文提出的假设。研究过程中共发放问卷 360 份，其中，回收的有效问卷数为 320 份。有效问卷回收率为 88.89%，经数量计算可知，有效样本数量达到至少为问卷题项数五倍的要求。在有效问卷中有 104 份纸质问卷，216 份电子问卷。有效样本来源分布情况如表 4.12 所示。

表4.12　有效样本来源分布情况

特征变量	变量值	频率	百分比
所属制造业	食品	42	13.13%
	纺织品	24	7.50%
	家具	33	10.31%
	金属	44	13.75%
	设备	123	38.44%
	化学制品	54	16.88%
企业规模	大型	68	21.25%
	中型	124	38.75%
	小型	79	24.69%
	微型	49	15.31%

续表

特征变量	变量值	频率	百分比
工作时间	3 年以下	34	10.63%
	3~6 年	121	37.81%
	6~10 年	90	28.13%
	10 年及以上	75	23.44%
所处职位	普通员工	45	14.06%
	基层管理者	89	27.81%
	中层管理者	118	36.88%
	高层管理者	68	21.25%

（二）信效度分析

1. 网络权力的信效度分析

通过内部一致性信度 Cronbach's α、组合信度（composite reliability，CR）、平均方差抽取量（average variance extracted，AVE）得到网络权力信度指标的计算结果，如表 4.13 所示。网络权力的内部一致性信度 Cronbach's α 的结果为 0.812，超过 0.7，说明网络权力的内部一致性信度水平较高；组合信度为 0.877，大于 0.5，说明测量题项可以反映出真实的潜在变量；平均方差抽取量为 0.640 7，大于 0.5，说明变量测量收敛情况较好。网络权力包括四个维度，分别为结构权力、认同权力、制度权力和技术权力，内部一致性信度 Cronbach's α 基本上都大于 0.7 或者接近 0.7，结构权力与制度权力的各题项 Cronbach's α 值略低，研究结果整体反映出各潜变量的内部一致性信度水平基本达到要求。

表4.13　网络权力信度指标的计算结果

量表	潜变量	观测变量	负荷	内部一致性信度 Cronbach's α	整体内部一致性信度 Cronbach's α	组合信度	平均方差抽取量
网络权力	结构权力	STP 1	0.541	0.634	0.812	0.877 0	0.640 7
		STP 2	0.564				
		STP 3	0.588				
		STP 4	0.566				
	认同权力	IDP 1	0.636	0.734			
		IDP 2	0.659				
		IDP 3	0.659				
		IDP 4	0.733				

续表

量表	潜变量	观测变量	负荷	内部一致性信度 Cronbach's α	整体内部一致性信度 Cronbach's α	组合信度	平均方差抽取量
网络权力	制度权力	ITP 1	0.581	0.636	0.812	0.877 0	0.640 7
		ITP 2	0.571				
		ITP 3	0.589				
		ITP 4	0.524				
	技术权力	TNP 1	0.791	0.818			
		TNP 2	0.778				
		TNP 3	0.790				
		TNP 4	0.792				
		TNP 5	0.761				

对网络权力进行效度检验。在进行 KMO（Kaiser-Meyer-Olkin）检验和巴特利特球形度检验（Bartlett's test）后得到 KMO 值为 0.909，显著。如表 4.14 所示，KMO 值大于 0.7 且在 0.001 水平上显著，因此，该项的结构效度良好，通过效度检验。

表4.14　网络权力效度指标的计算结果

KMO 取样适切性量数		0.909
巴特利特球形度检验	近似卡方	1 595.632
	自由度	136
	显著性	0.000

2. 重构方式的信效度分析

通过内部一致性信度 Cronbach's α、组合信度、平均方差抽取量得到网络权力信度指标的计算结果，如表 4.15 所示。重构方式的内部一致性信度 Cronbach's α 的结果为 0.721，超过 0.7，说明重构方式的内部一致性信度水平较高；组合信度为 0.766 2，大于 0.5，说明重构方式可以反映出真实的潜在变量；平均方差抽取量为 0.620 9，大于 0.5，说明变量测量收敛情况较好。重构方式包括两个潜变量，分别为结构自主性和知识链重构，其中结构自主性的 Cronbach's α 值为 0.645，小于 0.7 但接近 0.7，知识链重构的 Cronbach's α 值为 0.702，大于 0.7，反映出各潜变量的内部一致性信度水平基本达到要求。

表4.15 重构方式信度指标的计算结果

量表	潜变量	观测变量	负荷	内部一致性信度 Cronbach's α	整体内部一致性信度 Cronbach's α	组合信度	平均方差抽取量
重构方式	结构自主性	OSA 1	0.539	0.645	0.721	0.766 2	0.620 9
		OSA 2	0.587				
		OSA 3	0.562				
		OSA 4	0.618				
	知识链重构	KCR 1	0.636	0.702			
		KCR 2	0.566				
		KCR 3	0.630				

通过对重构方式进行KMO检验和巴特利特球形度检验计算后得到KMO值为0.831，显著性水平为0.000。如表4.16所示，KMO值大于0.7且在0.001水平上显著，因此，该项的结构效度良好，通过效度检验。

表4.16 重构方式效度指标的计算结果

KMO取样适切性量数		0.831
巴特利特球形度检验	近似卡方	483.387
	自由度	21
	显著性	0.000

3. 创新模式的信效度分析

通过内部一致性信度Cronbach's α、组合信度、平均方差抽取量得到网络权力信度指标的计算结果，如表4.17所示。创新模式的内部一致性信度Cronbach's α的结果为0.854，超过0.7，说明创新模式的内部一致性信度水平较高；组合信度为0.865，大于0.5，说明创新模式可以反映出真实的潜在变量；平均方差抽取量为0.762 1，大于0.5，说明变量测量收敛情况较好。创新模式包括两个潜变量，分别为渐进式创新和突破式创新，两个潜变量的Cronbach's α值均大于0.7，反映出各潜变量的内部一致性信度水平较高。创新模式各题项的Cronbach's α值均大于0.7，说明各题项的内部一致性信度水平较高。

表4.17 创新模式信度指标的计算结果

量表	潜变量	观测变量	负荷	内部一致性信度 Cronbach's α	整体内部一致性信度 Cronbach's α	组合信度	平均方差抽取量
创新模式	渐进式创新	ICI 1	0.742	0.800	0.854	0.865 1	0.762 1
		ICI 2	0.767				

续表

量表	潜变量	观测变量	负荷	内部一致性信度 Cronbach's α	整体内部一致性信度 Cronbach's α	组合信度	平均方差抽取量
创新模式	渐进式创新	ICI 3	0.728	0.800	0.854	0.865 1	0.762 1
		ICI 4	0.762				
	突破式创新	BTI 1	0.795	0.818			
		BTI 2	0.785				
		BTI 3	0.746				
		BTI 4	0.758				

通过对创新模式进行 KMO 检验和巴特利特球形度检验计算后得到 KMO 值为 0.914，显著性水平为 0.000。如表 4.18 所示，KMO 值大于 0.7 且在 0.001 水平上显著，因此，创新模式的结构效度良好，通过效度检验。

表4.18　创新模式效度指标的计算结果

KMO 取样适切性量数		0.914
巴特利特球形度检验	近似卡方	1 093.316
	自由度	28
	显著性	0.000

4. 竞争优势的信效度分析

通过内部一致性信度 Cronbach's α、组合信度、平均方差抽取量得到网络权力信度指标的计算结果，如表 4.19 所示。内部一致性信度 Cronbach's α 的检验结果为 0.843，超过 0.7，说明竞争优势的内部一致性信度水平较高；组合信度为 0.742 6，大于 0.5，说明竞争优势可以反映出真实的潜在变量；平均方差抽取量为 0.333 3，小于 0.5，说明变量测量收敛情况较差。竞争优势共有六个题项，各题项的 Cronbach's α 值基本大于或接近 0.8，说明竞争优势的六个题项的内部一致性信度水平较高。

表4.19　竞争优势信度指标的计算结果

量表	观测变量	负荷	内部一致性信度 Cronbach's α	组合信度	平均方差抽取量
竞争优势	CPA 1	0.845	0.843	0.742 6	0.333 3
	CPA 2	0.810			
	CPA 3	0.794			
	CPA 4	0.800			
	CPA 5	0.831			
	CPA 6	0.819			

通过对竞争优势进行 KMO 检验和巴特利特球形度检验计算后得到 KMO 值为 0.858，显著性水平为 0.000。如表 4.20 所示，KMO 值大于 0.7 且在 0.001 水平上显著，因此，竞争优势的结构效度良好，通过效度检验。

表4.20 竞争优势效度指标的计算结果

KMO 取样适切性量数		0.858
巴特利特球形度检验	近似卡方	724.431
	自由度	15
	显著性	0.000

二、变量间直接影响作用检验

（一）网络权力对重构方式的直接影响作用检验

依据在概念模型中网络权力影响重构方式的假设，将网络权力的四个维度：结构权力、认同权力、制度权力和技术权力作为自变量，结构自主性和知识链重构作为因变量，构建一个检验网络权力对重构方式的直接影响检验的结构方程模型。利用 AMOS 进行参数估计及模型适配度检验，结果如图 4.5 所示，在模型中各变量间的路径系数见表 4.21。观察拟合结果可知，结构权力对结构自主性的作用在 0.05 水平上显著，路径系数为 0.318。结构权力对知识链重构的影响在 0.001 水平上显著，路径系数为 0.563。结构自主性受到认同权力影响的路径系数是 0.147，不显著，即检验发现认同权力对结构自主性不具有显著正向影响。制度权力对结构自主性的影响在 0.05 水平上显著，路径系数为 0.290。技术权力对结构自主性的影响在 0.01 水平上显著，路径系数为 0.262。技术权力对知识链重构的影响在 0.001 水平上显著，路径系数为 0.455。根据拟合指标可以看出，各项绝对拟合指标均通过。

表4.21 网络权力与重构方式的结构方程模型标准化路径系数与拟合指标

假设	路径	标准化路径系数	显著性概率 p	结果
$H_{4.1.1}$	结构权力→结构自主性	0.318	0.095[*]	支持
$H_{4.1.2}$	结构权力→知识链重构	0.563	<0.001[***]	支持
$H_{4.1.3}$	认同权力→结构自主性	0.147	0.365	不支持
$H_{4.1.4}$	制度权力→结构自主性	0.290	0.097[*]	支持
$H_{4.1.5}$	技术权力→结构自主性	0.262	0.026[**]	支持
$H_{4.1.6}$	技术权力→知识链重构	0.455	<0.001[***]	支持

拟合指标：χ^2/df=1.499，RMSEA=0.040，NFI=0.861，RMR=0.034，GFI=0.913，CFI=0.948

***表示显著水平 $p \leqslant 0.001$；**表示显著水平 $p \leqslant 0.01$；*表示显著水平 $p \leqslant 0.05$

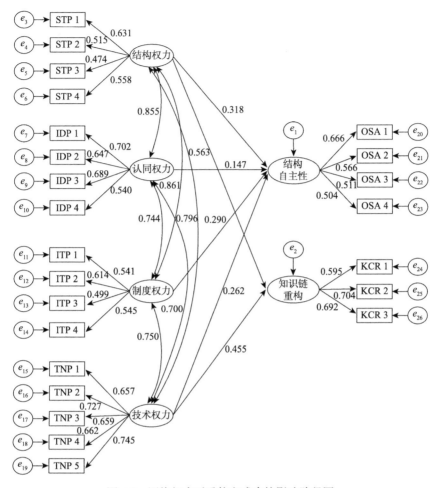

图 4.5 网络权力对重构方式直接影响路径图

基于如上检验结果可知，网络权力对重构方式影响的研究结论如下。

结论 4.1.1：在全球价值链中企业拥有的结构权力水平越高，企业的结构自主性程度越高。企业在价值链中所处位置存在差异，处于核心位置的企业相对于边缘位置企业对价值链中其他企业的影响力也有所不同。距离网络核心位置越接近，意味着其中心性水平越高，对其他企业的影响力就越大，其决策的空间就越大，因此，其结构自主性程度越高。

结论 4.1.2：在全球价值链中企业拥有的结构权力水平越高，越有助于企业进行知识链重构。在全球价值链中，距离网络核心位置越接近，其中心性水平越高，意味着其对其他企业的影响力越强。当企业处于价值链中核心位置时，基于较强的位置影响力，企业优先接触信息、控制知识在价值链中的流动。即结构权力有助于企业获取吸收知识和传递转移知识，企业据此实现知识的内化和输出，最终表现为知识关系的变革。企业占据价值链中核心位置而拥有的影响力有助于其实现在知识链中的位置调整。

结论 4.1.3：在全球价值链中企业拥有的认同权力水平提升对结构自主性的提升影响不显著。企业由于其自身声誉、经验等因素获得价值链中其他企业的认同和认可是其影响力的重要来源。但认同作为企业及企业中管理者的心理倾向和基本认知，映射到以非可替代性为核心的结构自主性还存在一定距离。即仅依赖认同和认可影响其他企业而使自身具有灵活性并调整其在价值链中的位置，由于缺乏主动性和控制力而存在困难。

结论 4.1.4：在全球价值链中企业拥有的制度权力水平越高，企业的结构自主性程度越高。企业与价值链中其他企业互动过程中，由于其在规则制定和奖惩措施实施方面的影响力，拥有较高水平的话语权。当制度方面影响力达到更高水平时，企业通过制定各种显隐性规则和实施奖惩措施，影响其他企业的行为和决策，使自身在价值链中拥有更大程度的主动性和决策权，非替代性程度也随之提高，即自身结构自主性水平提高。

结论 4.1.5：在全球价值链中企业拥有的技术权力水平越高，企业的结构自主性程度越高。在全球价值链中，技术权力越高的企业意味着其掌握行业核心知识和关键技术能力与水平越高。由于核心知识和关键技术的稀缺性，其他价值链成员企业对拥有技术权力的企业容易产生路径依赖。对于高技术权力拥有企业而言，其可以依据技术影响力，强化在价值链结构中的不可替代性。

结论 4.1.6：在全球价值链中企业拥有的技术权力水平越高，企业越容易实现知识链重构。掌握核心知识和关键技术的企业依据其技术影响力对知识链进行调整，一方面，来源于自身知识储备和技术掌握在行业中具有领先优势，企业可以基于知识存量和关键技术实现既有知识的内部整合，调整价值链中企业间的知识关系。另一方面，拥有技术影响力的企业，在接受新知识和新技术方面具有天然优势，即依据知识存量和关键技术，在价值链中的关键知识突发变动时，可率先找到应对策略，形成新的知识协作关系，实现知识链重构。

（二）重构方式对竞争优势的直接影响作用检验

依据探索性案例分析提出的概念模型以及基于已有文献提出的研究假设，检验重构方式影响竞争优势的假设（$H_{4.2.1}$ 和 $H_{4.2.2}$）。以结构自主性和知识链重构作为自变量，竞争优势设为因变量构建结构方程模型，以此来进行重构方式与竞争优势的直接效应检验。利用 AMOS 对重构方式与竞争优势之间直接效应模型的拟合结果如图 4.6 所示，模型中变量间路径系数与模型拟合指标如表 4.22 所示。

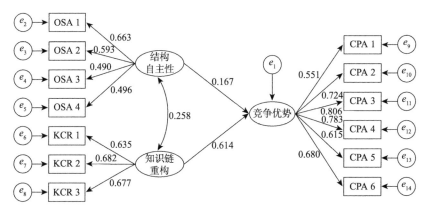

图 4.6　重构方式对竞争优势直接影响路径图

表4.22　重构方式与竞争优势的结构方程模型标准化路径系数与拟合指标

假设	路径	标准化路径系数	显著性概率 p	结果
$H_{4.2.1}$	结构自主性→竞争优势	0.167	0.408	不支持
$H_{4.2.2}$	知识链重构→竞争优势	0.614	0.004^{**}	支持

拟合指标：χ^2/df =1.990，RMSEA=0.056，NFI=0.914，RMR=0.037，GFI=0.945，CFI=0.955

**表示显著水平 $p \leqslant 0.01$

通过如上检验得到重构方式对竞争优势影响的研究结论如下。

结论 4.2.1：在全球价值链中企业结构自主性水平对其获取竞争优势的影响不显著。企业具有较高的结构自主性，说明其在价值链中占据结构关键位置，具有一定的非替代性。然而，企业自身结构灵活性与其实现在产品成本、性能、功能超越其他竞争对手的状态之间存在一定的转换空间。结构自主性水平体现了企业在价值链结构上的灵活状态，但对企业应对市场反应、了解市场需求和提升市场份额不具有直接显著影响。

结论 4.2.2：在全球价值链中企业知识链重构有助于其获取竞争优势。重构企业间知识关系的活动包括两个方面：其一是在既有知识基础上整合调整企业间知识关系而形成的重构。其二是以发现和引入新知识为基础，采取一系列措施应对新技术需求，通过抢占先发优势并辅之以适当巩固，从而搭建新型知识关系。无论形成于哪一方面的知识关系变革，都是企业调整资源分布、改变知识流向的具体路径，作用于企业竞争优势的形成。

（三）网络权力对竞争优势的直接影响作用检验

竞争优势作为价值链重构的后置变量，是基于网络权力的价值链重构的结果表征。为了解析基于网络权力的价值链重构路径，尤其是重构方式在这一过程中发挥的中介作用和创新模式发挥的调节作用，首先需要明确网络权力与竞争优势的关系，这是后续一系列研究前提。因此，首先检验网络权力对竞争优势的直接影响。建立以网络权力的四个维度为自变量，竞争优势为因变量的结构方程模型，并利用 AMOS 进行参数估计、模型适配度检验及各变量间路径系数估计，结果如图 4.7、表 4.23 所示。观察结果可知，结构权力影响竞争优势的路径系数为 0.359，意味着结构权力对竞争优势的正向影响在 0.05 水平上显著。认同权力影响竞争优势的路径系数为 0.043，不显著，即认同权力对竞争优势的正向影响不显著。制度权力影响竞争优势的路径系数为 0.222，不显著，即制度权力对竞争优势的影响不显著。技术权力影响竞争优势的路径系数为 0.264，在 0.05 水平上技术权力对竞争优势具有显著的正向影响。此外，各项拟合指标均严格在指标规定范围之内，也就是说，模型拟合效果良好并通过检验。

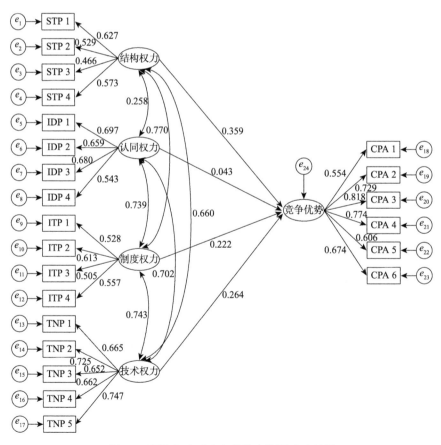

图 4.7　网络权力对竞争优势直接影响路径图

表4.23　网络权力与竞争优势的结构方程模型标准化路径系数与拟合指标

假设	路径	标准化 路径系数	显著性概率 p	结果
$H_{4.3.1}$	结构权力→竞争优势	0.359	0.066[*]	支持
$H_{4.3.2}$	认同权力→竞争优势	0.043	0.798	不支持
$H_{4.3.3}$	制度权力→竞争优势	0.222	0.177	不支持
$H_{4.3.4}$	技术权力→竞争优势	0.264	0.018[*]	支持

拟合指标：$\chi^2/\mathrm{df}=1.516$，RMSEA=0.04，NFI=0.874，RMR=0.036，GFI=0.916，CFI=0.953

*表示显著水平 $p \leqslant 0.05$

由检验结果得到网络权力对竞争优势影响的研究结论如下。

结论 4.3.1：在全球价值链中企业的结构权力提升有助于其获取竞争优势。拥有结构权力的企业由于其在价值链结构中占据关键位置，而具有对其他企业的控制力和影响力。企业的结构权力水平越高，说明其在价值链结构中越具有非可替代性。结构影响力使其在信息控制和关系维护方面拥有优势，外化为企业在产品、流程、市场反应和份额等方面拥有超越其他竞争对手的优势。

结论 4.3.2：在全球价值链中企业的认同权力提升对其竞争优势提升的影响不显著。企业由于其自身声誉、经验等因素获得的价值链中其他企业的认同和认可是其影响力的重要组成。但认同作为其他企业及企业中管理者的对目标企业的主观倾向和基本认知，仅表现在认知层面，准确性容易存在偏离，最终表现为目标企业的竞争优势还存在距离。即认同说明企业具有一定优势，但能否转化为在产品和市场中的竞争优势还有待观察和改进。

结论 4.3.3：在全球价值链中企业的制度权力的提升对其竞争优势提升的影响不显著。在企业与价值链中其他企业互动过程中，由于其在规则制定和奖惩措施实施方面的影响力，可以通过制定和调整价值链中各种显隐性规则或采取奖惩措施对其他企业的行为和决策产生影响。但制度作为要求成员共同遵守的规章或准则，虽然会影响其他企业，但最终反映在企业的产品、流程、市场和客户等竞争优势过程中还需具有操作性和具体化的转化方式。

结论 4.3.4：在全球价值链中企业的技术权力水平的提升对企业竞争优势的提升具有显著影响。企业参与全球竞争的范围和深度取决于对关键技术的控制能力。在价值链中企业技术权力的提升，意味着企业掌握了其他成员企业不具有的技术并据此形成其他企业对其的技术依赖，实现对其他企业的控制。同时，由于拥有技术权力水平差异，在价值链中企业具有等级性，并且随着技术权力的变化企业在价值链中实现迁升或固化。技术权力的变化直接触发形成企业竞争优势的诸多构成要素，即企业技术权力对竞争优势的影响，会通过产品的成本和性能、企业的生产效率和市场份额等竞争优势的维度表现。

（四）创新模式对重构方式的直接影响作用检验

在全球价值链中企业创新模式的不同也会影响其重构路径的选择。虽然关注基于网络权力的价值链重构路径，也有必要解析创新模式不同对价值链重构的差异性影响。为检验创新模式对重构方式的直接效应，本节建立了一个以渐进式创新和突破式创新为自变量，以结构自主性和知识链重构为因变量的结构方程模型。

利用 AMOS 进行参数估计、变量间路径系数拟合及模型适配度检验，结果如图 4.8 和表 4.24 所示。观察表 4.24 中结果可知，渐进式创新影响结构自主性的路径系数为 0.667，渐进式创新对结构自主性具有显著的正向影响（$p<0.001$）；突破式创新影响知识链重构的路径系数为 0.897，突破式创新对知识链重构具有显著的正向影响（$p<0.001$）。各项拟合指标均严格在规定范围之内，该创新模式对重构方式直接影响的结构方程模型通过检验。

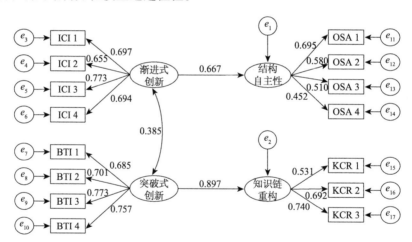

图 4.8　创新模式对重构方式直接影响路径图

表4.24　创新模式与重构方式的结构方程模型标准化路径系数与拟合指标

假设	路径	标准化路径系数	显著性概率 p	结果
$H_{4.4.1}$	渐进式创新→结构自主性	0.667	<0.001***	支持
$H_{4.4.2}$	突破式创新→知识链重构	0.897	<0.001***	支持

拟合指标：$\chi^2/df=2.396$，RMSEA=0.066，NFI=0.890，RMR=0.045，GFI=0.922，CFI=0.932

***表示显著水平 $p\leqslant0.001$

通过如上检验得到网络权力对重构方式影响的研究结论如下。

结论 4.4.1：在全球价值链中企业进行渐进式创新有助于企业提升结构自主性。渐进式创新是企业在现有产品基础上对外观、材料、属性进行改进，并据此对企业现有的资源和能力进行提升。渐进式创新所带来的优化改进是企业提升的重要来源，据此企业可以降低成本、更好地服务客户，逐渐加强企业在价值链中的非替代性，也就使得其自身具备更高水平的自主性。

结论 4.4.2：在全球价值链中企业进行突破式创新有助于企业进行知识链重构。突破式创新是指企业研发了新产品、开发了新技术和开拓了新市场。突破式创新所进行的颠覆式变革通常伴随企业发展过程的关键节点，通过颠覆式的改变可以调整原有价值链中的知识关系架构，企业可据此实现知识链重构。

三、重构方式的中介作用验证

（一）结构自主性的中介作用检验

经探索性案例分析得到的扎根模型和已有文献分析可知，结构自主性很有可能在结构权力影响竞争优势过程中发挥中介作用。因此，构建表征三者关系的结构方程模型，自变量设置为结构权力，中介变量设置为结构自主性，因变量设置为竞争优势，来验证是否存在结构自主性的中介效应。

本节利用 AMOS 软件，对构建的表征结构自主性中介效应的结构方程模型进行拟合。引入结构自主性这一中介变量后，模型反映结构权力对竞争优势的影响。拟合结果如图 4.9 所示。观察模型各项的主要拟合指标，$\chi^2/df=1.760<5$，$RMSEA=0.049<0.08$，$NFI=0.905>0.9$，$RMR=0.036<0.05$，$GFI=0.946>0.9$，$AGFI=0.923>0.9$，可知拟合指标均落在规定区间，说明此结构方程模型拟合效果良好，通过检验。

表 4.25 是对结构自主性的中介效应检验结果的汇报，按照中介效应检验程序分别进行逐步回归，并通过结构方程模型拟合得到 c' 的具体过程。首先，在不考虑任何因素影响下，对结构权力与竞争优势的回归系数进行检验，得到 c 值为 0.670，在 0.001 水平上显著。其次，检验回归系数 a 为 0.831，在 0.001 水平上显著。回归系数 b 为 0.307，在 0.01 水平上显著。检验系数 c'，其值为 0.438，不显著。综上可知，符合完全中介的结果，在结构权力对竞争优势的影响中，结构自主性发挥完全中介作用。

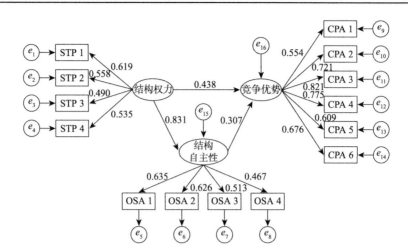

图4.9　结构自主性中介作用路径图

表4.25　结构权力、结构自主性和竞争优势回归系数

路径	对应系数	回归系数	p 值
结构权力→竞争优势	c	0.670	< 0.001***
结构权力→结构自主性	a	0.831	< 0.001***
结构自主性→竞争优势	b	0.307	0.023**
结构权力→竞争优势	c'	0.438	0.103

***表示显著水平 $p \leqslant 0.001$；**表示显著水平 $p \leqslant 0.01$

依据检验结果得到结构自主性中介作用检验结论如下。

结论 4.5.1：在全球价值链中企业结构权力对竞争优势的影响完全需要通过获取结构自主性的方式发挥作用。企业结构上的影响力转化为竞争优势的过程，需要通过其在价值链中占据结构洞的位置，从而接触更加广泛的网络资源，不断加强自身的非替代性，最终显现为企业超越竞争对手的优势。

（二）知识链重构的中介作用检验

根据探索性案例分析得到的扎根模型以及已有文献分析，发现在技术权力对竞争优势的影响中，知识链重构很可能具有中介效应。因此，需要构建以技术权力为自变量，竞争优势为因变量的结构方程模型。同时，将知识链重构作为中介变量引入主要作用逻辑的探讨中，使用结构方程模型的方法对中介效应进行进一步检验，探究技术权力、知识链重构和竞争优势之间的关系。

图 4.10 展示知识链重构在技术权力与竞争优势之间作用的结构方程模型的拟合结果。观察模型各项的主要拟合指标，$\chi^2/\mathrm{df}=1.988<5$，RMSEA=0.056<0.08，

NFI=0.920>0.9，RMR=0.034<0.05，GFI=0.942>0.9，AGFI=0.918>0.9，可知各项指标均在规定区间，说明模型对三者作用关系拟合效果良好。

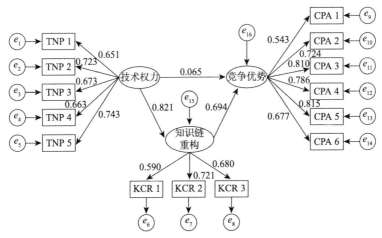

图 4.10　知识链重构中介作用路径图

表 4.26 展示的是对知识链重构的中介效应进行检验的结果。依据判断中介效应的检验过程，首先检验不考虑其他因素影响下的技术权力对竞争优势的直接作用。回归分析得到 c 值等于 0.630，结果显示在 0.001 水平上显著。其次检验回归系数 a 为 0.821，结果显示在 0.001 水平上显著。再次检验回归系数 b 为 0.694，结果显示在 0.001 水平上显著。最后引入中介变量知识链重构后，得到的系数 c' 的值等于 0.065，不显著。综合如上各步骤的研究结果，研究发现此中介变量作用的发挥符合完全中介判定，即知识链重构在技术权力影响竞争优势的过程中发挥完全中介作用。

表4.26　技术权力、知识链重构和竞争优势回归系数

路径	对应系数	回归系数	p 值
技术权力→竞争优势	c	0.630	<0.001***
技术权力→知识链重构	a	0.821	<0.001***
知识链重构→竞争优势	b	0.694	<0.001***
技术权力→竞争优势	c'	0.065	0.671

***表示显著水平 $p \leqslant 0.001$

依据检验结果得到知识链重构中介作用检验结论如下。

结论 4.5.2：企业技术权力对竞争优势的影响完全通过知识链重构的方式发挥作用。企业基于关键技术而掌握的影响力转化为竞争优势的过程，需要以知识链重构为突破口。依据技术权力实现在产品成本、功能和市场占有、反馈等方面超越其他竞争对手，需要变革知识关系进行转换。

四、创新模式的调节作用验证

（一）渐进式创新的调节作用检验

检验在结构权力对结构自主性的影响过程中渐进式创新的调节作用。将涉及的变量进行如下解析，自变量为结构权力，因变量为结构自主性，调节变量为渐进式创新。以此建立回归模型，对渐进式创新的调节作用进行检验，模型结构如图4.11所示。

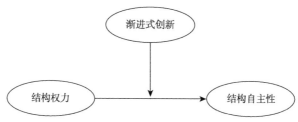

图 4.11　渐进式创新调节作用路径图

对渐进式创新、结构权力、结构自主性的数据进行中心化处理，并建立层级回归模型后得到的结果，如表 4.27 所示。

表4.27　渐进式创新的调节作用回归模型

变量		回归模型		
		模型 1	模型 2	模型 3
自变量	结构权力	0.537^{***}	0.418^{***}	0.417^{***}
调节变量	渐进式创新		0.203^{***}	0.199^{***}
交互项	结构权力×渐进式创新			0.032
模型统计量	R^2	0.280	0.334	0.335
	调整后 R^2	0.278	0.329	0.328
	F	123.876^{***}	79.352^{***}	52.983^{***}

***表示显著水平 $p \leqslant 0.001$

（1）模型 1 是自变量结构权力对因变量结构自主性的回归模型，检验结构权力对结构自主性的作用方式。

（2）模型 2 是在已有模型 1 中加入渐进式创新作为调节变量，以检验渐进式创新对结构自主性的作用方式。

（3）模型 3 在模型 2 的回归方程基础上，再加入结构权力与渐进式创新的交互项，来检验自变量结构权力与调节变量渐进式创新的交互作用方式。

通过对模型 1、模型 2 中结构权力、渐进式创新对结构自主性回归分析结果进行总结，结合模型 3 中和结构权力与渐进式创新的交互项对结构自主性的回归结果可知，在 0.001 水平上，三个模型的 F 统计量均显著。

观察模型 3 中的具体变量，自变量结构权力对结构自主性回归系数为 0.417，在 0.001 水平上显著。渐进式创新作为调节变量，对结构自主性的回归系数为 0.199，在 0.001 水平上显著。如上检验结果说明，当单独考虑结构权力和渐进式创新对结构自主性的影响时，两者均表现出显著的正向作用。同时，结构权力与渐进式创新的交互项对结构自主性的回归系数为 0.032，$p=0.481$，说明自变量与调节变量的交互作用对因变量结构自主性的正向影响不显著。根据上述分析得到表 4.28 的结论。渐进式创新对结构权力影响结构自主性的调节效应不显著，$H_{4.4.1}$ 不成立。由于调节效应不显著，进而可以得出结论有中介的调节效应不成立，即 $H_{4.5.1}$ 不成立。

表4.28　渐进式创新调节效应检验结果

假设	具体内容	检验结果
$H_{4.4.1}$	在结构权力影响结构自主性的过程中渐进式创新起调节作用	不成立
$H_{4.5.1}$	渐进式创新在结构权力影响结构自主性进而影响企业竞争优势的过程中发挥调节作用	不成立

根据上述分析得到渐进式创新的调节效应检验结果如下。

结论 4.6.1：在结构权力对结构自主性影响过程中渐进式创新的调节作用不显著。

结论 4.7.1：渐进式创新在结构权力影响结构自主性进而影响企业竞争优势过程中的调节作用不显著。

企业的结构权力来源于其在价值链中的位置从而实现对其他成员的行为以及决策的影响。在全球价值链中企业结构权力水平高意味着其具有较为灵活的结构自主性，渐进式创新有助于企业提升结构自主性，但在结构权力影响结构自主性的过程中渐进式创新的调节作用并不显著。这是由于具有结构影响的企业，虽然优先接触信息并尝试调整信息在价值链中的流动，但是有关创新的关键技术信息，企业会予以重视，并提高保护此类信息的共享门槛。结构权力结合渐进式创新对企业提升结构自主性存在一定困难，对进一步提升企业的竞争优势的作用有限。

（二）突破式创新的调节作用检验

1. 突破式创新在技术权力影响知识链重构过程中的调节作用检验

为检验在技术权力对知识链重构的影响过程中突破式创新的调节作用，以技术权力为自变量，知识链重构为因变量，突破式创新为调节变量，建立回归模型，对突破式创新的调节作用进行检验，模型结构如图 4.12 所示。

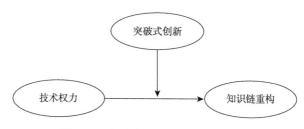

图 4.12　突破式创新调节作用路径图

从表 4.29 技术权力、突破式创新和技术权力与突破式创新的交互项分别对因变量知识链重构的回归作用中可以看出，三个模型的 F 统计量均在 0.001 水平上显著。

表4.29　突破式创新的调节作用回归模型

变量		回归模型		
		模型 1	模型 2	模型 3
自变量	技术权力	0.672***	0.383***	0.413***
调节变量	突破式创新		0.420***	0.408***
交互项	技术权力×突破式创新			0.104**
模型统计量	R^2	0.383	0.511	0.521
	调整后 R^2	0.382	0.507	0.517
	F	197.781***	165.351***	114.776***

***表示显著水平 $p \leqslant 0.001$；**表示显著水平 $p \leqslant 0.01$

观察模型 3 中的具体变量，自变量技术权力对知识链重构回归系数为 0.413，在 0.001 水平上显著，可得技术权力明显正向作用于知识链重构。作为调节变量的突破式创新对知识链重构影响显著，其回归系数为 0.408（$p<0.001$）。这表明单独考虑突破式创新对知识链重构的影响时，结果有明显的正向作用。技术权力与突破式创新的交互项对知识链重构的影响显著，回归系数为 0.104（$p<0.01$）。这表明同时考虑自变量与调节变量时，两者的交互作用对因变量知识链重构的正向影响

明显。综上逐步分析结果可知，调节变量突破式创新在自变量技术权力影响因变量知识链重构的过程中发挥显著的调节作用。验证 $H_{4.4.2}$ 成立。综合如上检验结果，自变量技术权力与因变量突破式创新的交互作用显著，可进一步验证突破式创新有中介的调节效应。

2. 突破式创新在技术权力影响竞争优势过程中的有中介的调节作用检验

首先检验在以知识链重构为中介变量的技术权力对竞争优势的影响过程中突破式创新的调节效应。自变量为技术权力，中介变量为知识链重构，调节变量为突破式创新，因变量为竞争优势，以此建立回归模型，模型结构如图 4.13 所示。

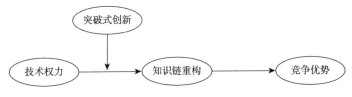

图 4.13　突破式创新有中介的调节作用路径图

依据温忠麟等（2006）提出的有中介的调节效应检验程序，验证突破式创新在技术权力通过知识链重构作用于竞争优势过程中的调节效应。建立回归模型的过程如下。

（1）模型 4 将自变量技术权力、调节变量突破式创新及其两者的交互项纳入回归模型，以检验突破式创新在自变量技术权力影响因变量竞争优势过程中的调节效应。

（2）模型 5 将知识链重构作为中介变量，引入自变量技术权力、调节变量突破式创新及其交互项进行回归分析。

（3）模型 6 以竞争优势为因变量，将技术权力作为自变量、突破式创新作为调节变量，并且将两者的交互项、中介变量知识链重构引入回归模型进行分析。

对突破式创新有中介的调节效应检验结果如表 4.30 所示。经过计算，模型 4 和模型 5 中的技术权力与突破式创新的交互项回归系数显著。模型 6 中知识链重构作为中介变量其回归系数为 0.327（$p<0.001$），说明突破式创新在技术权力通过知识链重构影响竞争优势的过程中发挥了有中介的调节作用。

表4.30　突破式创新有中介的调节效应检验

变量		模型		
		模型 4	模型 5	模型 6
自变量	技术权力	0.325***	0.413***	0.190**
调节变量	突破式创新	0.333***	0.408***	0.200***

续表

变量		模型		
		模型 4	模型 5	模型 6
中介变量	知识链重构			0.327^{***}
交互项	技术权力 × 突破式创新	0.101^{**}	0.104^{**}	0.045
模型统计量	R^2	0.383	0.521	0.440
	调整后 R^2	0.377	0.517	0.433

$***$表示显著水平 $p \leqslant 0.001$；$**$表示显著水平 $p \leqslant 0.01$

综合上述分析，突破式创新的调节效应检验结果如表 4.31 所示。

表4.31　突破式创新的调节效应检验结果

假设	具体内容	检验结果
$H_{4.4.2}$	突破式创新在技术权力影响知识链重构过程中发挥调节作用	成立
$H_{4.5.2}$	突破式创新在技术权力通过知识链重构影响企业竞争优势过程中发挥调节作用	成立

根据上述分析得到突破式创新的调节效应检验结果如下。

结论 4.6.2：突破式创新在技术权力作用于知识链重构的过程中的调节效应显著。

研究结论说明企业的技术权力是其实现知识链重构的基础性依据，突破式的创新则是具体的路径。从企业自身技术权力的提升到真正实现知识链的重构，突破式创新为其提供一种重要的选择。企业可依据技术影响力，尝试通过引入新产品、增加新品种、开拓新市场、开发新技术等突破式创新的方法，对企业的产品和服务进行颠覆式改革，构建企业之间新的知识合作框架，调整已有知识链结构。突破式创新为企业的技术权力影响知识链重构的过程提供具体的实施措施，为拥有和正在形成技术权力的企业实现知识链重构提供可操作路径。

结论 4.7.2：突破式创新在技术权力影响知识链重构，进而影响企业竞争优势的过程中有中介的调节效应显著。

突破式创新在技术权力影响知识链重构过程中调节效应显著的同时，技术权力通过知识链重构这一中介变量作用于竞争优势的过程中，突破式创新的有中介的调节效应显著。企业进行价值链重构的终极表现体现为其自身竞争优势的提升，企业技术权力水平的提高是竞争优势提升的直接路径，在技术权力提升前提下，调整价值网络中的知识结构关系，是企业提升竞争优势的间接路径。在这一具有中介变量的间接作用过程中，突破式创新发挥调节效应。这意味着在技术权力累积的基础上，结合开展的突破式创新，企业可以调整知识关系、实现知识结构变革、改变原有知识链结构，最终实现竞争优势的整体提升。

第五节 价值链重构路径的纵向案例分析

一、格力电器价值链重构路径

（一）格力电器竞争优势演化过程

20 世纪末珠海格力电器股份有限公司（下文简称格力电器）成立以来，格力电器经历了从单一产品组装到多元化产品开发的发展道路。格力电器由最初的空调组装生产商转变为基本全面满足生活电器需求、覆盖智能通信和高端电器等新兴领域的多元化、科技型、全球型工业集团，产品覆盖全球 160 多个主要国家和地区。格力电器现拥有 24 项"国际领先"技术，获得国家科学技术进步奖 2 项、国家技术发明奖 1 项、中国专利奖金奖 4 项。财经领域全球影响力显著的日经社曾发布相关统计称，截至 2017 年，格力家用空调在全球市场中占有率达到 21.9%，居于全球家用空调市场份额首位。格力电器发展历程如图 4.14 所示。

1991 年至今，格力电器经历了一系列的竞争优势演化阶段，从最初开发适销对路的产品抢占市场，到现在的精益管理，加强供应链金融管理，以及增强空调业务竞争力，都充分体现格力电器在不同发展阶段的竞争优势。

1. 品牌创立阶段：1991 年 1 月至 1993 年 12 月

1991 年格力电器正式成立，此时空调刚进入中国市场不久，正处于供不应求的状态，且空调的制造商还很少。格力电器研发部门结合国内市场现状及技术现状，抓住市场、技术开发难度相对较低的机遇，对市场需求展开调研，并积极开发适应市场需求的新产品。这一做法使格力电器的国内市场迅速得到拓展，市场占有率迅速提升。抢占市场的同时，格力电器还注重培养品牌形象，为后续的发展建立品牌优势。

开拓国内市场的同时，格力电器也在积极寻找国际市场。综合考虑各方因素，最终格力电器把目标对准对其他市场有重大影响的市场——日本。1993 年，格力电器依靠高质量、低成本的优势争取到松下、大金等众多国际知名品牌的代工订单，开始向家电产品强国日本出口。依靠质量和成本优势，格力电器迅速拓展国际市场，于 1994 年进入欧洲市场。

格力电器以市场为导向，设计出适合客户需求的产品，在空调供不应求的市场上迅速发展，其设计能力是一大竞争优势。格力电器能够迅速调查到客户的需求，体现其对市场精准的把握。

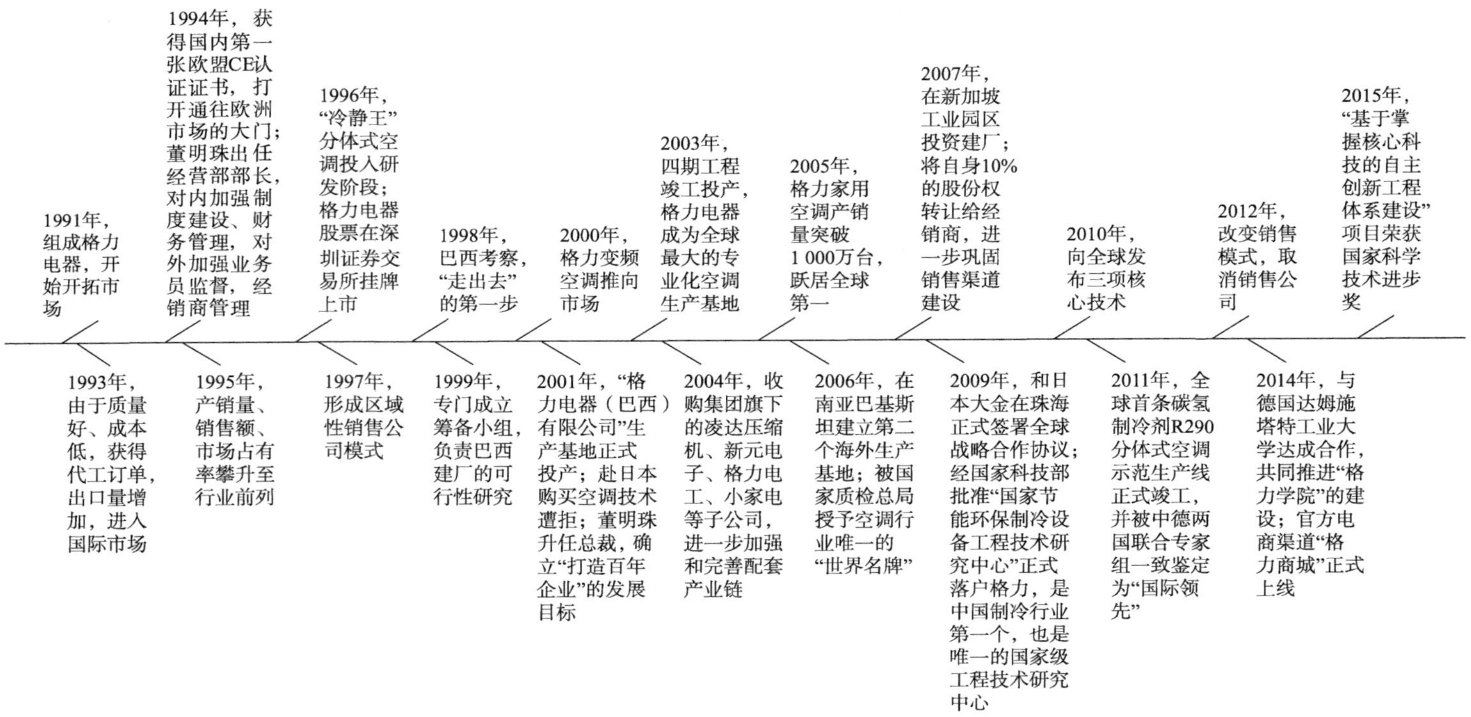

1991年，组成格力电器，开始开拓市场

1993年，由于质量好，成本低，代工订单，出口量增加，进入国际市场

1994年，获国内第一得国外欧盟CE认证证书，打开通往欧洲市场的大门；董明珠出任经营部部长，对内加强制度建设，财务管理，对外加强业务员监督，经销商管理

1995年，产量、销售额，市场占有率攀升至有行业前列

1996年，"冷静王"分体式空调投入研发阶段；格力电器深圳股票在深圳证券交易所挂牌上市

1997年，形成区域性销售公司模式

1998年，巴西考察，"走出去"的第一步

1999年，专门成立筹备小组，负责巴西建厂的可行性研究

2000年，格力变频空调推向市场

2001年，"格力电器（巴西）有限公司"生产基地正式投产；走日本购买空调技术遭拒，董明珠立"打造百年企业"的发展目标，升任总裁，确

2003年，四期工程竣工投产，格力电器成为全球最大的专业化空调生产基地

2004年，收购集团旗下的凌达压缩机、新元电机、小家电工、等子公司，进一步加强和完善著配套产业链

2005年，格力家用空调产销量突破1000万台，跃居全球第一

2006年，在南亚巴基斯坦建立第一个海外生产基地；被国家质检总局授予空调行业唯一的"世界名牌"

2007年，在新加坡工业园区投资建厂；将自身10%的股份经转让给经销商，进一步巩固销售渠道建设

2009年，和日本大金在珠海正式签署全球战略合作协议；被国家科技部批准"国家节能环保制冷设备工程技术研究中心"格力"正式落户格力，是中国制冷行业第一个，也是唯一的工程技术研究中心

2010年，向全球发布三项核心技术

2011年，全球首条烃氢制冷剂R290分体式空调示范生产线正式竣工，并被中德两国联合专家组一致鉴定为"国际领先"

2012年，改变销售模式，取消销售公司

2014年，与德国达姆施塔特工业大学达成合作，共同推进"格力方电力学院"的建设；官方电商渠道"格力商城"正式上线

2015年，李干掌握核心科技的自主创新工程体系建设；项目荣获国家科学技术进步奖

图4.14 格力电器发展历程

2. 质量中心阶段：1994 年 1 月至 1996 年 12 月

经过品牌创立阶段对市场需求的精准调研，格力电器也越来越注重产品质量与品牌建设。为进一步提升产品质量，格力电器提出"出精品、创名牌、上规模、创世界一流"的质量提升方针，并在该方针指导下加大产品质量方面的投入，建立健全企业质量管理体系。正是由于一系列质量提升行动的"组合拳"，格力电器的质量优势愈加明显，在稳定市场的同时也获得良好的信誉度与市场美誉度。在后续发展中，格力电器不断对其渠道营销模式进行创新，在 1995 年，格力空调的产销量居于国内同行业首位。

在此阶段，格力电器的竞争优势来自公司对产品质量的追求。这一超前先进的质量意识，不仅使格力电器在产品质量上获得优势，还使得格力电器在消费者心中树立起良好的信誉度和美誉度，初步建立起品牌优势。

3. 渠道整合阶段：1997 年 1 月至 2000 年 12 月

格力电器在销售渠道拓展过程中逐渐意识到渠道商对其利润空间的巨大限制，针对这一现象，格力电器着手整合其销售渠道，独创区域销售公司。另外，为对企业的供应链条进行进一步优化，格力电器开始在巴西等地建设生产基地，逐步形成生产的规模优势，增强其供应链优势地位。对于生产、销售及运输成本等的严格把控，使格力电器的利润空间不断增大，净资产收益率不断提升。在此发展局势下，格力电器在行业内的领先地位得到进一步巩固。

在此阶段，格力电器的竞争优势如下：第一，来自其独创的营销模式，在此模式下，格力电器摆脱渠道商的利润压榨，提升了效益。第二，产能提升形成的规模效益，使其在供应链条上处于强势地位，更有话语权。第三，格力电器通过强化成本管理，提升效益。

4. 创新驱动阶段：2001 年 1 月至 2005 年 12 月

20 世纪 90 年代末，格力电器主要依靠第一利润源泉，即依靠低价的原材料增大企业利润空间。进入 21 世纪，格力电器对营利策略进行调整，主要依靠核心技术为企业产品创造更大的附加利润。格力电器坚持创新驱动，提出研发经费"按需投入、不设上限"，拥有多项"国际领先技术"，具备强大的技术创新优势。格力电器通过对全球性企业的交流学习，逐步在企业内改进管理模式，提出品牌管理战略，引入高效管理模式。在整体供应链改进方面，格力电器通过战略合作对供应链网络资源进行整合，大步迈向国际市场。

在此阶段，格力电器的主要竞争优势在于其强大的技术创新能力和精益的管理模式。格力电器在技术研发上的投入，为其创造更优秀的产品奠定技术基础，使其产品能在竞争激烈的家电市场立于不败之地，并且加强其品牌知名度，由"好空调,格力造"到"格力,掌握核心科技"广告语的深入人心可以体现民众对格力电器产品的信任。格力电器管理模式的创新,是其在这一阶段的又一竞争优势。供应链管理模式的改进也为企业创造了更加广阔的国际市场,出口订单呈现出稳定的增长趋势,企业的供应链资源优势逐步彰显。

5. 全球化发展阶段:2006 年 1 月至 2012 年 12 月

在全球化的浪潮中,格力电器于 2010 年面向全球市场发布三项核心技术——赫兹低频控制技术、超高效定速压缩机、高效离心式冷水机组。格力电器在核心技术方面的突破性进展不仅响应其 2006 年提出的"打造精品企业、制造精品产品、创立精品品牌"品牌发展战略,且大大推动了国内空调技术由"中国制造"转向"中国创造"的进程,破除了国外企业在制冷领域的技术壁垒。同时,进一步整合全球供应链,为其创全球知名品牌战略提供基础。

在此阶段,格力电器的竞争优势体现在核心技术的掌握和供应链治理上。使用核心技术制造出来的产品比市场上的普通产品更具特色,功能更加齐全,竞争优势也更加明显。对供应链的管理优势,使得格力电器能够更好地控制成本,提升效益,在竞争激烈的国际市场上保持营利。

6. 多元化发展阶段:2013 年 1 月至今

在经历较长的高速发展后,格力电器的发展遇到了瓶颈,在此时格力电器开始积极转型,着力从制造向智造的升级:发展智能装备业、消费品、手机、小家电等。由此,格力电器开始进入多元化发展阶段。

格力电器的可信赖度在广大消费者心中还是很高的,通过这么多年的努力经营,在品牌和营销渠道上具有压倒性的竞争优势。消费者对其质量放心,对其技术信任,使得格力电器的其他商品在进入市场时就有较高的知名度和庞大的受众。同时,格力电器具有完备的销售渠道,使其产品能够迅速进入市场。

(二)格力电器价值链重构阶段划分

格力电器从最初依靠组装生产家用空调到独创区域销售模式以及自主研发创新再到现如今品牌深入人心成为世界名牌,在价值链条占据优势地位,其发展历程就是不断提高在价值链中的结构自主性以及进行知识链整合的过程。格力电器价值链的重构过程大致可以分为四个阶段。

1. 价值链初始参与阶段:1991 年 1 月至 1996 年 12 月

成立于 1991 年的格力电器抓住空调市场供不应求的机遇,很快便打开了市场,格力电器产品高质量、低成本的优势特征使其在占领市场进程中迅速得到松下电器等知名电器企业的青睐，获得大批代加工订单，打开国际市场的大门。同时，基于对空调产业未来发展趋势的预期判断将公司发展战略确定为走专一化道路。

在此阶段，我国空调市场刚刚开拓，消费者潜力巨大，空调领域各大品牌也都纷纷大展身手。此阶段格力电器的主要目标是树立品牌优势，迅速占领市场。虽然出口量飙升，拓展了国际市场，但其没有自己的技术，依赖于其他企业提供的部件进行组装。因此，格力电器没有话语权，在价值链中的优势主要体现在拥有相关技术、产品质量好、制造成本低等方面，但没有掌握核心竞争能力，处于被动地位，对上下游企业的依赖程度很高，没有自主选择供应商的权力，一旦上游企业无法提供相应部件和材料就无法完成订单。发展完全依靠价值链中的合作者，结构自主性较低，为其提供技术支持的企业一旦退出或解除知识协作关系，格力电器将受到重大影响导致其优势地位动摇。

2. 价值链进阶式改善阶段：1997 年 1 月至 2000 年 12 月

革命性的销售模式使得格力电器站稳市场，赢得口碑。1997 年格力电器结合发展现状首创区域性销售公司的销售模式，利用各本地企业的本土优势，格力电器进行战略合作，成立本土销售公司，其利润逐步建立起完全独立于国美电器等卖场的专业型营销网络。以资产为纽带集中精力开拓市场，削弱渠道商的影响力，摆脱利润压榨，对空调进行专营，增强控制力和稳定性并分散经营风险和资金压力，掌控网络话语权。低价工程机策略实现了双赢的效果，不仅格力电器自身得到一定的利益，也让经销商大赚一笔，帮助格力电器维护了其与经销商的关系。这使得格力电器在价值链中地位有所提高，更多企业愿意与其建立联系，对于格力电器而言这拓展了其活动范围。成员企业一旦中断与其合作，寻找替代企业存在困难，使得格力电器具有更高水平的结构自主性。同时也就意味着，格力电器通过建立新型协作关系、调整资源分布，不再完全依靠与下游渠道商的合作，即初步实现所处知识链的结构重构。

在此阶段，格力电器通过建立区域销售模式等举措初步尝试提高话语权，由此提高结构自主性和知识链重构能力，形成在供应链上的强势地位，对现有价值链格局进行重构。

3. 价值链专业化拓展阶段：2001 年 1 月至 2011 年 12 月

市场竞争日趋激烈，成本不断上涨，每年专利引进费用是一大笔开销，空调制造业的利润被蚕食。2001 年，时任格力电器董事长的朱江洪带领格力代表团赴日本谈判购买空调技术，但过程并不顺利。代表团只得到对方"零部件也不会卖给中国"的强硬拒绝。此次事件后，格力电器率先觉醒，在核心技术开发方面加大投入,并以"技术创新、自主研发"为发展战略指引企业的长期发展。自此格力电器开始尝试建立自己的价值网络,提高对核心技术的掌控及在技术等级上的跃升,减少对上游企业的依赖,提高在价值链条中的结构自主性。

为了整合资源,完善供应链体系,格力电器先后收购集团旗下的凌达压缩机、新元电子、格力电工、凯邦电机等子公司,即实现后向一体化。这一举措在带来收益的同时,也会带来一系列成本。可能降低合作伙伴的灵活性、增强退出合作关系的壁垒,这会使得企业的结构自主性下降和知识链重构的难度增加,所以要权衡好两者利弊。

在这一阶段的另一事件也充分表明格力电器结构自主性的进一步提高,以及在价值链中地位的提升。家电零售业巨头——国美电器与格力电器——空调制造业领军者,出于各自利益诉求正式终止双方的合作关系。格力电器认为国美电器擅自降价破坏了其在市场中稳定统一的价格体系,破坏了其一线品牌的良好形象,因此与国美电器决裂,继续增强其区域销售模式的发展。这一行为可以看出格力电器拥有了自己选择合作者的权力,即与合作企业中断关系后能找到替代者,仍能保持其竞争优势。格力电器的区域销售模式是产品到达终端客户必须经过的中间环节,但国美电器的零售宗旨是取消中间商,薄利多销,显而易见,两者的销售理念大相径庭。在两者理念发生冲突时,格力电器能够打破原来的合作计划并实施自己新的方法,这充分表明格力电器自主性提升。在此阶段,格力电器还进行海外市场的扩建,国内空调企业在海外设立的第一个生产基地格力巴西生产基地于2001年6月投产,这也标志着我国空调行业真正迈出国际化的步伐。

在这一阶段,格力电器技术创新和研发提升的技术权力,支撑其进行知识链关系调整,同时,结合自主性的提升和合作范围的扩大,其在价值链中的竞争优势明显提高,所处地位有所上升,无论是结构自主性还是知识链重构能力都有显著改善。

4. 价值链纵深化延伸阶段:2012年1月至今

2012年格力电器痛下决心,进行渠道变革,取消独创销售公司,采用直销模式。格力电器认为以前经销商主动权太大,不好管理,总公司对经销商缺乏控制,因此将销售模式转变为直销模式,并在2014年正式上线官方电商渠道"格力商城"。这使得格力电器的销售模式更加简化,省去中间环节,企业直接面向消费者,消费者直接取得代理权。模式的转变进一步拓展格力电器结构自主性,能自主决定其合作者及与合作者的关系,占据对供应链的管理优势。同时,格力电器也十分注重自身关键技术和知识的获取,不断推进"格力学院"的建设,培养相关人才,加强自身创新研发能力,截至2017年底,格力电器已掌握19项国际领先技术，体现其在自主创新能力和核心技术的掌握方面的优势所在。

在此阶段，正是格力电器的销售模式的转变和创新能力的进一步提高使其获得高水平的结构自主性和知识链重构能力，稳定其优势地位，促进其价值链重构。

（三）格力电器价值链重构路径分析

1. 基于品牌创立的价值链初始参与阶段：1991 年 1 月至 1996 年 12 月

1991 年，格力电器只是一个年产量不足两万台的空调小厂，借助当时空调市场还是一片蓝海，主流生产商少，销售利润大，技术开发相对容易的历史机遇，格力电器很快在空调市场占据一席之地。然而，彼时中国的空调产业对于"中国制造"的意识淡薄，虽然格力电器打开了市场，也还是仅仅采用散件组装的产品供应模式。1994 年起，格力电器开始意识到质量的重要性，将企业的重心聚焦在产品品质上，狠抓产品品质，组建筛选分厂，对产品的零部件和材料进行专门的检查，自主构建筛选分厂、质量控制部、企业管理部三位一体的格力特色质量控制体系。此时的格力电器将把控产品质量作为其核心技术，构建格力特色质量控制体系也使得其掌握了其他企业所不具备的核心技术，对于质量的掌握水平远远高于其他企业，体现了其技术权力。1995 年，格力电器在产销量和市场占有率节节攀升的时候，继续走空调行业专一化发展道路，与之前不同的是，格力电器在重视质量的同时，专业技术研发意识开始觉醒，其目标是"让格力标准成为行内标准"，格力电器开始向着成为行业的领军人迈进，其认同权力初显。为了实现愿望，格力电器坚持技术创新在产品开发战略中的主导地位，并坚持用新技术研发适于市场需求的新产品，遵循产品更新从构思、研制到生产的整体创新策略。1996 年，"冷静王"分体式空调的研发就是这一战略的见证。格力电器通过一系列的技术研发战略并付之行动，开发新的技术，引入新的产品，表现出企业的突破式创新能力，也为后来其认同权力的深化打下基础。

在此阶段，格力电器凭借其特色质量控制系统牢牢把控质量关，并进行自主技术研发，开发新的产品和技术，实现企业由小到大的转变。由于格力电器的网络权力表现出高于其他企业的技术权力和初显的认同权力，并实现产品和技术方面的突破式创新，所以在此阶段信得过的质量和过硬的技术使得格力电器迅速抢占市场，发展壮大，质量和技术也成为在品牌创立阶段的强大的竞争优势。虽然，在该阶段还是多依靠上游供应商供给零部件，结构自主性较低，但是从制定的研发战略还是可以看出，企业在逐步进行知识链重构。

该阶段格力电器的价值链重构路径是初步显现的技术权力和认同权力，推动了产品质量方面的突破式创新，并以此抢占市场，获得竞争优势，但是由于技术权力和认同权力并不明显，所以结构自主性和知识链重构程度都处于低水平的状态。

2. 基于市场开拓的价值链进阶式改善阶段：1997 年 1 月至 2000 年 12 月

1997 年是格力电器勇于打破常规、寻求新的发展的起点。从 1997 年起，格力电器打破传统的家电行业依靠大型卖场的销售模式，借助其品牌优势和长期积累的资产优势，首创区域性销售公司。这一举措使格力电器与各地的销售公司成为更为密切的利益共同体，一来摆脱了渠道商压榨利润，使格力电器和其经销商利润大增；二来也更加维护了格力电器与其经销商的关系，使得格力电器在合作伙伴中的口碑大大提升，提高了价值链中的地位，表现出较高的认同权力。1998 年初，格力电器在巴西建立生产厂开始规模生产，并在各大本地卖场开设品牌专柜销售。2001 年，格力电器在巴西建立的"格力电器（巴西）有限公司"生产基地正式投产。这一向国际化迈进的决策，体现的是格力电器已经有能力凭借自身技术能力和品牌效应，选择建立生产基地和销售市场，其对于同一价值链上的合作企业有较强的掌控能力，已经拥有一定的制度权力。2001 年，格力电器董事长朱江洪赴日本购买技术未果，这激发了格力电器要拥有自己的核心技术的决心，从此确立"技术创新，自主研发"的长远发展战略，此后，格力电器累计申请专利20 738 项，远销全球 160 多个国家和地区。核心技术的掌握在企业的发展历程中起重要作用，格力电器痛定思痛，积极研发新技术，掌握技术权力，这对于整个价值链后期的演化过程也起到至关重要的影响。

1997~2001 年，格力电器的一系列举措体现出在价值链上较高的认同权力以及一定的制度权力和技术权力，也恰恰是由于这些因素的影响，格力电器进行突破式创新，创造出新的销售模式和多项技术专利，同时开拓巴西市场，迈向国际化。通过这一阶段认同权力和制度权力的增强，格力电器在合作伙伴中的地位提升，合作伙伴的依附性增加，可替代性降低，结构自主性提高。格力电器的技术权力的增加和进行的突破式创新，也使得企业对价值链中的关键知识的掌握能力增加，推动其知识链重构。此阶段，格力电器的竞争优势的来源有两个方面：一方面是拥有的认同权力和制度权力所带来的突破式创新，认同权力和制度权力维护了企业在价值链中的地位，开拓新的市场和创造新销售模式也给企业带来了巨大的利润。另一方面是格力电器表现出的技术权力也创造出新技术，为企业后期的发展奠定了良好的基础。

该阶段的价值链重构路径为较高的认同权力以及逐步发展的技术权力和制度权力，推动了市场和销售模式方面的突破式创新，市场和销售的革新所带来的利润使企业在价值链中的地位有所提升，结构自主性得到大幅提升，知识链重构还在平稳发展。

3. 核心技术支撑的价值链专业化拓展阶段：2001 年 1 月至 2011 年 12 月

在专业化发展阶段格力电器为了整合供应链上下游企业，控制关键信息的流向，大刀阔斧地收购凌达压缩机、新元电子、格力电工、凯邦电机等子公司，实现专业技术的整合以及供应链的纵向一体化，表现出企业的结构权力进一步集中。值得关注的是 2004 年的格力国美之战，国美电器由于擅自降价致使格力电器下令停止向国美电器供货，而国美电器也随即下令撤出国美电器全国卖场的商品、广告和销售人员。格力电器与国美电器的分道扬镳开启了格力的自建门店，自建线下销售之路。尽管格力空调在国美电器的销售量约占其总销售量的 10%，但是令格力电器有底气与国美电器"分手"的原因在于，格力电器此时的营销模式已经较为成熟，而格力电器一直以来重视的都是价值链中的各方都能赚到钱，这种理念也是格力电器成功自建门店和渠道的秘诀所在。此时，格力电器对不满足自身需求的企业主动采取措施，对其建立约束机制，体现了格力电器的制度权力进一步增强，制度权力的增加，也会使得格力电器在价值链中的地位再次跃升，认同权力更加深化。在空调行业迅速发展的时候，一股寒潮突然袭来，2008 年的金融危机毫无征兆地爆发了。但是在金融危机席卷各大行业的时候，格力电器却异常平静，主管财务的副总裁望靖东说格力电器有应对经济寒冬的"保暖措施"，这个保暖措施就是核心技术，格力电器一直以空调技术研发作为最大的资金投入方向，产品品质好，自然在经济萧条的时期，大家就更倾向购买更好的产品。格力电器凭借其在网络中高度的技术权力挺过经济寒冬成为空调行业的领军者。

在此阶段，格力电器表现出高度的制度权力和技术权力，也进一步提升其网络中的结构权力。在前期阶段，企业进行突破式创新，整合供应链，开拓新渠道和新门店，到后期阶段由于市场形势的限制，高度集中的技术权力也只是推动其进行渐进式创新，由此也可以看出，市场形势对于企业发展有着很大的影响。在该阶段，格力电器的网络权力有明显的优化，自主整合价值链，并购价值链上下游企业，选择合作伙伴，也可以与不符合自身发展需求的合作者自发解除关系，进而找到处理办法。由此可见，格力电器的结构自主性和知识链重构能力有了前所未有的提升。这一时期的企业竞争优势主要来源于企业的制度权力和结构权力所引发的结构自主性，以及技术权力所带来的知识链重构能力。企业的网络地位提高，占据了结构洞位置，把控关键的信息流，加之拥有整个空调行业的核心技术，提高了企业抵御风险的能力，推动企业高度发展。

此阶段的价值链重构机制是高度发展的制度权力和技术权力推动提高了企业的结构权力，但是由于其只得到渐进式创新，结构自主性和知识链重构只得到小幅的提升。

4. 销售模式变革中的价值链纵深化延伸阶段：2012 年 1 月至今

2012 年，格力电器出台的自动化规划方案标志着格力电器进入装备制造的转型升级阶段，方案中格力电器规划三年将生产工厂进行自动化升级，经过三年的升级改造，自主研发的自动化产品已经覆盖十多个高科技领域，累计制造智能装备 3 000 套。在自动化升级的过程中，格力电器的核心技术能力得到空前的发展，紧跟时代的步伐，走智能制造之路，自主研发的技术成果使得其把控了整条价值链上的关键技术，技术掌握水平明显高于价值链中的其他企业，网络权力中的技术权力表现得尤其明显。由于其强技术权力的推动，格力电器的认同权力也得到明显提升，具体表现为格力电器精密模具的发展有了丰厚成果，自主设计研发的模具获得宝马、通用、沃尔沃等 30 家国内外知名企业的认可，并签订持续供货合同。格力电器的强技术权力同时也推动了企业的结构权力的再升级，在智能化不断普及的背景下，格力电器布局智能家居圈，自主研发制造智能装备和精密模具，经过三年的发展已经覆盖企业的全产业链。此时的格力电器比其他价值链成员更容易获得信息和资源，对于价值链上的信息流的控制处于主导地位，体现了结构权力的再升级。

在转型升级阶段，格力电器由于其自主研发能力得到极大的提升，显示出明显优于其他价值链成员的技术权力，技术权力的高度提升同时推动其认同权力和结构权力的升级。技术权力的提升所带来的是多方面的突破式创新，如对模具厂的颠覆式改造和多项专利技术的申请。在该时期，格力电器不断进行技术革新，布局全产业链，占据价值链的关键节点，掌握核心技术，与上下游企业保持密切的联系，深化结构自主性。在知识链重构方面，企业利用其技术权力的优势，对核心知识严格把控，并突破式创新出新的技术和知识，知识链重构能力也得到前所未有的提升。此时，企业的竞争优势主要来源于强技术权力，技术权力的大幅提升带来结构权力和认同权力的优化，网络权力得到优化后又自主创新出多项关键技术，对网络结构和知识链的控制能力增加，自然占据价值链领导地位。

此阶段的价值链重构路径是高度集中的技术权力使得结构权力和认同权力也极大增强，多层次的突破式创新带来布局全产业链的成果，使得格力电器在转型期的结构自主性和知识链重构能力大幅提高。

（四）格力电器价值链重构路径归纳

在不同阶段格力电器网络权力水平不同，基于不同的创新模式来选择重构方式进而提升竞争优势。具体来说，企业的网络权力演化过程呈现"认同权力与技术权力的形成—认同权力、技术权力与制度权力的增长—认同权力、技术权力、制度权力与结构权力的搭建"的路径。创新模式呈现"渐进式创新—突破式创新—双元创新"的演化路径。在此过程中格力电器的结构自主性与知识链重构能力不断提高，企业的竞争优势不断增强，格力电器价值链重构路径图如图4.15 所示。

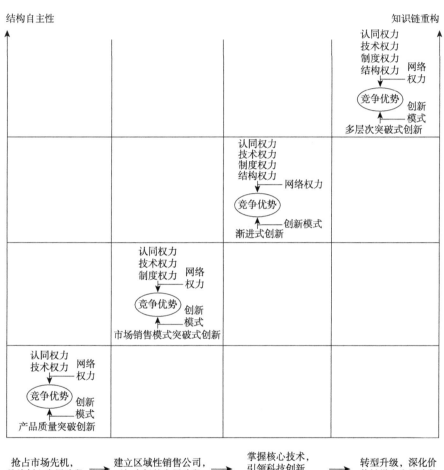

图 4.15　格力电器价值链重构路径图

在格力电器价值链重构的过程中，其路径是以网络权力累积及创新模式的推动来实现结构自主性以及知识链的重构，但每个阶段的网络权力与创新模式在不断地发展。在企业发展的初期阶段，企业的技术获取来源主要靠仿制与购买他国技术，企业的自主研发能力较差，技术水平低下。在开拓市场的发展阶段，格力电器已经得到一定的技术基础，企业的产品研发不再单纯依靠购买技术知识，转向技术创新与自主研发，获得了最初的技术权力。通过区域性销售模式，完善供应链体系，取得一定的认同权力。在专业化发展阶段，格力电器整合供应链体系，严格控制信息流，通过技术整合及供应链的纵向一体化集中企业的结构权力。到深化价值链纵向发展阶段，格力电器的技术水平得到进一步提升，实现自主研发自动化产品，得到优于全产业其他企业的技术权力，占据价值链关键节点，深化企业的结构自主性。企业拥有高度集中的技术权力，帮助企业拥有更高的结构权力与认同权力，使得此阶段格力电器在转型期的结构自主性和知识链重构能力达到最高。

二、吉利集团价值链重构路径

（一）吉利集团竞争优势演化过程

吉利汽车有限公司（以下简称吉利）是中国最早进入汽车工业并获得迅速发展的民营企业，早期的吉利以冰箱制造业为起点，一度涉足摩托车行业，最终在汽车工业实现突破，成为国内轿车制造业"3+6"格局的重要成员。从"造老百姓买得起的好车"到"造每个人的精品车"，吉利成功实现价值链重构。外化表现为在产品成本和市场上超越对手的竞争优势。1986年至今，吉利经历了一系列的竞争优势演化阶段，从最初消除壁垒，以冰箱配件起家，转产摩托车，最终确定以汽车满足人们需求。从以低端低价切入市场，到转向质量战略，最后全面升级至品牌战略。每一次战略转型都表象为基于企业自身发展的竞争选择，其本质都是企业尝试调整在价值链中的位置和关系，吉利发展历程如图4.16所示。

1. 品牌创立阶段：1986年1月至1999年12月

除却早年开设照相馆的经历，1986年李书福以冰箱制造为起点开始创业，从零部件到冰箱整机，北极花冰箱厂的组建和成功加深其深耕制造业的信念。1994年，收购浙江一家国有摩托车厂后，进军摩托车行业。直到1996年，吉利成立，1997年正式进军汽车行业，成为中国第一家民营汽车企业。吉利品牌创立的背后经历了十年的积累与蛰伏。在吉利品牌创立时中国汽车市场每年几十万辆，私家车市场刚刚起步，民营企业制造汽车先例几乎没有。就在这样一种大家普遍认为中国在汽车工业领域已经没有优势，早已被西方国家垄断的局势下，李书福坚定地认为汽车制造商业仍有空间，商业机遇期也很长，于是他抓住这个窗口期，跻身汽车制造领域。

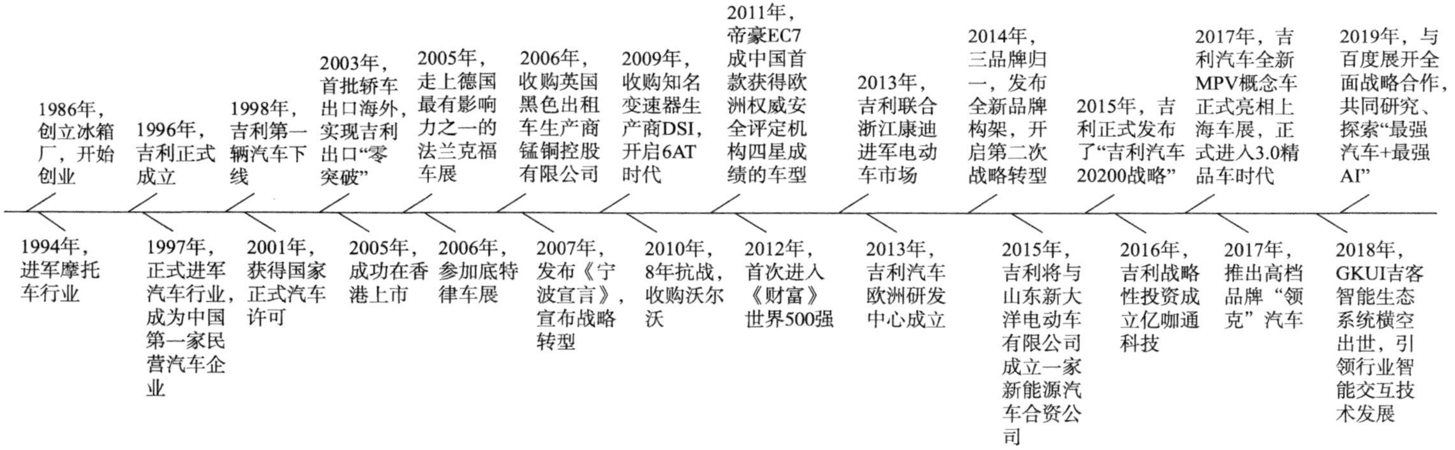

图4.16　吉利发展历程

- 1986年，创立冰箱厂，开始创业
- 1994年，进军摩托车行业
- 1996年，吉利正式成立
- 1997年，正式进军汽车行业，成为中国第一家民营汽车企业
- 1998年，吉利第一辆汽车下线
- 2001年，获得国家汽车行业，正式汽车许可
- 2003年，首批轿车出口海外，实现吉利"零"出口突破
- 2005年，成功在香港上市
- 2005年，走上德国最有影响力之一的法兰克福车展
- 2006年，参加底特律车展
- 2006年，收购英国黑色出租车生产商锰铜控股有限公司
- 2007年，发布《宁波宣言》，宣布战略转型
- 2009年，收购知名变速器生产商DSI，开启6AT时代
- 2010年，抗战8年收成，收购沃尔沃
- 2011年，帝豪EC7成中国首款获得欧洲权威安全评定机构四星成绩的车型
- 2012年，首次进入《财富》世界500强
- 2013年，吉利联合浙江康迪进军电动车市场
- 2013年，吉利汽车欧洲研发中心成立
- 2014年，三品牌归一，发布全新品牌构架，开启第二次战略转型
- 2015年，吉利与山东新大洋电动车有限公司成立一家新能源汽车合资公司
- 2015年，吉利正式发布了"吉利汽车20200战略"
- 2016年，吉利战略性投资成立亿咖通科技
- 2017年，吉利汽车全新MPV概念车正式亮相上海车展，正式进入A3.0精品车时代
- 2017年，推出高档品牌"领克"汽车
- 2018年，GKUI吉客智能生态系统横空出世，引领行业智能交互发展
- 2019年，与百度展开全面战略合作，共同研究探索"最强汽车+最强AI"

这一阶段是吉利品牌创立起步阶段，主要定位是探索适合自身的产品，采取集中性市场策略。吉利的竞争优势在于作为早期的民营汽车企业，它的产生和成立源于市场导向。随着人们生活水平的提升，家庭汽车消费逐渐增加，国内汽车市场几乎被西方国家垄断，汽车价格较高。国内汽车制造存在发展空间，吉利以灵活机动，成本得当，更加重视客户需求的优势开始参与企业价值链。

2. 低成本战略阶段：2000 年 1 月至 2002 年 12 月

2001 年吉利获得国家正式汽车许可，成为中国首家获得轿车生产资格的民营企业。吉利采取低成本策略，定位于造老百姓买得起的汽车，以低端低成本策略切入市场，提高知名度。吉利选择不进入中高档汽车市场，从低端经济型轿车做起，这一举措让吉利汽车迅速掌握市场的主动权。在销售上采用捆绑式销售，节约营销成本，在渠道上采用推动方式，瞄准市场空白，以价格作为核心竞争力，打开市场。

在这一阶段，吉利主要通过模仿进入市场，降低成本，使价格能够符合家用汽车的承受能力，通过走平民路线抢占市场份额，逐渐在市场立足，能够以较低的成本为客户提供产品，满足客户需求是吉利在此阶段竞争优势所在。正是凭借这种优势，吉利在早期就积累了一大批消费者。从正式进入国内汽车市场开始，就迅速成为价值链中的活跃者。也正是基于低成本的竞争优势，使吉利在初期积累大量的市场资源，在国内市场占有一席之地。吉利在价值链中从初期的涉足，到开始正式进入并参与激烈的竞争。

3. 全球化发展阶段：2003 年 1 月至 2006 年 12 月

逐渐打开国内市场之后，吉利开始思考未来的发展，眼光需要放得更为长远，要把吉利汽车推向国际市场。在全球化发展理念的推动下吉利于 2003 年实现首批轿车出口。这是吉利全球化发展迈出的第一步，从此吉利便开启进军海外市场的新时代。2005 年 5 月吉利完成对 ProperGlory 公司其他三名股东股权的收购，成为该公司唯一的股东，成功在香港上市，在国际化道路上又迈出重要的一步。此外，通过各种国际车展，吉利进一步深化其国际化发展的路径。吉利参加在德国最有影响力之一的法兰克福车展，又在 2006 年参加底特律车展，成为国产汽车自主创新品牌在全球顶端车展里程碑式的事件之一。作为一家民营企业，吉利快速地在境外上市，进军海外市场，使企业更加快速地发展成熟，建立起与国际接轨的经营模式和管理体系。把企业放到全球价值链中的聚光灯下，既是其全球化发展的必经之路，又能更清晰地发现自己的不足。

这一阶段吉利突出的竞争优势除了前一阶段积累的成本优势以外，市场优势特别是国际市场优势是其主要目标。进军海外市场，实现全球化发展，企业就会站在一个更大的世界舞台，其机遇也自然会比其竞争者更多，全球化发展为吉利提供了比对手更快速有效地适应市场需求的能力。

4. 创新发展阶段：2007年1月至2013年12月

吉利通过国际化战略在全球舞台展示自身的同时，也让其逐渐认识到自身的不足。如果将吉利发展历程中有重要意义的战略转型进行归纳，在这一阶段的转型可以视为吉利发展的里程碑。2007年吉利发布《宁波宣言》，宣布摒弃价格战。不仅关注汽车制造成本，尽可能降低汽车造价，并且进一步将企业生产重点放在汽车的安全性能、环保性能与能耗等品质的提升上。表面上看是吉利在这一阶段进行战略转型，实质是吉利转换其竞争优势的根本来源，确切地说是吉利从早期仅仅追求低成本开始转向追求技术和品质。自此吉利开启质量战略驱动的创新发展阶段。技术和创新是质量战略的重要保障，自身缺乏关键技术，可以在全球价值链中进行资源整合。2006年吉利收购英国黑色出租车的生产商锰铜控股有限公司，自此吉利开启跨国入股并购重组之路。2009年收购世界知名变速器生产商DSI。在先后收购两家公司之后，积累跨国并购的经验，吉利在2010年成功收购沃尔沃。采取并购的模式来实现资源的整合，将并购的企业叠合在一起，充分发挥协同效应。发现技术上的不足进而实现质量上的提升是吉利转型的具体路径。

在这一阶段，吉利把企业的核心竞争力从成本优势逐渐向技术优势转变，通过资源整合弥补自身不足，驱动企业的技术创新和技术进步。面对越来越激烈的国际市场竞争，低端低价只是企业进入全球竞争市场的敲门砖。真正实现在全球价值链中的生存和攀升，技术驱动下的产品质量才是核心。这一阶段，经过全球资源整合，吉利的竞争优势更突出地表现为产品功能优势。

5. 差异化战略阶段：2014年1月至今

吉利的第二次战略转型是从"造最安全、最环保、最节能的好车"到"造每个人的精品车"的变革。随着汽车市场进入全新的发展阶段，消费者更注重科技含量、品牌内涵和个性化需求。吉利于2014年整合帝豪、英伦与全球鹰三个子品牌，并对其产品结构进行调整，生产重点由技术品质战略转向高端精品，开始高端汽车差异化生产道路。吉利先后推出吉利帝豪EV、领克等高档品牌，随着"吉利汽车20200战略"的发布，亿咖通科技的投资及与百度的战略合作，吉利开始打造精品车时代。吉利战略转型是企业创新能力积累的必然结果。

"以市场为导向、以用户为中心、以产品为核心"的精品车路线，是吉利差异化战略的核心。在此阶段，吉利的竞争优势来源于其产品差异化战略，具体表现为其发现市场新的变化，能满足消费者的个性化需求，能够提供多功能、高性能的产品和服务。

（二）吉利集团价值链重构阶段划分

作为汽车行业的后发企业，面对中国汽车市场上多家先入者，吉利基于自身发展，通过在价值链中学习和整合，在全球价值链中占据了一席之地。在外资品牌、合资品牌垄断中国汽车市场的当下，吉利实现中国汽车从挑战到突破，并朝着自主方向发展的过程。伴随吉利竞争优势转化的过程，其经历了从嵌入价值链低端环节到逐渐向上攀升的过程，吉利集团价值链重构可分为四个阶段。

1. 价值链嵌入阶段：1986 年 1 月至 2002 年 12 月

吉利进入汽车行业时，已有沃尔沃和福特两大知名品牌，作为汽车界的民营汽车制造后发者，首先要解决的是生存问题。1996 年吉利成立时，国内汽车制造领域尚未对民营企业开放。吉利开始寻找途径参与汽车制造的全球价值链，一度与国产小型车企合作。在这一过程中，吉利积累雄厚的汽车制造行业资源。20 世纪初，在国内汽车制造的民营企业发展趋势尚为缓慢时，吉利便率先得到生产轿车的资格，开始自主生产"豪情"汽车。由于缺乏关键技术，此时的吉利只能是模仿造车。吉利通过模仿奔驰、夏利等品牌而生存。在它们发布新车时，吉利便买来进行学习，通过逆向生产和本土创新进行设计制造转而销售出去进行营利。除了对知名品牌的"模仿"，吉利也积极与行业领先企业开展合作，学习其先进技术与成熟的管理体系。于是吉利与意大利汽车公司等合作，学习开发设计流程为自己所用。

在价值链嵌入阶段，吉利以成本优势嵌入价值链低端环节。在此阶段，吉利缺乏关键技术和自主创新能力，不具有核心竞争能力，处于价值链最低端位置，在行业中不具有话语权，处于被动地位，对合作者企业的依赖程度较高，一旦合作者与其中断合作关系，吉利将很难生存下去，其结构自主性较低，被锁定在价值链低端环节。

2. 价值链拓展阶段：2003 年 1 月至 2006 年 12 月

与国外其他老牌汽车企业相比，中国汽车企业起步较晚，想要参与全球价值链不难，但如果想摆脱价值链的低端锁定还是存在很大难度。对此，吉利采取的办法是在全球范围内整合资源、提升品牌影响力，积极推进吉利的海外市场发展。自 2003 年吉利开始进军海外，实现吉利轿车出口"零突破"，迈出了全球化发展第一步。吉利又在 2004 年提出"走出去"战略，2005 年成功在我国香港上市，在国际化道路上迈出重要的一步。从 2003 年开始到 2006 年这四年，吉利通过不断提升出口额、参与全球车展等绩效表现，以及企业资本全球化配置、海外本土化生产厂建立及与本土企业建立战略合作等举措积极地实施全球化战略，尝试进行价值链的扩展延伸。

在价值链拓展阶段，吉利一方面进行海外市场开拓，拓宽合作者的范围。另一方面积极进行海外并购，弥补自身关键技术缺乏的不足，逐渐实现在价值链中的拓展。与早期嵌入价值链低端环节相比，其在全球价值链中所处地位有所上升，结构自主水平和关键知识控制都有显著改善，初步打破价值链低端锁定。

3. 价值链整合阶段：2007 年 1 月至 2013 年 12 月

原有的低价格低成本战略不再适用于这一阶段的吉利，为了进一步向价值链高端攀升，也为了实现从平价轿车到品质好车的战略转型，吉利采用并购的方法整合全球资源。为寻求更多资源对品牌、企业经营与核心技术进行弥补，吉利先后收购锰铜控股有限公司、变速器生产商 DSI 及沃尔沃等企业，获得了技术与品牌。初步实现从"市场换技术"到"技术换市场"的过渡。在收购沃尔沃等公司后，主要进行技术人员的融合及相互交流来实现技术资源整合，通过与所并购企业的协同创新，实现技术创新。

在全球创新背景下，后发企业的技术追赶途径中，提升在价值链中的位置，并购是一种资源整合的途径。为了实现从成本优势向技术优势的转变，吉利采用并购的方式进行资源整合，打造营销链、研发链、供应链，进行核心竞争力的提升与转变。在此阶段，吉利开始尝试进行价值链整合，并据此尝试调整自身在价值链中的位置。并购后企业内的资源整合、互动技术学习和信息知识共享使得吉利在价值链中的知识链重构能力大幅度提升。并购后的吉利在合作伙伴的选择方面拥有更大的自主性，在价值链的话语权显著提高，巩固其优势地位，为其向价值链高端的攀升积累技术和结构资本。

4. 价值链重构阶段：2014 年 1 月至今

通过前三个阶段的资源整合与技术创新，吉利逐渐形成自主品牌体系，吉利全球鹰、吉利帝豪、吉利英伦三大子品牌占领不同细分市场，实施多品牌策略。2014 年，吉利对其旗下的三个子品牌进行整合，对其资源进行重新配置，开始从技术品质向精品车战略的第二次战略转型。致力于"造每个人的精品车"，以此打造自主品牌体系提高核心竞争力。在收购沃尔沃等公司，进行资源整合后，吉利的研发技术和管理理念都有极大提升，于是吉利加速其全球化进程，加大研发设施和人员的投入。在全球包括中国上海、瑞典哥德堡、西班牙巴塞罗那、美国加利福尼亚州在内的四个地区投资设立造型中心以保证产品的独特性、连续性。这一阶段，吉利不断与新能源公司、百度等知名企业加深合作，扩展合作深度和广度，使得吉利的价值链进一步延伸，在价值链上掌握话语权，占据优势地位，实现价值链重构。

在此阶段，吉利采用向全球价值链高端环节延伸的方法，提高在整个价值链中的附加价值，同时尝试构建以自身为中心的全球价值链。经过战略转型，吉利的合作范围更加广阔，对合作者的依赖程度明显降低，结构自主性水平进一步提升。在前一阶段通过并购获取技术资源的支持下，其逐渐拥有自主研发与营销技术，对价值链中关键技术掌握水平显著提高，初步实现价值链重构。

（三）吉利集团价值链重构路径分析

1. 初步进入市场的低环嵌入全球价值链阶段：1986 年 1 月至 2002 年 12 月

浙江吉利控股集团始建于 1986 年，1994 年成立摩托车厂，1997 年吉利通过收购即将破产的一个国有汽车工厂并拆解组装"吉利一号"正式进入汽车市场。在吉利进入汽车行业初期，其竞争对手主要是中外合资企业，它们的目标市场主要是当时购买能力高的群体，留下经济实力较差的群体市场尚未开发。因此，吉利在分析市场环境与竞争对手的优劣势之后，采取低价促销策略对抗实力强劲的竞争对手以进入中国的汽车市场。但是在进入市场初期吉利缺少资金、技术、人才的支持，管理水平较低，在汽车行业中的发展经验不足。基于此，吉利于 1998 年利用反求工程解析夏利的 Charade 车型生产出吉利的第一批车型——"豪情"车。为实现企业的低价策略，获得成本上的优势，吉利通过与其在摩托车行业中生产零件的一些民营企业合作一起研发吉利汽车的主要零配件，降低吉利生产零部件的成本，逐步积累企业的认同权力。不仅如此，吉利还对自身的供应链网络进行规划设计，整合企业在摩托车行业里积累的供应链资源，以精准快速的物流网络为企业的生产提供便利，降低企业的生产销售成本，成本的降低直接导致吉利汽车售价的低廉，吉利的低价策略大大提升吉利汽车的销售量，并由此积累企业发展的基础资本。截至 2002 年，吉利汽车在全国的销售量达到了 5 万辆，实现企业批量生产的能力，初步获得技术研发及吸纳人才的资金基础，企业的技术权力初显。

在此阶段，吉利除了打价格战外，同时与政府合作，在国家对轿车生产进行严格管控的时期争取地方政府的财政支持，进行自主技术的研发，开发新产品，成功使吉利在 2001 年底，我国加入世界贸易组织前夕发布四款车型，成为国内第一个获得轿车生产资格的民营企业。此时的吉利拥有高于同行其他企业的认同权力，帮助吉利快速占领市场，扩大企业生产规模，建立品牌影响力。尽管在这个阶段吉利的技术水平较低，研发资源匮乏，结构自主性水平不高，但通过对知名品牌的车型进行反向工程后初步获得汽车制造的技术知识，并通过吸纳专业的技术型人才大大提升企业的自主创新能力，体现出企业进行知识链重构的决心。

该阶段吉利的价值链重构路径主要是通过较低水平的技术权力和企业在发展初期积累的认同权力推动企业的创新能力提升，在竞争激烈的汽车业中抢占市场份额，获得一定的竞争优势。但受制于资源与技术，此阶段企业的结构自主性与知识链重构的能力较低，还需要进一步的提升以获得更大的发展空间。

2. 基于技术合作的价值链扩展阶段：2003 年 1 月至 2006 年 12 月

在中国加入世界贸易组织之后，吉利紧抓政策红利，与国际上的技术团队合作，对企业自身设备进行升级改造，对部分核心零部件实现自主研发生产，帮助企业逐步摆脱技术壁垒，进一步降低生产成本，为企业进攻低端市场打下良好的基础，并且使企业的技术权力得到显著的提升。同时，吉利还成立汽车研究院，与上游供应商进一步加深关系，并通过对供应链的整合获得包括技术、市场、竞争对手在内的生产经营管理类的信息资源，再加上政府的帮扶，吉利在汽车行业的影响力逐步扩大，认同权力得到进一步加强。技术权力与认同权力的加强帮助吉利获得强有力的技术、资金支持，这也帮助企业加大技术研发与人才引进培养的投资力度。这些因素的支持帮助吉利进行渐进式创新，申请授权专利的数量大大提升。仅 2006 年授权专利的数量（134 件）远超 1997~2005 年授权专利的总和（17 件）。渐进式创新能力的提升帮助吉利突破企业发展的瓶颈，在技术水平的提升和产品生产的能力上得到质的飞跃，为企业的发展注入新的活力。

吉利在经历发展初期各项资源的初始积累后，2003 年起吉利开始拓展其价值链网络，不再限于与国内零件供应商的合作，而是将目光转向国外领先企业。同时，吉利选择与其他合资企业不同的合作方式，不再直接模仿国外知名企业的成熟车型，而是通过与国际领先企业合作开发出拥有全部自主产权的新产品，突破式创新得到初步体现。在此阶段，吉利的技术权力与认同权力在得到相应提升的同时，带来的突破式创新帮助吉利掌握价值链中的核心知识，加速企业的知识链重构。技术水平的提升与合作伙伴关系逐渐密切使得吉利的结构自主性不断加强，提升了吉利在汽车行业的话语权，企业的制度权力得到初步发展。吉利在该阶段的竞争优势在于企业目前掌握的技术权力与认同权力提高了企业的渐进式创新以及突破式创新的能力，实现低成本提供服务的同时还实现生产多功能、高性能产品的技术实力。扩大企业合作的范围，拓宽市场，为企业接下来的发展提供强有力的支撑。

本阶段的价值链重构路径是在较高的技术权力与认同权力推动下，企业进行渐进式创新及突破式创新，以实现企业在价值链中知识关系变革。此阶段的网络权力改善源于对价值链资源的整合。技术权力和认同权力的提升进一步拓展企业在价值链中的结构自主水平，同时，技术权力与认同权力的高水平维系使得企业的制度权力也逐渐形成和发展。

3. 基于开拓海外市场的价值链深化整合阶段: 2007 年 1 月至 2013 年 12 月

为进一步拓宽市场, 提高企业竞争力, 吉利着眼于海外市场, 在俄罗斯、印度尼西亚等国家建立生产基地, 对散装件、半散装件进行生产和销售。为避开某些国家对中国汽车出口设置的贸易壁垒, 吉利采用汽车零部件销售和提供汽车组装服务的方式来拓展海外市场。与当地本土公司的合作, 将生产和销售环节全权委托给当地的企业实施, 帮助吉利进军海外汽车市场, 提升吉利在全球的知名度, 企业的认同权力得到充分发挥。随着企业的认同权力与技术权力的不断提升, 企业整合各项资源的能力也在不断加强。吉利为提升企业在全球价值链网络中的地位, 于 2007 年决定进行战略转型, 从低价策略转变为技术支撑策略, 实现产品的高质量、新技术及国际化发展道路。为此, 吉利选择利用合资并购的方式来获得外国企业的成熟价值链体系, 获取全球最优质的资源。在变速箱技术领域, 吉利于 2009 年通过收购澳大利亚生产商 DSI, 填补企业技术空白, 使得其在价值链中的技术权力又一次得到提升。2010 年吉利以 100%的股份收购沃尔沃, 吸纳沃尔沃在西方国家的影响力和销售网络, 为吉利进入发达国家市场提供助力, 并于 2012 年成为世界 500 强企业。吉利以合资和并购的方式拥有诸多行业领先的汽车生产关键技术及价值链资源, 得到生产高品质轿车的技术水平和汽车生产的核心技术, 突破式创新能力得到充分发挥。吉利的品牌形象实现质的飞跃, 对价值链重点信息的控制能力也得到进一步的增强。吉利实现了在全球价值链中地位的提升, 开始拥有更大的话语权, 同时在全球汽车行业中发挥更大的影响力, 企业的结构权力和制度权力进而得到大幅度的提升, 吉利对知识链重构的主动性进一步增强。这一时期企业的竞争优势在于企业结构权力与制度权力的提升帮助了企业掌握汽车市场的话语权, 提升企业在价值链网络中的地位, 通过收购获得的技术权力所实现的突破式创新也帮助企业提高其知识链重构的能力与主观能动性, 推动吉利的快速发展, 提高企业应对市场风险的硬实力。

在吉利进行价值链深化整合的阶段, 企业采取的价值链重构方式是前期发展积累的技术权力和认同权力提升企业的制度权力和结构权力, 企业知识链重构的能力与主动性也得到进一步的加强。

4. 基于技术升级的构建自主型全球价值链阶段: 2014 年 1 月至今

在并购沃尔沃后, 吉利逐渐整合两方所拥有的不同资源, 双方合作进一步加深。吉利灵活运用沃尔沃拥有的先进技术来弥补自身技术短板, 企业的渐进式创新能力得到进一步提升, 技术权力达到全球价值链的顶端。同时, 吉利选择与沃尔沃共享生产销售渠道资源, 在国内与欧洲共同成立研发中心, 打造最新技术信息共享平台。吉利高度集中的认同权力进一步增强企业的结构权力, 并通过对上一阶段的合资并购等方式积累起来的价值链资源网络的整合，吉利逐步建立起自身的供应销售网络，主导多项战略合作项目，并在已有的合作基础上继续扩大合作范围，对互联网、新能源企业进行合资并购以实现新的业务领域扩展。吉利以自身为核心与新能源企业合作开发新产品，凸显吉利的多形式突破式创新能力，进一步扩大了价值链规模，内部成员构成更加丰富。这时的吉利已经拥有较高水平，包括技术权力、认同权力、结构权力和制度权力在内的网络权力和渐进式创新与突破式创新的自主创新能力，多元化的网络结构也帮助企业实现拓展新能源汽车和互联网技术应用市场的机会。

伴随着吉利品牌影响力的不断扩大，吉利拥有了作为行业龙头企业的实力，推动国内外的汽车产业发展，企业的结构权力与制度权力再一次获得提升。因此，吉利构建由自身主导的全球价值链网络，控制信息流向，制定行业规则，增强企业在全球价值链中的资源获取能力和知识链重构能力，企业的结构自主性也得到显著提升，从而进一步提升企业的竞争优势，获得全球范围的影响力。

这个阶段的价值链重构路径是技术权力与认同权力进一步帮助企业提升结构权力和制度权力，企业自主进行价值链深度整合的能力也得到相应的提升，帮助吉利构建多元化的网络结构，多形式的突破式创新与渐进式创新使得吉利在构建价值链网络的过程中提升了企业自身的结构自主性与知识链重构能力。

（四）吉利集团价值链重构路径归纳

对各阶段吉利的发展情况分析可知，随着时间的推移，吉利的网络权力水平与创新能力在不断提升，进而帮助企业增强竞争优势。具体来说，企业的网络权力演化过程呈现"技术权力和认同权力的萌芽—技术权力、认同权力和制度权力的增长—技术权力、认同权力、制度权力和结构权力的并发"的路径。创新模式的演化路径为"渐进式创新—突破式创新与渐进式创新相结合—多元化创新"。在这演化过程中，吉利的结构自主性与知识链重构能力得到相应程度的发展，企业的竞争优势不断提升，吉利价值链重构路径如图4.17所示。

在吉利价值链重构的过程中，企业结构自主性与知识链重构的实现需要网络权力驱动和不同创新方式的作用。每个时期的网络权力和创新能力的表现方式都是不同的。在吉利初进入汽车市场的时期，企业的技术知识主要来自前期在摩托车行业的积累以及早期收购工厂所继承得到的技术，吉利的创新能力主要体现为渐进式创新，自身技术研发能力较弱。但由于得到公司早期发展所获得的供应商资源，企业体现出一定水平的认同权力。到扩展市场获取发展资源的阶段，吉利

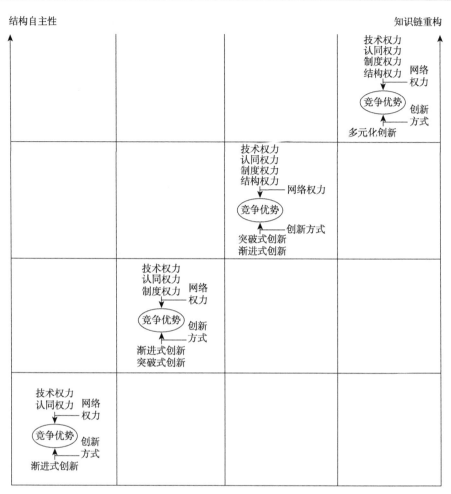

图 4.17 吉利价值链重构路径图

获得技术研发所需要的资金以及国家政府政策的支持,通过招揽人才及合作研发方式提升企业的技术权力,实现企业的突破式创新。同时,对价值链资源的整合,企业的认同权力也得到有效的提升。在价值链深化整合阶段,吉利通过合资并购的方式获取全球知名品牌的最新技术,企业的技术权力得到进一步提升,并树立起吉利的品牌形象,提高企业在全球价值链网络中的地位,初步获得控制整个供应链体系的能力。企业的结构权力和制度权力在此得到大幅度的提升。到构建自主型全球价值链阶段,吉利的创新能力得到极大提升,自主研发能力进一步增强,技术权力领先于汽车行业的其他企业,主导全行业技术的发展,构建多元化的网络结构,控制价值链的信息流向,进而获得更高水平的结构权力和制度权力,结构自主性得到充分发挥，企业的知识链重构能力也实现质的突破。

三、华为技术有限公司价值链重构路径

（一）华为技术有限公司竞争优势演化过程

华为技术有限公司（以下简称华为）成立于 1987 年，是全球领先的信息与通信基础设施和智能终端提供商。华为专门从事通信网络技术与产品的研究、开发、生产与销售，致力于为电信运营商提供固定网、移动网、数据通信网和增值业务领域的网络解决方案，是中国电信市场的主要供应商之一，并已成功进入全球电信市场。华为致力于把数字世界带入每个人、每个家庭、每个组织，构建万物互联的智能世界：让无处不在的联接，成为人人平等的权利；为世界提供最强算力，让云无处不在，让智能无所不及；所有的行业和组织，因强大的数字平台而变得敏捷、高效、生机勃勃；通过 AI 重新定义体验，让消费者在家居、办公、出行等全场景获得极致的个性化体验。目前华为约有 19.4 万员工，业务遍及 170 多个国家和地区，服务 30 多亿人口。华为价值链变革可以追溯至 1998 年，在与国际商业机器公司（International Business Machines Corporation，IBM）合作下集成供应链的实施，使其在降低供应链成本和提高客户满意两个供应链管理核心目标的达成方面效果显著。

1. 优势蓄能阶段：1987 年 1 月至 2004 年 12 月

华为成立于 1987 年，经历了成立初期积累，1992 年开始进军大容量的电话交换机产业，1995 年取得初步成功并开始进入中国电信网络市场。1996 年开始在成功的 C&CO8 电话交换机技术的基础上，进入成功 HONET 接入网、TELLIN 智能网、SDH 光传输设备，同时进行全球移动通信系统（global system for mobile communication，GSM）的研究开发。1999 年华为在印度班加罗尔设立研发中心。2000 年在瑞典首都斯德哥尔摩设立研发中心，同年，华为海外市场销售额达 1 亿美元。2001 年在美国设立四个研发中心。加入国际电信联盟（International Telecommunication Union，ITU）。2003 年，华为与 3Com 合作成立合资公司，专注于企业数据网络解决方案的研究。2004 年与西门子合作成立合资公司，开发 TD-SCDMA（time diuision-synchronous code division multiple access，时分同步码分多址）解决方案。在优势蓄能阶段的 1997~2004 年，华为开始系统地管理改进与变革，以及以客户需求驱动的开发流程和供应链流程的实施，华为具备符合客户利益的差异化竞争优势，进一步巩固在业界的核心竞争力。

2. 优势初显阶段：2005 年 1 月至 2015 年 12 月

2005 年华为海外合同销售额首次超过国内合同销售额。同年，与沃达丰签署《全球框架协议》，正式成为沃达丰优选通信设备供应商。成为英国电信（British telecom，BT）首选的 21 世纪网络供应商，提供综合业务接入网（multi-service access network，MSAN）部件和传输设备。2007 年底华为成为欧洲所有顶级运营商的合作伙伴，被沃达丰授予"2007 杰出表现奖"，是唯一获此奖项的电信网络解决方案供应商。2008 年，华为被《商业周刊》评为全球十大最有影响力的公司。2009 年，华为获英国《金融时报》颁发的"业务新锐奖"，并入选美国 *Fast Company* 杂志评选的最具创新力公司前五强。2011 年发布 GigaSite 解决方案和泛在超宽带网络架构 U2Net。建设 20 个云计算数据中心，同时智能手机销售量达到 2 000 万部。2013 年，华为持续领跑全球 LTE 商用部署，进入全球 100 多个首都城市，覆盖九大金融中心。2014 年，华为在全球加入 177 个标准组织和开源组织，在其中担任 183 个重要职位，同时，智能手机发货量超过 7 500 万台。2015 年华为共申请 3 898 件专利，连续第二年位居榜首；LTE 进入 140 多个首都城市，成功部署 400 多张 LTE 商用网络和 180 多张 EPC 商用网络；发布全球首个基于软件定义网络（software defined network，SDN）架构的敏捷物联解决方案。同时，华为智能手机发货超 1 亿台，在全球智能手机市场稳居全球前三，在中国市场份额位居首位。

2005~2015 年，华为为满足客户要求，实现自身可持续发展，推动供应商的可持续发展的同时实现自身的跨越式成长，竞争优势初显。

3. 优势争夺阶段：2016 年 1 月至今

2016 年，华为 FTTH 终端发货率先突破一亿台，成为全球首家 FTTH 终端发货突破 1 亿台的厂商。同年，华为发布云开放实验室，构建全面云化转型的解决方案集成验证基地，助力运营商商业成功。同时，华为联手沃达丰进行 5G 测试，5G 信道编码技术取得新突破。携手 LG U+完成面向 5G 三大应用场景外场测试，标志着使 5G 技术性能的验证和研究从实验室走向外场。2017 年，华为率先完成 5G-NR 下的 3.5GHz 频段外场性能测试，领跑中国 5G 测试。华为发布全球首个面向 5G 商用场景的 5G 核心网解决方案 SOC 2.0；加入欧洲 5G 架构研究联盟，主导基于网络切片的架构设计。同时，华为投身非洲移动宽带建设，促进当地经济社会发展。2018 年，华为率先完成 IMT-2020（5G）推进组第三阶段 SA 5G 核心网测试；认知度位居中国市场数字转型战略 IT 厂商首位；发布业界首个 5G Power 系列解决方案，在全球获得 22 个 5G 商用合同。2019 年，华为发布全球首款 5G 基站核心芯片，宣布完成全球首个 SuperBAND 商用网络验证；率先打通全球首个 5G VoNR 语音和视频通话；与 30 多家产业伙伴联合成立 5G 确定性网络产业联盟及产业创新基地；5G 设备全球发货超 40 万，位列 2019 世界物联网排行榜榜首。

　　2016 年至今，华为在前一阶段形成竞争优势进一步巩固，成绩斐然的同时，也使以美国为代表的一些原全球供应链的领先国家及其企业感到优势失去的危机，尝试通过各种途径抑制华为的迅速增长，进入优势争夺阶段。2019 年 5 月 16 日，中国华为及其 70 家附属公司被美国商务部正式列入"实体名单"，要求未经允许企业不得向华为出售元器件和相关技术，意味着华为在供应链源头受到更多的限制。然而，在中美贸易摩擦背景下，华为基于其供应链上下游的三角结构的支撑，积极尝试对原有价值链进行突破重塑。据华为 2019 年年报显示，2019 年华为销售收入 8 588 亿元，同比增长 19.1%；净利润 627 亿元，同比增长 5.6%。华为轮值董事长徐直军在财报沟通会上对媒体直言："2019 是饱受挑战的一年，2020 将是最艰难的一年。"

　　华为发展过程大事记如表 4.32 所示。

表4.32　华为发展过程大事记

时间	主要事件
1987 年	创立于深圳，成为一家生产用户交换机（private branch exchange，PBX）的香港公司的销售代理
1990 年	开始自主研发面向酒店与小企业的用户交换机技术并进行商用
1992 年	开始研发并推出农村数字交换解决方案
1995 年	销售额达 15 亿元，主要来自中国农村市场
1997 年	推出无线 GSM 解决方案
1999 年	在印度班加罗尔设立研发中心
2000 年	在瑞典首都斯德哥尔摩设立研发中心，海外市场销售额达 1 亿美元
2001 年	以 7.5 亿美元的价格将非核心子公司 Avansys 卖给爱默生。在美国设立四个研发中心。加入国际电信联盟。印度班加罗尔研发中心获得能力成熟度模型（capability maturity model for software，CMM）4 级认证
2002 年	海外市场销售额达 5.52 亿美元
2003 年	与 3Com 合作成立合资公司，印度班加罗尔研发中心获得 CMM5 级认证
2004 年	与西门子合作成立合资公司，开发 TD-SCDMA 解决方案 获得荷兰运营商 Telfort 价值超过 2 500 万美元的合同，首次实现在欧洲的重大突破
2005 年	海外合同销售额首次超过国内合同销售额 与沃达丰签署《全球框架协议》，正式成为沃达丰优选通信设备供应商 成为英国电信首选的 21 世纪网络供应商，为英国电信 21 世纪网络提供 MSAN 部件和传输设备

续表

时间	主要事件
2006 年	以 8.8 亿美元的价格出售 H3C 公司 49%的股份 与摩托罗拉合作在上海成立联合研发中心,开发通用移动通信系统(universal mobile telecommunications system,UMTS)技术 推出新的企业标识,新标识充分体现我们聚焦客户、创新、稳健增长与和谐的精神
2007 年	与赛门铁克合作成立合资公司,开发存储和安全产品与解决方案 与 Global Marine 合作成立合资公司,提供海缆端到端网络解决方案 在 2007 年底成为欧洲所有顶级运营商的合作伙伴 推出基于全 IP 网络的移动固定融合(fixed-mobile convergence,FMC)解决方案战略,帮助电信运营商节省运作总成本,减少能源消耗
2008 年	被《商业周刊》评为全球十大最有影响力的公司 华为在移动设备市场领域排名全球第三。首次在北美大规模部署商用 UMTS/HSPA 网络,为加拿大运营商 Telus 和 Bell 建设下一代无线网络 移动宽带产品全球累计发货量超过 2 000 万部,根据 ABI 的数据,市场份额位列全球第一 全年共递交 1 737 件专利合作条约(patent cooperation treaty,PCT)专利申请,据世界知识产权组织统计,在 2008 年专利申请公司(人)排名榜上排名第一;LTE 专利数占全球 10%以上
2009 年	无线接入市场份额跻身全球第二 成功交付全球首个 LTE/EPC 商用网络,获得的 LTE 商用合同数居全球首位。率先发布从路由器到传输系统的端到端 100G 解决方案 获得 IEEE 标准组织 2009 年度杰出公司贡献奖 获英国《金融时报》颁发的"业务新锐奖",并入选美国 Fast Company 杂志评选的最具创新力公司前五强。在全球部署了 3 000 多个新能源供电解决方案站点
2010 年	全球部署超过 80 个 SingleRAN 商用网络,其中 28 个已商用发布或即将发布 LTE/EPC 业务。在英国成立安全认证中心。与中国工业和信息化部签署节能自愿协议。加入联合国宽带委员会。获英国《经济学人》杂志 2010 年度公司创新大奖
2011 年	发布 GigaSite 解决方案,建设 20 个云计算数据中心 智能手机销售量达到 2 000 万部 以 5.3 亿美元收购华赛 整合成立"2012 实验室" 发布 HUAWEI SmartCare 解决方案 在全球范围内囊获 6 大 LTE 顶级奖项
2012 年	持续推进全球本地化经营,加强在欧洲的投资,重点加大对英国的投资,在芬兰新建研发中心,并在法国和英国成立本地董事会和咨询委员会 在 3GPP LTE 核心标准中贡献全球通过提案总数的 20% 发布业界首个 400G DWDM 光传送系统,在 IP 领域发布业界容量最大的 480G 线路板 与全球 33 个国家的客户开展云计算合作 推出的 Ascend P1、Ascend D1 四核、荣耀等中高端旗舰产品在发达国家热销
2013 年	全球财务风险控制中心在英国伦敦成立,监管华为全球财务运营风险,确保财经业务规范、高效、低风险的运行 欧洲物流中心在匈牙利正式投入运营 作为欧盟 5G 项目主要推动者、英国 5G 创新中心(5GIC)的发起者,发布 5G 白皮书,积极构建 5G 全球生态圈,并与全球 20 多所大学开展紧密的联合研究

续表

时间	主要事件
2013 年	400G 路由器商用方案得到 49 个客户的认可并规模投入商用 率先发布骨干路由器 1T 路由线卡,以及 40T 超大容量的波分样机和全光交换网络(all-optical switching network,AOSN)新架构 发布全球首个以业务和用户体验为中心的敏捷网络架构及全球首款敏捷交换机 S12700,满足云计算、BYOD、SDN、物联网(internet of things,IoT)、多业务及大数据等新应用的需求 以消费者为中心,以行践言(make it possible)持续聚焦精品战略,其中旗舰机型华为 Ascend P6 实现品牌利润双赢,智能手机业务获得历史性突破,进入全球 TOP3,华为手机品牌知名度全球同比增长 110%
2014 年	在全球九个国家建立 5G 创新研究中心 承建全球 186 个 400G 核心路由器商用网络 为全球客户建设 480 多个数据中心,其中有 160 多个云数据中心 全球研发中心总数达到 16 个,联合创新中心共 28 个 在全球加入 177 个标准组织和开源组织,在其中担任 183 个重要职位 智能手机发货量超过 7 500 万台 与 TeliaSonera 成功完成基于 G.fast 铜线接入宽带技术的实验局 助力国际电信联盟电信标准分局(International Telecommunication Union telecommunication standardization sector,ITU-T)G.fast 标准成功发布
2015 年	在企业专利申请排名方面,以 3 898 件连续第二年位居榜首 LTE 进入 140 多个首都城市,成功部署 400 多张 LTE 商用网络和 180 多张 EPC 商用网络 在光传送领域,与欧洲运营商共同建设全球首张 1T 开放传输网络(optical transport network,OTN) 与英国电信合作完成业界最高速率 3Tbps 光传输现网测试 发布全球首个基于 SDN 架构的敏捷物联解决方案 发布全球首款 32 路 x86 开放架构小型机昆仑服务器 智能手机发货超 1 亿台 率先在深圳现有的 4G 网络中批量开启载波聚合,启动向 LTE-Advanced(LTE-A)的演进 推出创新劈裂天线解决方案,有效应对容量挑战,在泰国 AIS 完成业界首个大规模商用,实现网络容量提升 70% 建成业界领先网络功能虚拟化(network function virtualization,NFV)开放实验室 发布全球首个流量交易平台 发布业界首创高通量路由器铺就通往超高清视频之路 发布全球最快的横向扩展存储系统 OceanStor 9000,开启媒体行业 4K 新时代 发布全球首款 3.5GHz CAT6 终端,开启 3.5GHz LTE-A 商用新时代 发布业界首个基于 ONOS 开源平台的 IP+光和 Transport SDN 应用,也是业界首个采用面向运营商网络的 SDN 开源平台的应用 以 14.6% 的市场占有率,跃居中国模块化数据中心行业领导者 成立欧洲研究院,助力欧洲数字化进程实现产业共赢 入围 2015 年 BrandZ 全球品牌百强,成为唯一同时进入两大全球品牌榜的中国企业 获得 Spark 商用发行版认证,成为全球首个获此认证的信息和通信公司 荣获业界首个 5G 大奖——"5G 最杰出贡献奖" 发布 Mate S 手机,首次创造性地将 Force Touch 技术应用于手机交互,引领人机交互

续表

时间	主要事件
2015 年	新革命 在英国开通 5G 测试床,成为全球首次在 5G 空口实现超高清视频传输 发布应用交付网络(application delivery network,ADN)架构 在英国开设首个创新信息与网络技术学院,助力信息通信技术(information and communication technology,ICT)行业人才培养
2016 年	消费者业务年收入超 200 亿美元,同比大增 70% 启动服务器领域 NVMe SSD "闪存风暴" 行动,实现 "同等容量、性能翻倍、节能 40%",掀起服务器硬盘的创新变革 FTTH 终端发货率先突破 1 亿台 携手多家全球领先运营商,开启 4.5G 大规模商用时代 发布全球首款 32 路开放架构小型机 KunLun,开启小型机新时代 发布室内全联接解决方案　开启室内全联接体验时代 携手 Mellanox 发布 InfiniBand EDR 100G 交换解决方案,迈入高速网络新时代 5G 高频信道模型研究取得重大突破 提出信息产业转型 "三波理论",携手产业伙伴共建大视频生态 发布云开放实验室,构建全面云化转型的解决方案集成验证基地 发布 "非洲 MBB 2020 战略",勾勒在未来五年构建全联接非洲的移动宽带新蓝图 联手沃达丰进行 5G 测试 启用业界首个多探头球面近场 SG178 测试系统,用于基站天线开发和生产的辐射性能测试 发布可视化集成通信平台,助力公共安全行业向云架构和智慧化转型,打造主动、融合、可视的平安城市体系 发布业界首款全场景 SDN 统一控制器 Agile Controller3.0 发布 gMOS 体验标准,第一次在业界用量化的统一语言来表征移动游戏的主观体验 开始在印度生产智能手机 发布业界首个固网微波解决方案,推动 Gigaband 产业迈入新时代 首次全面阐述视频战略,提出视频业务发展的三种变现模式 5G 信道编码技术取得新突破 携手法国 PACA 大区打造欧洲首个智慧大区 发布业界首个基于机器学习的网络大脑(network mind)研究成果,实现网络控制的自动化 携手生态圈伙伴以新 ICT 探索智慧城市美好未来 宣布成立 "全球计算创新中心" 携手 LG U+完成面向 5G 三大应用场外场测试
2017 年	发布 "立体 18 扇区" 创新解决方案,单站容量提升 3.5 倍 发布业界首款 T 级云综合安全网关,构建安全的高性能云数据中心 完成 5G 小型化终端样机吞吐 5Gbps 测试 率先完成 5G-NR 下的 3.5GHz 频段外场性能测试 发布业界首款 5G 承载分片路由器,使能运营商跨行业应用极致体验 发布全球首个面向 5G 商用场景的 5G 核心网解决方案 SOC 2.0 发布新一代 5 000 系列基站,助力运营商构建面向 5G 演进的网络 携手 MTN、高通发布非洲首个局部区域协议(local area agreements,LAA)商用网络 携手中国联通打造国内首个物联网公共事业平台 率先完成中国 5G 技术研发试验第二阶段测试

续表

时间	主要事件
2017 年	发布业界首个可商用的 OXC+OTN 集群 MESH 化骨干网解决方案 投身非洲移动宽带建设，促进当地经济社会发展 发布首款 AI 移动计算平台麒麟 970 率先完成 IMT-2020 （5G）技术研发试验第二阶段核心网测试 加入欧洲 5G 架构研究联盟，主导基于网络切片的架构设计 全面领先中国 5G 技术研发试验，第二阶段测试成果高居榜首 发布多端口 NG-fast 样机，铜线迎来 5G 时代 成功演示业界首次 5G VoNR 跨地域（怀柔—雄安）高清通话 超融合基础设施 FusionCube 在中国市场排名第一
2018 年	5G OTN 前传方案率先完成中国首次 5G 前传测试 和 TELUS 完成北美首个 5G CPE 友好用户测试 全面启动"切片商城"创新项目，加速 5G 切片商品化落地 发布首款全面屏笔记本 HUAWEI MateBook X Pro 和影音娱乐平板 M5 系列 发布首款 3GPP 标准 5G 商用芯片和终端 携手布依格电信签署 5G 合同，在波尔多启动首个 5G 测试 率先完成 IMT-2020（5G）推进组第三阶段 NSA 5G 核心网测试 携手 NTT DOCOMO 完成首个 39 GHz 频段的 5G IAB 外场测试 率先完成中国 5G 技术研发试验第三阶段 NSA 测试 成立业界首个低时延开放实验室，为 LTE 低时延领域创新合作翻开新的一页 VNF 关键能力指标和综合竞争力排名第一 发布新一代 CloudLink 协作智真 打通国内首个基于 3GPP 标准的 SA 组网下 5G First Call 率先完成 IMT-2020（5G）推进组织的中国 5G 技术研发试验第三阶段 SA 基站功能测试 率先完成 IMT-2020（5G）推进组第三阶段 SA 5G 核心网测试 华为 5G LampSite 率先启动中国 5G 技术研发试验第三阶段室内覆盖测试 认知度位居中国市场数字转型战略 IT 厂商首位 率先完成中国 5G 技术研发试验第三阶段 3GPP R16 及未来的新功能与新技术验证测试 发布业界首个 5G Power 系列解决方案 发布 EI 城市智能体，华为云全面进入 AI 新时代 发布业界首款 AI 防火墙，让企业边界防护智能化 为黎巴嫩引入最新 5G 技术 全球获得 22 个 5G 商用合同 发布含 5G 微波在内的 SingleRAN Pro 解决方案，5G 微波 CA ODU 和模块化天线正式上市 5G LampSite 率先完成中国 5G 技术研发试验第三阶段 SA 测试
2019 年	发布全球首款 5G 基站核心芯片 完成中国 5G 技术研发试验第三阶段测试 完成中国 5G 技术研发试验 2.6GHz 频段测试 宣布完成全球首个 SuperBAND 商用网络验证 联合 Rain 发布南非首个 5G 商用网络 发布业界最强配置 1+1 天线，使能 5G 时代极简站点 正式发布 5G 智简核心网 发布业界最高 Wi-Fi 速率的对称 10G PON ONT，打造极致家庭 Wi-Fi 体验 宣布迈向基于愿景驱动的理论突破和基础技术发明的创新 2.0 时代

续表

时间	主要事件
2019 年	联合深圳华侨城洲际大酒店、深圳电信启动全球首个 5G 智慧酒店建设 率先打通全球首个 5G VoNR 语音和视频通话 与三十多家产业伙伴联合成立 5G 确定性网络产业联盟及产业创新基地 首次发布整体计算战略，推出全球最快 AI 训练集群 Atlas 900 发布业界首款兼容 ARM 的四路服务器，携手 Mellanox 构建高性能计算平台 发布业界首个全容器化 5G 核心网 5G 设备全球发货超 40 万 发布欧洲 AI 生态计划，5 年投资 1 亿欧元 位列 2019 世界物联网排行榜榜首 华为路由器 2019 年度运营商市场份额持续全球第一
2020 年	携手高骏（北京）科技有限公司打通全球第一款集成 5G 模组的 4K 直播编码器网络通信服务 首个海外 AIoT 创新训练营落地新加坡 携手中国移动通信集团浙江有限公司实现全球 5G 业务体验管理首商用 发布业界首个基于站点数字孪生理念的 5G 数字化部署方案 发布业界首个面向确定性网络的 5G 核心网 发布业界首个 5G 业务体验建网标准 发布业界首款 800G 可调超高速光模块 在法国设立无线产品制造工厂，主要供应欧洲市场 携手北京联通发布业界首个智能加速的学习宽带，重塑 F5G 时代家庭在线教育体验 携手首批 18 家车企成立"5G 汽车生态圈" 联合中国移动通信集团公司首次实现 5G 覆盖珠穆朗玛峰峰顶，双千兆网络覆盖 6 500 米高度 联合中国移动通信集团公司、昆明船舶设备集团有限公司和倍福自动化有限公司打造全国首个 5G 全场景智慧物流新装备孵化基地 发布 1+X 证书配套教材，面向中国院校培养复合型技术技能人才 联合 Rain 发布非洲首个 5G 独立组网商用网络 率先完成中国 IMT-2020（5G）推进组 5G 网络安全测试

在对华为发展历程划分的基础上，剖析网络资源、网络权力作用下的企业竞争优势，有助于解析华为全球价值链重构路径。

（二）华为技术有限公司价值链重构阶段划分

1. 价值链嵌入与参与阶段：1987~2004 年

华为注册成立于 1987 年，前期专注于数字交换机的研发及生产。1998 年 8 月，华为与 IBM 合作，开始对供应链进行全面的建设与改进。"IT 策略与规划"项目，为华为规划开展的业务变革及 IT 项目的实施流程。在对华为供应链存在的问题进行系统性分析及合作建设后，华为成功地将 IBM 供应链管理方案应用于企业中。1998 年以前，华为以研发生产交换机为主业，国际市场占有率一度达到 32%，业务发展速度很快。同时，与华为业务量严重不匹配的供应链管理能力导致订单质量不高、产能不足、交付不及时、采购与生产脱节且不能满足需求量等诸多问题。1998 年，华为与 IBM 合作，开始对公司面临的主要问题进行系统性分析，并针对性地在采购、供应商管理、市场等方面提出改革方向，并于 1999 年实施集成供应链建设项目，开始供应商体系化管理之路的探索。到 2003 年左右，华为基本建设成以客户为中心、低成本、高效率的集成供应链。截至 2004 年，华为基本完成国内的集成供应链建设，供应商管理水平得到很大的提升。在这一阶段，华为完成在全球价值链中的嵌入。

2. 价值链攀升与撼动阶段：2005~2015 年

积极推进国内市场的同时，华为开始开拓国际市场。华为开始在世界各地建立分公司，拓展国际业务，对国际供应链及交付再次进行升级。2005~2015 年，华为在十余年时间中拓展企业的国际布局，构建全球价值链并逐步解决分布世界各地的供应商的管理问题。2010 年，华为以 397 名的成绩首次入选《财富》世界 500 强。2015 年，华为已经构建起系统性的供应链流程，管理体系遍布全球的 IT 系统，支撑起华为在国际市场业务发展。在炙手可热的 5G 领域，华为近年的表现也同样出色。在供应商选择、供应商评价和供应商认证支撑下，华为实现在全球价值链上的攀升。

1）供应商选择

华为负责供应商选择的主要部门为采购部门的各个物料专家团。在采购部门向外部采购服务、产品及知识资产时，需要考虑其对华为的整体利益最佳。所以物料专家团进行供应商选择时的两个目标如下：选择最好的供应商、评定公平价值。为此，华为建立完善的供应商选择机制，以及公平价值判断的标准流程，以确保采购团队选择最符合华为利益的供应商，同时保证向华为所有供应商提供平等竞争的机会。该流程秉承公平、公开和诚信的原则，通过竞争性评估、招标、价格对比与成本分析的方法进行，并以集中采购控制、供应商选择团队及供应商反馈办公室等机制作为实施的保障。

集中采购控制，即采购部门是公司内部唯一得到授权，可以与华为供应商达成资金协议、接收采购物品、服务或知识资产的组织，其余部门均不应违背公司政策，产生绕过行为。由相关专家团队组建供应商选择团队，团队中包括企业采购部门代表及内部客户代表，列出能够按照华为产品需求按时交付的企业名单。该团队负责整个供应商选择流程的制定、供应商回复的相关评估及最终供应商的选择。在评估与选择过程中，供应商对与华为的交流以及供应商选择的任何环节有不满之处，都可以通过反馈办公室进行意见反馈与投诉，华为也会根据收集的反馈意见不断改善供应商选择流程与相关标准。

华为开始建设可持续供应链以来,在供应商责任中提出的供应商社会责任准则,也对其供应商选择增加又一部分"约束条件"。其中包括:劳工权益(自由择业、童工及未成年工问题、工作时间、薪资福利、人道待遇、非歧视和自由结社)、健康和安全(工作条件及生活条件保障、应急准备和安全规则)、环境保护(环境许可报告、产品环保要求、预防环境污染和节能减排)、商业道德及管理体系要求(遵守承诺及承担管理责任、风险评估及风险管理、建立采购管理体系以对上游供应商进行管理、定期内部审核与管理评审)。

2)供应商评价

华为内部采购部门作为供应商管理的主要负责部门,制定供应商评价的基本原则及具体流程,并且会定期向供应商进行评估结果的反馈。华为供应商的绩效评估主要从技术表现、产品质量、响应能力、交付表现、物料成本及合同条款履行等关键方面进行。绩效评估的目的在于给双方一个双向沟通的开放式有效渠道,促进与供应商良好合作关系的建立。同时,华为也鼓励供应商的反向回馈,站在客户角度对华为进行评价与评估,将双方的评估信息共同运用于业务关系的改善,以及华为内部运营问题的改善。

3)供应商认证

华为根据国际电信行业联合审核合作组织(Joint Audit Cooperation,JAC)指南及责任商业联盟(Responsible Business Alliance,RBA)行为准则等行业标准制定供应商可持续发展协议。华为供应商认证流程包括发放调查问卷—评估供应商回应—面对面沟通—现场考察—小批量测试—确定认证结果几个环节。华为尽可能地向所有有合作意向的供应商提供公平、合理的竞争机会。若华为与供应商双方均有合作意向,华为会向供应商提供调查问卷,并对问卷进行评估,向供应商反馈评估结果,供应商符合要求且对合作有发展兴趣则进行后续的认证步骤。通过与供应商的面对面交流,讨论问卷评估结果,并聆听供应商对问卷评估结果的回复,再通过小规模测试及样品测试,确保供应商可以满足华为的产品规格及产能要求。最终的认证结果由华为采购部门知会供应商,在新一轮采购需求产生时,通过认证的供应商可作为候选企业进入供应商选择的过程。

华为的供应商选择为其在平等公平前提下,选择出最好的供应商;华为的供应商评价使其在与供应商建立良好合作的基础上,搭建双向沟通渠道;华为的供应商认证则在认证流程的保障下,进一步筛选优质供应商,提升运营效率。供应商选择—供应商评价—供应商认证三个环节环环相扣,形成一个稳定的铁三角结构,推动华为不断向全球价值链高价值环节攀升。

3. 价值链调整与重构阶段:2016年至今

在炙手可热的5G领域,华为的表现也同样出色,2016年,华为研发的Polar

码方案入选世界 5G 标准。2018 年，华为在美国《财富》世界 500 强中排名第 72 位；在 2019 年公布的排名中，华为的排名再次上升，排名第 61 位。2019 年 5 月 16 日，华为被美国列入实体限制名单，这一举措不仅意味着华为在美国供应商采购的大批包含核心技术的零部件受到限制，国内相关中小企业业务及全球供应链构建也会受到影响。同时，华为以供应商大会的形式，更好地加强与各大供应商之间的合作，大会期间也会评选出多项供应商奖项。华为在 2018 年底首次公布其核心供应商名单，2019 年供应商大会到场 150 家核心供应商，92 家核心供应商获得奖项。其中美国 33 家，包括英特尔、高通、博通等，日本 11 家，德国 4 家，瑞士、韩国各 2 家，荷兰、法国、新加坡各 1 家。

从 2019 年华为公布的供应商名单来看，华为的 92 家核心供应商的海外供应商主要来自美国、韩国与日本。其中，美国的 33 家供应商占比 36%，在核心部件供应中占据很大的比例。在受到进口限制后，华为积极利用已有的库存，在搭建的供应商选择、供应商评价和供应商认证"铁三角"支撑下，及时地开始对供应商选择进行调整。

在美国供应商方面，华为正在尽力降低美国对产品及技术的限制，对美国供应商提出要求，将半导体芯片产能逐步转移到中国境内生产。半导体芯片生产包括研发设计、生产制造及封测等环节，上游环节主要分布于欧美、日韩及中国台湾地区。华为目前已停止认证新的供应商，除非该供应商愿意接受华为相关要求，积极配合产能向国内转移。对于已经合作的美国供应商，华为要求将半导体芯片的最后工序——封测的产能，在 2020 年底前尽快转移到中国境内，印制电路板的产能也尽可能地向中国境内倾斜。华为是诸多美国供应商的主要客户，由于美国政策限制，华为在美国采购受限，必然会导致大批美国本土企业受挫，所以这一要求具有可行性，但实施难度也不言而喻。在国内供应商方面，就目前华为采取的措施来看，转向国内相关产品供应商的趋势已十分明显。在被美国列入实体限制名单后，华为开始寻求供应链结构调整，一方面调整供应商数量，中国供应商的数量持续增加，截至 2019 年 7 月底，在华为的 204 家供应商中，中国公司的数量已上升至 92 家。另一方面尝试调整结构构成，华为已经开始快速加强国内供应链建设，并与美国供应商积极磋商相关解决方案，加快供应链本土化进程。

目前，国内企业的现有水平虽然有限，但不少企业愿意铺资源做"备胎"，因为进入华为供应链体系对于相关企业来说，不仅意味着技术提升及收益提升的契机，更是企业后续发展的行业背书。舆论曾一度认为受贸易摩擦影响，华为供应链会承受巨大挑战，如《日经亚洲评论》2020 年 6 月 17 日报道，由于受到美国零部件供应限制影响，华为在采用美国相关技术及零部件设备的情况下，供应限制导致其供应链需要在短时间内进行调整，原定在下半年推出的 Mate 40 将会延期批量发售。2020 年 10 月华为 Mate 40 的如期发售，说明美国供应商的替代虽具有一定难度，但华为已在尝试和实现价值链重构。

综上所述，在中美贸易摩擦背景下，为应对美国层层封锁的新形势，华为尝试通过供应商管理进行全球价值链重构。通过调整供应商数量，改善供应商构成，实现对价值链的重塑，提升可持续发展管理能力，降低供应风险，提升客户满意度和供应链竞争力，应对外部环境危机。在供应商选择和评价方面，华为开始走"扶持之路"，加大供应链的多元化发展，扩大对不同元件领域的探索。之前华为给规格和要求，供应商照做，不合格再修改。但现在华为希望几周就出一个更新版本，倒逼供应链加快研发速度。在关键技术上，华为甚至会开放平台给设计厂商，降低进入门槛，提供更多的测试机会。同时，接触关键零部件上游，加大对元器件领域甚至是材料领域的投资，牵引整个行业的发展。从 2020 年华为最新公布的 73 家国内供应商来看，供应商的组成加大"消 A"力度，"消 A"意味着华为不用再受制于美国，厂商正在逐步实现国产替代。在供应商认证方面，华为将会以更加开放严谨的态度对待每一个潜在的供应商。华为致力于向所有潜在供应商提供合理、平等的机会，让大家都能够展示自己的能力。潜在供应商各种方式的垂询都将转给采购部门进行回复。面对有意向的供应商，华为采购部会要求潜在供应商完成调查问卷。在接到调查问卷并进行评估后，华为将知会供应商评估结果。之后启动认证过程，通过现场考察、样品测试、小批量测试，确保供应商的产品满足规格要求，产能满足需求，完成供应商的认证。华为将通过多渠道的沟通，与供应商进行开放的对话和讨论，培育出更良好、更可信赖的业务关系。

华为从 2015 年开始逐步实施的"去 A 化战略"，标志着其尝试"锁定效应"突破的开始。得益于供应商选择、供应商评价和供应商认证的推动，华为"锁定效应"的突破效果逐渐显现。

（三）华为技术有限公司价值链重构路径分析

1. 价值链嵌入与参与阶段：1987~2004 年

得益于中国国内巨大的电信设备市场的驱动，加之随着集成电路技术和计算机技术的飞速发展，电信关键的两项核心瓶颈技术的竞争壁垒开始下降。华为于1987 年创立于深圳，成为一家生产用户交换机的香港公司销售代理。1990 年华为开始研制程控小型交换机。1991 年华为员工增加到二十多人。1991 年 11 月，由于回款缓慢甚至出现问题，公司的现金流开始紧张。为贷款方便，华为申请变更为集体企业，1992 年 6 月获准。1992 年是华为具有里程碑意义的一年，其销售额首次达到 1 亿元。从 1987 年开始到 1992 年这一阶段是华为的形成初期，其主要目标是解决如何生存的问题，从整个生产网络视角来看其生存路径是追随电信制造行业技术中心和发展前沿。

华为除了进一步加强构建客户关系外，从技术研发投入中初尝成功的华为，在研发上持续投入，相继成立北京研究所、上海研究所、南京研究所。华为销售额从 1993 年的 4.1 亿元开始，迅速增长。在 1998 年的 3 月，正式出台《华为基本法》，并斥资 5 亿元聘请外国的管理咨询公司全面改造华为流程系统。从 1996 年开始，中国电信业的大发展带来机遇，华为经历指数式增长。此阶段已经解决生存问题的华为，逐渐将关注的目光从自身转向网络中的其他企业。

此后，在《华为基本法》的指导下，华为确立从技术跟进、产品模仿，向创新和改进相结合的模式转变。华为对中短期产品的市场定位进行规划，经过一两年的改造，华为的生产能力从 1995 年的月产 20 万线，提高到月产 40 万线；从周销售额 5 000 万元，提高到 1.3 亿元；产品从单一的通信产品，发展到多元化的、技术密集度较高的投资类电子产品。值得指出的是华为扩大在南美洲、欧洲和拉丁美洲地区的市场份额，并且正在保持着在亚太地区和中东地区的增长势头。到 2003 年底，华为在北京、上海等六个大城市设立研究所，在美国和俄罗斯等五地设立研究所。2004 年在巴西、非洲、荷兰、马来西亚和中国签订一些里程碑式的合同推动下，华为 2004 年的销售收入达到 55.8 亿美元，其中国际销售收入从 2003 年的 10.5 亿美元提高到 22.8 亿美元，增长率为 117%，首次超过国内销售额。

综上可知，在这一阶段，按照其在全球价值链中的嵌入程度，可进一步细分为三个子阶段，分别为：生存嵌入阶段（1987~1992 年）、发展嵌入阶段（1993~1998 年）、深度嵌入阶段（1999~2004 年）。

1）生存嵌入阶段：1987~1992 年

a. 网络权力：技术权力的引导和结构权力的萌芽

改革开放带来的制度变迁，是华为创立及创立初期的驱动力。为了鼓励电信业加快发展速度，1986 年 4 月，经国务院同意，国家经济贸易委员会、海关总署、财政部联合发文，对邮电通信的技术改造项目实行海关半税政策。同时，国家对使用外国政府贷款、世界银行和亚洲开发银行贷款购买的通信设备实行全免关税政策①。由此可知，制度变革促进华为的诞生，制度倾向推动着华为的初创。

华为成立于 1987 年，开始代理香港的鸿雁交换机，当时国内程控交换机需求量大，产品主要来源于香港。交换机高额利润吸引更多企业介入开始做代理，不到半年时间深圳出现大大小小上百家代理公司，过多企业的加入使竞争日益激烈，导致整个行业走向没落。一年之后，国内 95% 的交换机企业死掉了。那时，中国大部分地区，装固定电话要排队、请客，且价格极高。在一个中等城市，装一部家庭电话需要排半年队，花 4 000 多元"电话初装费"，而单位用户要花 5 000 元左右。当时，中国固定电话的整体普及率尚不到 10%。处于短缺经济时代的中国

---

① 这些政策于 1996 年停止施行。

对交换机的需求量很大，国外产品价格很高，利润丰厚。华为面对的市场环境是巨大的需求和有限的供给，而扩大供给的壁垒就是技术。一旦国内厂商实现技术进步，并以低成本进入市场，就会揭开电信市场的利润空间。这是"以技术换市场"策略的必然代价，以技术进步打破市场垄断，则是国内企业求得生存的必然趋势。对于华为这个民营企业来说，搞自主研发可能很快"死"，不搞自主研发一定"死"。

迫于环境的变化和生存的要求，华为开始自主研发。首先从程控交换机的维护做起，很快就把业务拓展到自行开发并销售程控交换机，"借此渡过了决定存亡的时期，累积到了第一桶金"①。至此华为解决了在国内的生存问题。在这一过程中，技术成为困境期华为转变劣势获取优势的敲门砖。伴随着华为技术权力的从无至有，华为实现了从交换机的代理商到生产商的重要转型，同时，也让华为看到了技术及其基础上的企业拥有的技术权力给企业发展带来的牵引作用。此外，华为对客户关系的重视和培养，可以视为结构权力的初期积累。

b. 创新模式：渐进式创新方式的初显

华为在此阶段内成功解决生存问题绝非仅靠把握机遇所能达成。在拥有巨大的市场、广阔的发展前景的同时，规范的产业环境、强大的竞争对手和快速更新的技术，对当时缺少实践经验的华为都是前所未有的挑战。为了应对外部环境的巨大挑战，华为顺利解决生存问题的途径除了通过控制已有资源和积极形成新竞争性资源基础上构建网络权力之外，还要注重对创新模式的选择。其中较为重要的举措包括：①20世纪90年代初，华为所代理的香港公司看到市场局面已经打开，就把代理权收回去了。在这生死存亡的关键时刻，成立仅3年的华为公司决定将代理销售获得的微薄利润投入程控交换机的自主开发上。②这款交换机选择光纤作为模块连接的手段，满足农村对防雷、功耗、远端模块的特殊要求。就是这样一个小小创新，为华为交换机走"农村包围城市"的道路添上重要的筹码。对于初创期的华为来说，"采用光纤作为模块连接的手段"是渐进式创新的具体体现。采用渐进式创新的创新实践是其获取最初发展所需的技术和市场知识的主要来源，因此，它实际上也代表该阶段华为创新模式的具体内容。华为在技术创新上的努力使得企业整体能力得到迅速的发展，企业的创新习惯随之形成，主要表现为通过与企业已经具有的网络权力交互作用，增加改变现有生产网络关系的可能。

c. 重构方式：挣脱控制获取结构自主性

经历了初期的资本积累和网络权力的形成，华为开始尝试对既有网络关系进行重新配置。与此呼应的实践现象是，鉴于竞争环境的变化，华为不得不在此阶

---

① 胡厚崑接受采访时，对华为原始积累期的评价。

段凭借拥有的网络权力逐渐开始网络关系的重构：①在20世纪90年代初期，中国固定电话的普及率不到10%，国外产品长期垄断中国通信市场。任正非意识到只有技术进步才能打破市场垄断，于是坚持技术领先的原则，从1991年开始，当时没有知名度的华为筹集研发资金曾找过多家银行，却四处碰壁，1992年，为了研制交换机，被逼无奈向大企业拆借1个亿，利息高达20%~30%。②华为开始每年投入销售额10%~15%甚至更多的资金用于研发，通过技术领先获得机会窗的利润，又将利润用于研发，带动更多的突破。③创业初期，华为销售人员凭借自己对销售的理解去争取用户订单，管理客户资源。

上述网络权力对重构方式的促进作用大致可以从两方面进行解读：第一，尽管华为初创期在通信制造行业的创业行为得到制度倾向的支持，企业也具有一定的制度权力，此时微弱的制度权力同属于所有此时的中国电信制造企业。对网络关系调整特别是企业自身自主性的获取主要还是基于随后技术研发形成的技术权力。该阶段华为网络重构的途径主要以技术开发获取的技术权力为主要方式，技术上的先行优势为其重构网络关系的安排提供突破方式。第二，开始尝试对客户资源的管理是华为主动寻求结构权力从无至有的实践，并希望通过与客户建立良好的互动关系，为其自主发展构建基础。

d. 竞争优势：市场敏锐性和创新能力及精神的培养

竞争优势是一种特质，它可以使组织在市场中得到的好处超过它的竞争对手。在此阶段华为的竞争优势并不明显，初期华为与其他电信制造企业一样拥有着广阔的国内市场，但随着市场的饱和也面临着无处可退的处境。华为具有的主要特质包括超出同类企业的对市场变化所做出的敏锐反应和对企业创新能力和精神的培养。

在生存阶段华为竞争优势通过以下几种现象体现：①围绕市场来抢占客户、抢占市场空间，不惜成本不惜代价抢占市场空白地。华为从一开始就关注通信市场的风吹草动，每一个可能产生销售和利润的地方，华为一旦发现就像饿狼般扑上，不惜一切代价拿下。这种敏锐地发现、捕捉并迅速拿下市场机会的特质与任正非从军时所学的军事战略密不可分[①]。②新来的员工一进入华为，就到总务处先领一床毛巾被，一个床垫，开始身体力行华为独特的"床垫文化"。为了更快研发出交换机，研发人员夜以继日，夜色深浓的时候，开发部很多年轻的华为人经常席地而卧。在独特的"床垫文化"带领下，华为踏上自主研发的成功之路。

总而言之，这一阶段华为所具有的超越其他竞争对手的特质主要表现为两个方面：其一，灵活地适应快速变化的市场并比对手更快地反应；其二，创新能力的提升和创新精神的培养。

---

① 引自张利华著《华为研发》。

2）发展嵌入阶段：1993~1998年

在这一阶段，华为继续研发投入，相继成立了北京研究所、上海研究所、南京研究所。同时，华为销售额从1993年的4.1亿元开始，迅速增长。1994年销售额为8亿元，1995年销售额为15亿元，1996年销售额为26亿元，1997年达41亿元，1998年销售额增长至89亿元。从1996年开始，伴随中国电信业的大发展带来的机遇，华为经历指数式增长。此阶段已经解决生存问题的华为，开始关注与网络中的其他企业合作，并向国际拓展。在1996年赢得第一份香港和记黄埔有限公司（Hutchison Whampoa Limited）的海外合同后，华为将业务拓展到俄罗斯和非洲。在非洲，华为的业务始于1998年。华为开始涉足电信制造业的全球生产网络，因此，不仅需要从华为企业本身出发探讨网络权力、创新模式、重构方式和竞争优势，更需要从全球生产网络视角分析华为在此阶段网络权力、创新模式、重构方式和竞争优势的特征。

a. 网络权力：结构权力的持续投入与技术权力的强化巩固

外部环境冲击带来的生存压力并没有随着销售收入的过亿而减缓，反而使华为具有更为迫切的危机感。在持续危机感的驱动下，这一阶段的华为不仅仅要解决自身如何发展的问题，还要关注网络中的其他成员。在这样的环境要求下，华为有关网络权力的实践活动如下：第一，华为把战壕修到离客户最近的地方去，在每个地市建立客户服务中心，加强在地市一级城市的营销服务网络，以前的销售经理转变为客户代表，也就是代表客户来监督提高华为的服务水平。客户一有问题，就能在身边和华为的工程师沟通，每当集中采购时，需要地市公司这些使用单位提出需求和意见，构筑决策者、技术人员、使用者、经营部门、财务部门等全方位的客户关系。第二，1998年负责到俄罗斯打前站的华为老员工李杰至今仍然记得，华为真正走向国际化的首站——俄罗斯市场，斩获的第一个合同仅仅只是几块电源，总额为38美金。此后一场亚洲金融危机紧随而至，更是冰封华为试图将俄罗斯市场作为国际化开局的脚步。第三，1993年华为把创业6年所积累的资金全部投入C&C08数字程控交换机的研发上，成立基础研究部，专门负责研发华为通信设备所需要的专用集成电路。

在发展的初级阶段，华为国内结构权力的搭建与国外结构权力的蛰伏，逐渐开始发挥作用。此外，持之以恒的创新投入继续强化华为的技术权力，也正是基于不断强化的技术权力，华为开始参与全球生产网络的竞争，逐渐走向国际化。

b. 创新模式：渐进式创新的持续和突破式创新思想的生成

通过了生存考验的华为，初尝获取网络权力带来的收获后，进一步认识到创新在电信产业中的重要作用。但是囿于当时企业自身能力水平和跨国企业的较强控制能力，1998以前华为的技术导向一直是模仿和跟进跨国企业现成的产品和技术。尽管如此，华为仍然在持续坚持创新实践：①1997年，天津电信的人提出"学生在校园里打电话很困难"。任正非当时紧急指示:"这是个金点子,立刻响应。"在两个月后华为就做出 201 校园卡,推出后市场反应热烈,很快推往全国。等其他公司反应过来时,华为已做了近一年时间。实际上这项新业务只需要在交换机原本就有的 200 卡号功能上进行"一点点"技术创新。②1997 年底,任正非访问美国休斯顿公司、IBM、贝尔实验室。任正非发现在技术研发上没有一家美国的高科技公司提出跟在别人后边。模仿别人的技术是不会长久的,企业要想长远发展,必须走自主研发之路。

在这一阶段,华为在创新方式方面继续坚持渐进式创新,结合生存阶段累积的技术权力和萌芽的结构权力,华为开始尝试进一步拓展。值得一提的是,在这一阶段的后期华为的创新思想开始发生转变,原本渐进式创新带来的成功没有冲昏华为的头脑。突破式创新思想开始萌芽,也正是基于此,华为开始走上自主创新之路。

c. 重构方式:结构网的维护与扩展和知识链撼动准备

"过分依赖国内市场对公司来说是相当危险的,纵览世界,没有一家专注于国内市场而成功的企业,因而国际化是华为的战略选择。"①在网络权力与创新模式的共同驱动下,华为开始积极向海外拓展。在这一阶段,华为对网络重构方式选择的具体实践包括打造"利益共同体"和实施人才吸引策略。任正非说:"现代企业竞争已不是单个企业之间的竞争,而是供应链的竞争。企业的供应链就是一条生态链,客户、合作者、供应商、制造商命运在一条船上。只有加强合作,关注客户、合作者的利益,追求多赢,企业才能活得长久。"1993~1995 年华为积极吸引人才。中华人民共和国邮电部在西安举办一个程控交换机学习班,全国从事交换机开发的单位都派技术骨干来参加。这正好是华为挖人的好机会。华为去的人,白天学习,晚上就到各个宿舍去招人。毛生江就是在那次会议上被华为从长春电信设备厂挖过来的。徐文伟是华为从深圳亿利达有限公司挖过来的。华为的另一个人才来源是和高校合作。当时合作较多的是北京邮电大学、华中工学院、中国科学技术大学。通过跟高校合作,既可以拿到一些技术,又可以培养后续人才,对华为的后续发展起到极大的作用。与高校的合作一直是华为对外合作的重点。刚开始的时候,高校还能给华为带来一些新的技术,如综合业务数字网(integrated services digital network, ISDN)是和北京邮电大学程时端教授合作,ATM 是和西安电子科技大学的周代琪教授合作,但后来华为的技术开发远远领先于各高校。

在这一阶段,华为得益于前一阶段积累的结构权力,尝试从结构网络层面审视华为的发展问题。华为不仅仅关注与客户的关系的维系,还开始重视自身的发

—————————————

① 引自华为曾任董事长孙亚芳。

展与整个供应链的其他成员的关系，更为深刻的是其能够认识到通过对结构网的维护实现共赢和长期优势。同时，华为采用技术人才储备和与高校合作两种途径，进一步在技术开发中积蓄力量，开始萌发撼动由爱立信、西门子等跨国巨头掌控的电信行业知识链的思想。

d. 竞争优势：利用低成本与高性能抢占农村市场

这一阶段，华为在国内的交易/交付成本相对较低，质量成本与国外相比很低，效率高低则不是最敏感因素，很多可以通过人际关系因素来弥补；还有中国一直没有成体系的知识产权商业规则，这成为国内"交易"的最低成本，此外，国内的服务成本低，也成为华为的优势。归纳起来，华为的竞争优势来源于四个方面：技术开发带来的成本优势、重视客户需求带来的关系优势、快速响应市场要求的效率优势及构建利益共同体带来的市场份额优势。

大量 ASIC 芯片的推出，不但构筑华为在硬件方面的核心技术基础，而且大大降低了成本。低成本的研发使得华为公司的产品具有低成本竞争优势，大大增强了华为的生命力和竞争力。华为的另一个主要成本优势，体现在原材料上。20 世纪 90 年代，华为与上游原材料供应商之间的长期良好合作，以及国内资源价格较之国际普遍偏低，使华为在原材料上所花费的成本相对较低。在华为每年销售上千万台设备形成的规模经济效应下，华为的物料成本降到 3%，优势明显。

华为重视最普遍的客户关系，一个典型事例是华为一个高层管理人员想做好一个地区市场，亲自到沈阳。当知道该地区电信局正在与竞争对手在一个宾馆洽谈，于是没顾上喝一口水，立即赶往开会宾馆，在大厅等候。客户深夜才谈完，他一直守着没敢离开，饭也没敢吃。同时，华为有着超越同行的卓越的客户响应速度，成功地构建卓越的客户响应机制，最大限度地赢得客户，推动华为的发展。福建泉州电信局需要升级日本进口设备，但通过省市政府与远在日本的厂方协调，前后等了一年，也没有人来。与此形成对比的是 1994 年全国各地电信管理高层会议在上海召开。在短短五天时间内，华为完成从设备运输、环境搭建、设备调试、机器开通全部工作。

此外，"利益共同体"模式立竿见影，华为的交换机通过莫贝克的渠道迅速低价冲击全国市场，到 1995 年，迫使交换机行业销售价格从 200~300 美元/线下降至80 美元/线，邮电系统也因为全行业交换机采购价大幅降低而将电信业务向全国迅速推广。最终实现全社会、消费者、邮电系统和华为的多赢。

正是在技术开发带来的成本优势、重视客户需求带来的关系优势、快速响应市场要求的效率优势及构建利益共同体带来的市场份额优势共同影响下，这一阶段的华为利用产品的低成本与高性能迅速占领我国的农村市场，并积攒着力量，准备在更为广阔的国际舞台上大显身手。

　　3）深度嵌入阶段：1999~2004 年

　　这一阶段，在《华为基本法》的指导下，华为确立从技术跟进、产品模仿，向创新和改进相结合的模式转变。华为对中短期的产品的市场定位进行规划，经过一两年的改造，华为的生产能力从 1995 年的月产 20 万线，提高到月产 40 万线；产品从单一的通信产品，发展到多元化的、技术密集度较高的投资类电子产品。值得注意的是华为不仅在国内市场取得突破，还扩大在南美洲、欧洲和拉丁美洲地区的市场份额，并且保持着在亚太地区和中东地区的增长势头。

　　a. 网络权力：结构权力迸发、技术权力持续投入与认同权力有意识培养

　　经过十年的积累，华为拥有的网络权力的集中程度不断增强，权力类型也不断拓展。在这一阶段，华为拥有的网络权力表现为结构权力、技术权力、认同权力，并且在集中度上也具有加强的趋势。同时，华为凭借拥有的网络权力开始真正加入国际电信设备制造业的竞争中，踏上世界电信业的竞逐跑道。这一阶段华为结构权力、技术权力和认同权力的具体体现如下。

　　1998 年后的两三年间，俄罗斯当地运营商纷纷倒闭，原先聚集在俄罗斯的数家电信设备巨头亦在一片混乱中撤退回国。"于是，我不得不等待，由一匹狼变成了一头冬眠的北极熊，98 年，我们一无所获，除了告诉俄罗斯我们还在；99 年，我们还是一无所获，但是我们郑重告诉俄罗斯：我们不仅还在，而且还要继续加大在俄罗斯的投入。"等待、坚守、加大投入，成为 1997~2000 年三年间包括李杰在内的华为海外人员的主题词。正是基于这种坚持，维系着华为与包括俄罗斯在内的海外市场客户的关系，为本阶段后期结构权力的迸发奠定基础。

　　华为每年研发费用的投入都达到销售额的 10%以上，在 2002 年甚至高达 16%。这为华为每一次抓住市场机会、快速打开局面做了最为充分的准备。在技术研发管理方面，华为花重金从 1998 年开始总共用了 5 年的时间，来引进、推行 IBM 的集成产品开发（integrated product development，IPD）管理模式。集成产品开发管理模式让华为从技术驱动转向市场驱动，彻底改变华为的技术管理和项目研发流程。华为的技术管理体系包含业务与产品分层、技术与平台规划、研发流程与项目管理、公用基础模块（common building block，CBB）管理和技术管理组织与绩效管理五大方面，使华为形成从立项，到开发，到将产品推向市场，再到量产的项目管理，实现公司范围内的跨部门协作，为华为在技术和产品上的成功奠定坚实基础。

　　同时，华为开始注重培养和扩大行业对其的认知，华为大力邀请客户来考察中国、考察华为。华为流行的一条"新丝绸之路"，是从北京入境，再之后到上海、深圳，然后从香港出境，或者从香港入境，再到深圳、上海，再到北京出境。这条路线不仅使客户了解中国的改革开放成就，也使客户认识华为。此外，华为还印了很多画册，取名《华为在中国》，把中国的一些好风景、好建筑拍成照片，同

时附上华为产品的应用情况，这也可以帮助客户了解华为。据说华为带动的中国文化已经在俄罗斯打出一个小高潮，如很多客户也开始喜欢喝绿茶不加糖。此外，各种展览会和论坛也是华为扩大影响的重要举措之一，无论是北京的中国国际信息通信展览会，还是中国香港3G大会、俄罗斯电信展、美国电信展等，华为都不放弃机会来宣传自己。利用每个展会，华为都邀请世界各地的客户来了解自己、加深沟通，大大增强华为的品牌和在客户中的印象。

b. 创新模式：渐进式创新的倡导和突破式创新的追赶

2003年初发生在思科、华为间的知识产权诉讼案，在中国通信业发展史上无疑是一个象征意义浓厚的事件。对于此前以"低端"形象示人的中国通信设备厂商而言，这标志着它们的技术和市场能力已经开始引起国外同行的重视。这一阶段的华为创新模式具体实践如下。

2002年9月23日孙亚芳代表华为在摩洛哥马拉喀什举办的第十六届国际电信联盟代表大会上有一场针对性的发言。在云集全球运营商的会场上，孙亚芳一针见血地指出，由设备巨头们盲目追求高技术、高利润给运营商带来的伤害。"如果设备制造商不是基于运营商的投资保护，进行新的技术开发，坚持跳跃式地不断推出新技术，不断更新设备，会使运营商增加很大的成本。"她同时也颇具意味地提醒竞争对手们说，"靠技术壁垒封锁市场，获得高营利的时代一去不复返了。电信业将逐步回归到具有一定合理回报的传统行业"。

"这款分布式基站没有革命性的技术，仅仅是工程工艺上的改进而已"华为员工说，但是它却为华为的欧洲运营商客户每年节省30%的场地租金、电费等运行、运维费用。由于这款产品解决欧洲客户机房租金高、设备用电量大的难题，受到欧洲市场的欢迎。

为了打破欧美跨国公司对高附加值的高科技产品的垄断，华为在技术研发中坚持高起点，始终瞄准业内尖端、前沿、最有市场的产品，努力站在与国际跨国公司同一起跑线上。华为在3G上的倾尽全力曾经招致过"战略失误"的嘲笑，但他们始终认定："传统产品的市场格局很难改变，我们只能在新增市场上争夺一席之地。"华为在3G研发上累计投入超过50亿元，投入研发人员近6 000人，在美国、瑞典、印度和俄罗斯等国设立多个研发中心。他们的奋力追赶终于有了可观的回报，华为已拥有2 700多项3G专利，其中94%为发明专利。由于掌握核心技术，使华为用很短的时间，在荷兰、美国、阿联酋、马来西亚等地部署3G商用网络，站到由爱立信、思科、西门子等7家跨国巨头组成的顶级供应商行列。

伴随着华为的创新方式的全面出击，几乎比华为高一个数量级的思科公司对华为发起诉讼。思科向美国得克萨斯州Marshall地方法院提起诉讼，指称华为侵犯其知识产权。思科对华为的诉讼从另一视角证明华为渐进式创新的倡导和突破式创新的追赶两种创新模式运用带来的影响已经开始对网络中领先企业发挥作用。最终华为与思科和解说明,随着电信设备生产企业间市场渗透交叉程度的加深,生产企业在拿起知识产权武器的时候已经很难取舍其间的利益平衡。同时,随着技术标准的开放与透明度的增加,已经很难再产生独家垄断某项技术专利的情形,而在交叉专利之下,生产厂商之间打官司的难度也越来越大。

c. 重构方式:突破结构网和占据知识链中的领先位置

经过前两个阶段网络权力的积累,华为开始希望在国际电信设备生产网络中占据一席之地。因此,在这一阶段,华为开始更为积极地构建结构网络,以期获取客户的同时,对知识链进行有效调整,实现更大的结构自主性,具体表现如下。

华为对最为强势的 3G 标准 WCDMA(wideband code division multiple access,宽带码分多址)大本营欧洲的突破,始于 2004 年一家名为 Telfort 的荷兰最小运营商的 WCDMA 建网合同。这家仅有 250 万个客户的小运营商不会给华为带来大生意,但华为对这笔欧洲 3G 商用开局的"小生意"投以重力,针对这家为爱立信"不屑"的运营商作了个性化的解决方案,为对方节省 1/3 的建网成本。随后,华为为美国 NTCH 公司承建 CDMA2000 移动网络。

2003 年,华为在技术上取得令人瞩目的进展,一共获得专利 120 多项,并向ITU-T 组织提供标准文案 20 多件,在国内遥遥领先。具有自主知识产权的超长距离传输技术无电中继传输,达到业界商用最高水平。

华为 3G 产品成功在欧洲和美国 GSM、WCDMA 和 CDMA(code division multiple access,码分多址)技术的发源地地区商用,标志着华为在 3G 领域已经进入领先者的行列。华为在欧洲和美国的突破,拓展其活动范围,进一步增强华为在国际电信制造业中的自主性。同时,一系列专利的获得和自主知识产权技术的应用,表明在技术权力作用下的华为开始尝试改变全球电信制造生产网络的已有格局。

d. 竞争优势:从突破边缘市场到立足中心市场

作为世界通信设备市场上的一个后来者,在国内成功走出"农村包围城市"的道路,在海外市场,将巨头们忽略的边缘市场——东南亚、中东、俄罗斯等,作为华为国际市场的突破口。华为逐渐成为全球端到端设备及解决方案的主流供应商。在这一阶段华为在提供低成本高性能的产品或服务、具有超出竞争对手的市场份额增长速度、灵活地适应快速变化的市场并比对手更快地做出反应等方面体现了竞争优势的具体表现。

华为数据通信提供全系列数据通信产品,包括中端、低端、高端的全系列路由器和局域网交换机产品、安全防火墙、广域本地网、因特网接入服务器和 VoIP GW/GK 等产品。华为数据通信将提供高性能、低成本、客户化的个性化产品以满足全球市场今后的多样化需求。凭借自主研发的软件平台和核心芯片,华为在数字通信领域拥有良好的竞争优势，并能够提供高质量的客户化端到端解决方案。

2004 年 6 月 30 日止，268 000 台路由器和 494 000 台局域网交换机已经在全球网络上得到应用。华为成为中国 2002~2003 年 Quidway 系列路由器和局域网交换机最有竞争力的供应商。2003 年，华为高端路由器在中国新建骨干网中，市场份额占到 40%。

1999 年，华为与 IBM 签订业务流程变革咨询合同，在其帮助下启动以集成产品开发、集成供应链为核心的业务流程变革。在职业化管理和核心业务流程重整的基础之上，从 2003 年开始，华为又进行组织机构的重大调整，将过去集权化的公司组织向产品线/准事业部制改变，加快决策速度，适应快速变化的市场，增强"以小博大"的差异化竞争优势。

在这一阶段，华为借助技术开发、网络构建、品牌培养等积累起来的技术权力、结构权力和认同权力，加之正确选择适合自身的价值链嵌入环节，实现在国际市场的边缘突破，终于跨入国际电信设备生产的中心市场，开始与其他国际电信设备供应商的同场竞技。

2. 价值链攀升与撼动阶段：2005~2015 年

2005 年华为海外市场开拓取得突破，合同销售金额翻番，首次超过国内市场合同销售金额，但随之而来的全球运营导致费用激增，营业利润率由 2005 年的 14.0%骤降至 2006 年的 7.3%。经过四年的调整，华为全球运营效率提高，费用得到控制，2009 年营业利润率追平 2005 年，达到 14.1%。相比之下，诺基亚 2009 年营业利润下降 76%，营业利润率只有 2.9%，其中电信设备业务亏损扩大，利润率为−13%。爱立信 2009 年营业利润下降 64%，利润率为 2.9%。2009 年营业利润率逐步恢复到 2005 年的水平，显示华为逐渐适应国际化运营，加强对膨胀的运营成本的控制。2010 年销售收入达 1 852 亿元，同比增长 24.2%；净利润达到 238 亿元，净利润率 12.8%。在华为交付的 260 个数据中心中，有 35 个是基于云建设的。此外，华为存储解决方案已服务于全球各行业的 2 000 多个客户。2011 年销售总收入达 2 039 亿元，同比增长 11.7%，净利润 116 亿元。2012 年，华为构筑的全球化均衡布局使公司在运营商网络、企业业务和消费者领域，均获得快速健康的发展，全年实现销售收入 2 202 亿元，同比增长 8.0%。2015 年，华为实现销售收入 3 950亿元（按年末汇率折为 608 亿美元），同比增长 37%。

1）网络权力：结构权力的稳定、认同权力和技术权力的高水平运转和制度权力的构建

在这一阶段，华为开始全面参与全球竞争，凭借前期已经积累的结构权力、认同权力和技术权力在这一阶段更为突出。结构权力继续表现为拓展与其他外国企业的合作关系，进一步扩大市场范围。值得一提的是在技术权力和认同权

力的作用下，华为开始主导标准制定工作，新标准的形成标志着华为开始构建制度权力。

华为在结构权力、认同权力、技术权力和制度权力的具体表现如下。

科通董事长兼行政总裁 Jeffrey Kang 评价说："我们很高兴拓展我们已经与华为建立的长期互惠互利的合作关系，这份订单确保了由华为带来的 2006 年营业收入将比 2005 年有大幅度增长。这份价值 1 000 万美元的合同只与公共交换电话网络（public switched telephone network，PSTN）和宽带产品相关，同时我们还与华为在数据通信和无线通信等其他领域进行了合作，而在这些领域的合作给我们带来了更多的营业收入。尤其是数据通信和无线通信是华为的目标增长领域，因此我们预计在这些领域的业务将会继续增长。这份合同的框架使管理层能够更加了解 2006 年的经营前景，并确保科通进入发展最快的电信市场。我们已经成为华为可信赖的供货商，而透过这一合作关系，预计我们的业务将进一步实现增长。"

2006 年，荷兰最大运营商 KPN 成功收购 Telfort，鉴于华为在此前"小生意"上的良好表现，华为晋升为 KPN 的核心网设备供应商。2007 年 8 月，位于南半球的秘鲁经历 8.1 级的大地震，当地所有移动业务都因地震瘫痪，仅有华为的短消息业务设备还在正常工作，更坚定了客户对华为的信心。

在 NGN（next generation network，下一代网络）、xDSL、光网络、3G 等新兴的领域，华为在技术和知识产权上已经达到业界的先进水平。在 3G 领域，华为占有 WCDMA 领域的 5% 的基本专利。华为仅在欧洲就有 4 个研发中心、上千人的团队，其中 75% 为当地聘用、分布达 30 个国家。华为还以标准专利为战略目标，组织专门团队积极参与国内外标准组织活动，华为积极参与各个标准组织的标准制定工作。在国际电信联盟的专题 NGN 组、欧洲电信标准组织（European Telecommunications Standards Institute，ETSI）、3G 标准组织 3GPP 和 IETF 等，华为的身影不仅频现，而且还能产生一定的影响力。例如，中国电信和华为提出的"IP 电信网"的概念得到业界的广泛接受，形成 Y.1291 标准。

截至本阶段末期，华为在企业专利申请排名方面，以 3 898 件连续第二年位居榜首。成功部署 400 多张 LTE 商用网络和 180 多张 EPC 商用网络。在光传送领域，与欧洲运营商共同建设全球首张 1T 开放传输网络（optical transport network，OTN）。这些成绩的获得，是长期网络权力的积累带来的由量变到质变的飞跃。在这一阶段华为的结构权力逐渐稳定，认同权力和技术权力达到高水平运转并开始构建制度权力。

2）创新模式：集成创新的收获与自主研发的阶段性胜利

"华为公司一直将集成创新、获得自主知识产权作为企业生存的根本和企业的核心竞争力。"华为公司监事、首席法务官、首席合规官宋柳平说，集成创新就是对别人的创新成果进行学习、集成和优化，根据自己的需要进行的动态创新。

华为由成立之初仅有十几人的小公司发展成为近 10 万名员工的全球化企业，与华为持续进行集成创新、积累核心技术知识产权有着密切的联系。

华为十分重视自主研发，不断推出拥有自主知识产权的产品和解决方案。通过自主研发，华为不断推出创新的拥有自主知识产权的产品和解决方案，成为十多年来华为持续发展的源泉。华为于 2005 年 2 月在全球率先发布了 WCDMA 分布式基站，这种创新基站体积小，安装容易，能极大地降低建网成本并提高建网速度。正是这个独特的创新让华为在荷兰 TELFORT 的竞标中，最终战胜对手，脱颖而出，从而获得这个意义非凡的欧洲大单。在 NGN 领域，华为推出基于 IMS 架构的 NGN 产品体系，保证网络的持续发展和增值。

2008 年，华为已连续 6 年蝉联中国企业专利申请数量第一名。同年，华为的国际专利申请数首次超过日本松下、荷兰飞利浦等国际知名企业，成为全球第一大国际专利申请公司。截至 2009 年底，华为 LTE 的专利披露量高达 168 件，占全部 LTE 披露量的 9%，居通信设备厂商之首，远高于排列设备商第二位的爱立信公司 5.3%的披露量。此外，一份公开资料也显示，华为在 LTE 基本专利或潜在专利方面也遥遥领先，这些基本专利或潜在基本专利涉及 LTE 物理层、空口、高层等核心技术领域，其中华为在物理层的基本专利或潜在基本专利占 20%以上，涉及 OFDM、MIMO、信道编码、异频、同步、资源分配等多项关键技术；空口专利 40%以上，涉及小区重选、数据传输、MBMS 业务等关键技术和业务。2013 年，华为欧洲物流中心在匈牙利正式投入运营。同年，华为发布 5G 白皮书，积极构建 5G 全球生态圈，并与全球 20 多所大学开展紧密的联合研究。2014 年，华为在全球 9 个国家建立 5G 创新研究中心。2015 年，华为在英国开通 5G 测试床。同年发布 ADN 架构，在业界第一次提出网络建设要为应用服务，从根本上颠覆了传统的建网思路。

华为集成创新本质是渐进式创新，从华为初创期开始持续至今的渐进式创新给华为带来持续收获。华为自主创新更多表现为突破式创新，在这一阶段也开始在与生产网络竞争者的对抗中获得胜利。反观国内市场，华为的基本专利或潜在专利拥有数量均保持领先水平。在许多企业开始踏上"走出去"道路之时，华为已经依托集成创新及专利优势在激烈的国际市场竞争中成功立足海外，跻身全球行业前 3 名之列。

3）重构方式：基于多合作伙伴的结构自主性提升和基于专利数量的知识链地位上升

在这一阶段，华为的结构自主性主要表现为与更多国家的企业建立合作伙伴关系，合作关系的广泛建立使得以华为为中心的关系网络密度增加。华为具有的选择性进一步拓展，也说明华为逐渐成为参与其生产网络中其他成员企业重要的合作对象，具有越来越强的不可替代性。华为在知识链的重构方面更多表现为专利优势和标准制定。

3Com 首席执行官 Claflin 表示,"华为正大踏步地实现国际化"。除了与 3Com 的合作之外,华为现在的合作伙伴名单上有一堆的国际知名企业:高通、微软、松下等。随着公司的扩张,这个名单上正在增加越来越多的欧洲、亚洲和拉丁美洲知名企业。2007 年,华为与中国台湾鸿海、友讯等厂商结为战略合作伙伴关系。华为将下单采购鸿海、友讯的宽带等产品,并凭借中国台湾伙伴的生产能力,深入全球一线电信厂商阵营。据悉,华为已选定鸿海、友讯等厂商作为网路设备领域的合作伙伴,鸿海旗下富士康为华为生产终端设备。

华为 2008 年凭借递交的 1 737 件申请首次占据全球专利申请公司(人)首位,排名第二至第五位的依次为日本松下、荷兰飞利浦、日本丰田和德国博世。2008 年华为公司共有员工 8.7 万名,其中 43% 的员工参与了企业研发工作。公司多年来坚持以不少于销售收入 10% 的费用投入研发,并将研发投入的 10% 用于前沿技术、核心技术及基础技术的研究。华为连续 6 年蝉联中国企业专利申请数量第一,其中绝大部分为发明专利。截至 2008 年 12 月底,华为累计申请专利 35 773 件。

华为还在欧洲、美国、印度及中国的上海、北京、南京、西安、成都和武汉等地设立研发机构,充分利用全球和全国的人才与技术资源平台,建立全球研发体系。公司的中央软件部,中国的上海研究所、南京研究所,印度研究所已通过软件质量管理最高等级 CMM5 级认证。华为还积极参加国际标准化组织的工作,到 2009 年底,已加入 91 个国际标准组织,并在这些标准组织中担任了 100 多个职位,积极参与国际标准制定。2008 年,华为在光纤传输、接入网络、NGN、IPQoS 和安全领域提交 1 300 多篇提案;在核心网络、业务应用和无线接入领域提出 2 800 多项提案。

华为逐渐成为参与其生产网络中其他成员企业重要的合作对象,具有越来越强的不可替代性,结构自主性得到进一步强化。专利的数量尤其是核心专利的数量对企业意味着创新能力,也体现企业对一个行业发展的贡献和在行业中的地位,参与国际标准制定则表明企业在知识链中占据重要位置。华为依靠不断增长的网络权力,从接受国际标准的低端环节企业踏上国际竞争之路,开始尝试改变自身在知识链中位置的同时影响其他价值链中成员企业。

4)竞争优势:低研发成本、应对市场变化的反应速度、重视和满足客户需求、流程优化

与竞争对手相比,华为研发单位成本非常低,高效的研发是华为占据国际市场的途径。对市场变化的快速反应及重视和满足客户需求是华为精神的涌现,持续的组织流程优化为华为提供源源不绝的动力供应。这几个方面缺一不可,共同推动华为超越一个又一个竞争对手。

2009 年,在宏观环境不利的情况下,华为提出"适度控制研发人员的增长",

但实际上从事研发员工数、占员工总数比例、研发投入金额、研发密度等指标较 2008 年均有提高。华为研发人员总数由 2008 年的约 37 000 人提高到 2009 年的约 43 600 人,占员工总数比例也由 43%提高到 46%。华为 2009 年研发投入 133.4 亿元,较 2008 年增加 27.4%,超过实际销售收入增长速度。与主要的竞争对手相比,华为研发的人力成本非常低。华为研发人员人均花费 4.5 万美元,是诺基亚的 1/5,爱立信的 1/4.54,低廉的人力成本使华为得以用不到爱立信一半的投入维持一个规模超过后者一倍的庞大研发队伍。

华为集中资源提升研发部门快速的反应能力,为客户提供持续稳定的服务,且能够在最短时间内响应客户的需求。一旦客户有需求华为的员工就会及时赶到,哪怕那里不通公路。华为在刚果(金)的客户改变工程计划,原来 30 天工期的核心网建设压缩为 4 天。项目组所有成员吃住在工程现场,累了就在走廊地铺里睡上个把小时又起来接着干,连续奋战 3 天 4 夜提前完成项目。在南美,有一个基站建在热带雨林区的山顶,然而除了一条崎岖山路外根本就找不到可以运送设备的路,用直升飞机运送的费用是 8 000 美元。华为员工雇了 20 多个当地人将设备拆上上山,最后费用只用了 7 000 多元人民币,基站如期完成。

为更好地服务客户,华为坚持以客户为中心,持续地进行内部管理和组织流程的变革。自 2007 年开始的 IFS(integrated financial services,集成财经服务)变革正在深化,有力地提升华为内部管理效率。同时,为保证对客户需求的快速响应及优质交付,华为实施组织结构及人力资源机制的改革,授予直接服务客户的组织和员工更多决策权,使他们能快速调用需要的资源。

面临全球经济环境带来的挑战,华为依然超越竞争对手实现稳健的收入增长。这主要得益于华为以客户为中心的创新战略,能帮助运营商构筑融合、简单、绿色及平滑演进的网络,有效帮助运营商改善收益、提升竞争力并降低总体运营成本,实现商业成功。华为能迅速提供领先解决方案,提升网络性能,减少网络运营成本,不断创新以帮助运营商应对业务挑战;通过提供面向未来的创新网络解决方案,保护运营商建网投资,这就是越来越多的领先运营商选择华为作为最佳合作伙伴的原因。2005~2015 年,华为 GSM、UMTS、CDMA 频频突破西欧、拉丁美洲、亚太等区域的一流运营商,标志着华为移动产品已经得到了全球高端市场和客户的普遍认可。在这一阶段华为的研发成本得以降低,在应对市场变化方面更加游刃有余,除此以外,华为在客户需求满足和操作流程有效性方面取得成绩共同构成本阶段华为竞争优势的强劲表现。

3. 价值链调整与重构阶段:2016 年至今

2016 年,华为在运营商业务领域,联合英国沃达丰、西班牙电信、德国电信、中国联通等领先运营商,部署智慧家庭、智慧抄表和车联网等业务。在企业业务领域，华为聚焦 ICT 基础设施，与合作伙伴一起助力客户进行行业数字化转型，实现在公共安全与政务、金融、能源等重点行业持续有效增长。在消费者业务领域，智能手机发货量达到 1.39 亿台，同比增长 29%，连续 5 年持续稳健增长。2017年，华为率先完成中国 5G 技术研发试验第二阶段测试；发布首款 AI 移动计算平台麒麟 970；率先完成 IMT-2020（5G）技术研发试验第二阶段核心网测试；投身非洲移动宽带建设，促进当地经济社会发展；加入欧洲 5G 架构研究联盟，主导基于网络切片的架构设计。在这阶段，华为持续高度重视技术创新与研究，坚持将每年收入的 10% 以上投入研发。2018 年，华为在研发方面投入 1 000 多亿元，在《2018 年欧盟工业研发投资排名》中位列全球第五。同时，华为聚焦 ICT 基础设施和智能终端，实现销售收入 7 212 亿元，同比增长 19.5%。2019 年，在外部环境挑战下，华为实现销售收入 8 588 亿元，同比增长 19.1%，实现净利润 627 亿元。

1）网络权力：网络权力的全线增长

这一阶段华为网络权力的具体表现包括基于创新结果应用而强化的技术权力、基于云计算合作而获取的结构权力、基于标准制定和认证体系而增加的制度权力和基于客户持续信任而形成的认同权力，具体的表现如下。

持续的投入使得华为成为全球最大的专利持有企业之一。截至 2018 年底，累计获得授权专利 87 805 项，其中有 11 152 项核心专利是在美国授权的。持续的创新投入和产出进一步强化其技术权力。

一方面，华为进一步依托产品和解决方案优势，帮助运营商和企业实现信息和通信技术基础设施的全面云化。另一方面，基于过去三十年积累的技术优势和实践经验，面向企业提供公有云服务，努力成为企业信息业务上云的首选伙伴，携手运营商构建全球云服务联盟，满足企业客户全球化业务落地需求。云服务联盟进一步巩固其结构权力。

网络安全是全球性挑战，作为设备供应商遵从标准、制造安全的设备；作为运营商负责自己网络的安全运营。在这一阶段，华为不断提升软件工程能力与实践，在产品设计、开发及交付全生命周期，将安全和隐私置于战略优先地位。同时，推动第三方验证、保持开放合作，不断提升安全能力，从而建立端到端的安全保障体系。此外，为推动光纤网络由带宽驱动走向体验驱动，全产业充分沟通并达成广泛共识，共同推出第五代固定网络的定义和标准，包括全光联接、超高宽带和稳定体验三大特征。国际标准护航其制度权力提升。

同时，华为逐渐形成从结果可信到过程可信。在增强产品防攻击、防渗透能力上也做到行业最强——在专业软件安全工程成熟能力评估公司的 12 个评估项目，华为产品有 9 项达到业界最高级水平，其他 3 项也高于业界的平均水平。但为了应对不断变化的外部环境，华为不仅要实现结果的安全可信还关注过程可信，在每一个产品和解决方案中，都融入信任、构建高质量产品。过程信任提升其认同权力。

2）创新模式：融合渐进式创新和突破式创新的开放式创新

2019 年，华为创新推出 RuralStar Lite 解决方案，有效解决 500~1 000 人村庄的覆盖难题。RuralStar 系列解决方案已累计为超过 50 个国家和地区提供移动互联网服务，覆盖 4 000 多万偏远区域人口。RuralStar Lite 解决方案仅仅是华为创新的最新成果，此类创新成果的逐年累积，是华为不断保持竞争活力的基础。

创新是华为三十年来生存和发展的根基。华为坚持将年收入的 10%以上投入研发，近几年的投入比例更是超过 14%，正是得益于长期的研发投入，才使得华为不断实现渐进式创新和突破式创新，使其在很多技术领域持续领先，在外界巨大的压力下赢得客户的尊重和信任。对新产品的研发，是华为走向国际市场后，一直坚持的创新模式。在华为开放式自主创新的旗帜下，渐进式创新和突破式创新并行。

3）重构方式：从追赶到超越，自主性的获取和知识链的颠覆

通过之前各阶段的积累，华为的网络权力各维度得以提升，从追赶到超越的过程是企业自主性逐渐增大和知识链重构的过程。在这一阶段华为重构方式表现为两个方面，自主性的获取表现为客户数量增长和市场份额增加；知识链的重构表现为专利储备和标准制定。

从技术跟随者转变为技术领先者，中国巨大的本土市场给予华为产品大规模应用的机会，同时华为的国外市场的增长也很快。专利储备巩固其领导者地位，对标准的主导也是引领行业的标志。截至 2018 年底，累计获得授权专利 87 805 项。同时，作为新兴网络技术标准的主导力量，目前华为在 150 多个标准组织中担任主席、副主席、董事、各子工作组组长等核心职务。

4）竞争优势：从超越对手到自我超越

在这一阶段，华为竞争优势主要表现为提供低成本高性能的产品和服务、更快速有效地执行流程、更快地适应市场变化、更加重视客户需求和在市场中更大的市场份额。具体表现如下：在泛物联网领域，华为 HiLink 平台已积累 5 000 多万用户，物联网连接设备总出货量超过 1.5 亿台。携手博世、西门子、飞利浦、松下、东芝、安朗杰、佳能、卡赫、Blueair、罗格朗、Sonos、Bose、海尔、格力、美的等 600 多个家电品牌，给消费者的智慧生活提供更多品质选择。

引领全球 5G 商用，在欧洲与运营商一起设立 5G 联合创新中心，持续推动和促进 5G 商用和业务创新，与全球运营商、各大行业伙伴针对 20 多个行业的超过 300 个 5G 应用进行探索。

发布最强算力 AI 芯片昇腾 910、全场景 AI 计算框架 MindSpore，推出全球最快 AI 训练集群 Atlas 900 及华为云昇腾集群服务。基于昇腾系列 AI 芯片的 Atlas AI 模块/板卡/服务器/集群、智能驾驶计算平台和华为云昇腾云服务获得广泛应用，与

100 多家 AI 领域独立软件开发商伙伴形成合作，服务 500 多个行业项目，与 18 家主流车企和集成商在自动驾驶等领域深入合作。

这一阶段华为的竞争优势表现为如上各方面，却又不仅仅如此。从华为的发展过程可以发现：华为从来不足以自恃，而是时刻改进、改进、再改进。与其说华为的竞争优势是理想基础上的非对称竞争优势[①]，不如说华为的竞争优势是以市场为领地、以客户的满意为检验，没有任何退路和侥幸，时刻准备经历各种考验和挑战的持续自我超越。

（四）华为技术有限公司价值链重构路径归纳

通过对华为在参与全球价值链竞争过程中网络权力、创新模式、重构方式和竞争优势分阶段的演化分析得到如下结论。在现实中参与全球价值链的企业，网络权力随时间变化和积累加速企业创新，企业的创新模式和对网络的重构方式的相互作用，最终显现为企业竞争优势的变化；竞争优势反之作用于企业网络权力的各维度，并对企业下一阶段的创新模式产生影响。在各变量变化的过程中，其整体特征表现为以权力分布为核心的治理模式的变化。

（1）第一阶段（1987~1992 年），追随中心阶段。在企业形成的初始阶段，行业内拥有传统的先进企业，这些企业控制着价值链中大部分资源，并据此握有各种网络权力。新兴企业的形成往往是受某一地区制度环境的驱动和技术权力的引导而逐渐形成的。企业的形成表现为制度权力和技术权力的萌芽。也正是在技术和制度的催化下，企业不能永远模仿别人的产品和服务，需要通过创新渡过形成时期的困难；企业不能永远处于价值链的低价值环节，需要试图通过制度重构寻找生存之路。鉴于企业拥有技术和传统先进企业的差距以及初期企业研发资金的有限性，这一阶段企业创新模式的选择以在现有产品基础上进行微小的渐进式创新为主，重构方式更侧重表现为拓展客户为表象的结构自主性的获取。这一阶段，与其他竞争对手相比，样本企业竞争优势的最明显特征是存活。经过如上过程，能够生存下来的企业积累了微弱的制度权力和技术权力。从全球价值链整体来看，此时企业处于价值链的低价值环节，无论是产品还是技术都是对行业先进企业的追随。

（2）第二阶段（1993~1998 年），最优接受阶段。经过形成阶段考验的企业在这一阶段开始将企业的关注点从生存转向发展。正是基于上一阶段企业在对客户的争夺和在研发中的加大投入所体现出的竞争优势的作用下，本阶段是企业发展初期，企业拥有一些客户资源进而掌握些许结构权力，企业进行简单创新从而获

---

① 非对称竞争优势是相对于对称竞争优势而言的，指企业采用与对手不同的竞争方式、竞争手段乃至竞争规则。——引自周君藏"华为：理想型企业的客观智慧"一文。

得少量技术权力。在前一阶段技术权力和创新带来竞争优势的正向推动下,企业对创新模式的认识更为深刻,特别是结合企业已经具有的技术权力进行的渐进式创新逐渐成为企业获取绩效和竞争优势的主要方式。这一阶段,企业竞争优势继续表现为关系优势的提升、效率优势的改善、市场份额优势的拓展及成本优势的实现。值得一提的是,在本阶段的后期,企业开始意识到突破式创新的重要作用。随着时间变化和技术的扩散,此时全球价值链中的先进企业不再是某一个,而是同时存在几个先进企业,先进企业是拥有权力的强者,它们仅依赖拥有的权力控制其他处于价值链低端环节的企业。从生产网络整体来看,样本企业在经受生存考验后,获得一些结构权力和技术权力,但行业的关键技术和重要客户关系仍然受控于先进企业。

(3)第三阶段(1999~2004年),渐进接受阶段。经过发展初期的初步积累,企业竞争目标从发展变为更好发展。得益于前一阶段成本优势、关系优势、效率优势及市场份额优势,企业在价值链中拥有的网络权力发生相应变化。关系优势强化企业的结构权力,成本优势和效率优势促进技术权力,市场份额优势则转化为认同权力,三种网络权力支撑着样本企业进入全速发展阶段。这一阶段,技术权力和渐进式创新继续扮演绩效和优势形成的重要因素,突破式创新的作用主要表现为帮助企业追赶行业中的先进企业。结构权力对企业获取更大结构自主性的作用也更加明显,认同权力形成的优势也逐渐开始在竞争中涌现。此时,结构权力的强化通过使样本企业拥有更大选择空间和更多选择决策,作用于竞争优势的过程较为明显。通过企业网络权力的持续积累、创新模式的适时发展及重构方式的初见端倪,样本企业在提供低成本高性能的产品或服务、超出竞争对手的市场份额的增长速度、灵活地适应快速变化的市场和比对手更快地做出反应等方面开始全面出击。从全球价值链整体来看,集权度进一步下降,行业中的先进企业依然占据着权力场域的中心位置,但是其对其他网络成员的支配力有所下降,已丧失"绝对领导权",只拥有"相对领导权"。这时先进企业作为权力中心只是他人优化的"标杆",其他成员企业的优化原则已不是完全的"拿来主义",而是"取其精华,去其糟粕"。

(4)第四阶段(2005~2009年),局部自治阶段。经过前一阶段企业开拓式的发展之后,本阶段企业竞争目标的范围进一步扩大,从如何更好发展转变为如何在全球竞争中更好发展。前一企业全速发展阶段,低成本高质量、市场份额增长速度、市场适应和反应速度方面的竞争优势,为企业继续积累结构权力、认同权力和技术权力。在以上所有竞争优势的基础上,企业涉及标准的制定,标志着企业着手在国际市场上构建制度权力。竞争范围的扩大要求企业拥有的结构权力水平随之增加,同时,在更大范围内提升企业的结构自主性,与之匹配的是在国际竞争中的优势取得。技术权力的持续累积,为企业创新奠定基础。值得重视的是，技术权力与突破式创新的结合有效改变企业在知识链中位置，并进一步体现为超越竞争对手的迅速的市场响应速度、操作流程的高效率及对客户需求的重视。从价值链的整体来看，这一阶段，处于支配地位的原有权力中心的集权度进一步下降。

（5）第五阶段（2010年至今），中心再造阶段。经历前面四个阶段的发展演化，作为处于价值链低端环节的企业，从无到有，从生存到发展，从发展到壮大，再到在国际电信设备制造行业占有一席之地，实现升级。企业在此阶段的竞争目标则是构建以自身为中心的全球价值链。这一阶段，企业网络权力得到空前集中，基于创新结果应用而强化的技术权力、基于云计算合作而获取的结构权力、基于标准制定和认证体系而增加的制度权力和基于信任而形成的认同权力共同推进企业向更高层次攀升。加之"开创式创新"的成熟，企业不仅在结构上获取更多自主性，开始撼动原有知识链。同时，制度权力控制下的新标准的制定和倡导也开始发挥作用。从价值链整体来看，这一阶段的发展趋势是行业内原有先进企业逐渐被超越，进阶企业开始替代原权力中心，形成以新先进企业为核心的治理模式。

第六节　本章小结

本章通过两个部分深入解析基于网络权力的价值链重构路径，首先在扎根模型的基础上结合已有文献研究结论，形成研究假设构建概念模型。对在模型中涉及的变量的测度量表进行归纳和筛选，基于量表设计问卷。通过对回收数据的效度和信度检验，相关分析、结构方程模型和多元回归分析等方法的统计和处理，检验了静态界面数据下变量间的直接作用关系、中介作用关系和调节作用关系，以及有中介的调节作用关系，得到基于网络权力价值链重构的一系列结论。此外，本章采用纵向案例分析的方法，以格力电器和吉利为研究对象，解析了随时间变化下基于网络权力的价值链重构路径。

具体而言，变量间直接作用检验结果显示，网络权力对重构方式的直接影响中 $H_{4.1.3}$ 不成立，认同权力对结构自主性直接影响不显著。$H_{4.2.1}$ 未获得检验结果支持，结构自主性与竞争优势没有直接效应关系。根据中介效应检验结果，$H_{4.3.1a}$ 获得支持，$H_{4.3.1b}$ 未获得支持，即结构自主性在结构权力影响竞争优势的过程中发挥完全中介作用。知识链重构中介作用检验的 $H_{4.3.2a}$ 获得检验支持，即知识链重构在技术权力影响竞争优势的过程中发挥完全中介作用。因此，$H_{4.3.2b}$ 未获得检验支持。由调节作用检验结果可知，渐进式创新的调节作用、有中介的调节作用均不显著，$H_{4.4.1}$、$H_{4.5.1}$ 均未得到检验支持。突破式创新的调节作用显著，$H_{4.4.2}$ 得到检验支持，即突破式创新在技术权力影响知识链重构的过程中具有显著的调节作用。同时，突破式创新的有中介的调节作用显著，$H_{4.5.2}$ 得到检验结果支持，突破式创新调节技术权力影响知识链重构过程进而影响企业竞争优势。

本章主要完成对在全球价值链中基于企业网络权力的重构路径分析。通过扎根式的多案例探索，结合已有研究结论，提出研究假设构建理论模型。通过对调研数据的分析，得到主要理论如下。

（1）网络权力是指包含结构权力、认同权力、制度权力和技术权力四个内在维度的多元性构念。重构方式是指包含结构自主性和知识链重构两个维度的结果性构念。竞争优势则是价值链重构的终极表现。

（2）网络权力对重构方式具有显著的直接影响作用。研究结果显示认同权力对结构自主性直接影响效应不显著，网络权力其他维度——结构权力、技术权力和制度权力对重构方式均具有显著的正向影响。研究结果说明网络权力中的结构权力、技术权力和制度权力是企业实现价值链重构的前置变量，是价值链重构的重要来源。

（3）创新模式中的突破式创新在技术权力影响知识链重构的过程中发挥了显著的调节效应。同时，在突破式创新与知识链重构共同作用下，其中有中介的调节作用显著。研究发现，突破式创新在技术权力影响知识链重构进而影响企业竞争优势的这一路径中，调解作用显著。研究结果深化了价值链重构的具体路径。

此外，将格力电器、吉利和华为按照关键事件和对应的竞争优势变化划分为多个阶段。考察每个时段网络权力、创新模式、重构方式和竞争优势的特征及影响。进而对比价值链重构不同过程，据此对每个阶段价值链重构路径进行归纳。最后，通过跨时段分析从动态视角归纳出基于网络权力的价值链重构的动态演化趋势，揭示了价值链低端环节的低网络权力拥有者，经历网络权力水平的提升结合创新模式的选择对价值链中关系进行变革，转变为价值链高端环节的高网络权力拥有者的具体过程。从权力视角解析了企业实现价值链重构的具体路径，以及此过程中创新发挥的作用。

综上所述，本章基于问卷调查获取数据解析网络权力对重构方式以及竞争优势静态影响的基础上，以典型的价值链重构成功的企业为例并展开纵向动态研究。从静态和动态两种视角验证了基于网络权力的价值链重构模型的有效性，同时，也进一步深化了模型的解释力，分析了基于网络权力的价值链重构的具体路径。

第五章　网络资源、权力重构和"锁定效应"突破关联机制

沉没成本、机会成本和转换成本共同决定企业被价值链锁定的深度，是价值链内部低端锁定现象和企业被网络"束缚"引发整体演进和衰亡现象的决定因素。其中，沉没成本和机会成本是企业为深化网络关系而付出的可见投入和潜在损失的累积，转换成本是网络成员在退出某一网络时付出的各种成本。"锁定效应"突破的静态结果表现为在价值链中具有竞争优势，竞争优势的结果表现为高效率、高品质产品和服务及市场敏捷性，竞争优势的成本表现为低沉没成本、机会成本和转换成本；企业"锁定效应"突破的动态过程其实质是以最低沉没成本、机会成本和转换成本实现企业产品升级、工艺升级、功能升级及链升级。

第一节　关联效应的系统动力学分析

一、系统动力学方法选择依据

美国麻省理工学院 Forrester（1961）提出系统动力学用以分析信息反馈系统，其核心系统观强调系统认识和解决问题。系统动力学通过解析构成系统内部的结构，探索信息和物质在系统中流动过程，特别是据此形成的反馈过程，进而以动态模型的形式识别和搭建系统。系统动力学方法是综合定性与定量方法进行综合推理，识别系统的运行过程，并对其进行模拟研究的研究方法。既以小型系统的形式解释社会经济中常见的问题，也用来分析研究社会、经济及生态等复杂大系统运行规律。

系统动力学建模是基于系统论指导下的解释系统演化的科学方法。它的思路是用通路的形式表征因素与因素之间的关系，因素之间的影响作用通过回路相互

作用，作用效果不断积累，同时伴随信息的传递、时间的延迟，最终以决策方式来观察和解析整个系统。具体而言，系统动力学在明确因素的基础上构建包含关键因素的结构模型，将系统的结构和框架构建为回路，使用因果关系图和流图描述构成系统的因素之间的逻辑关系，然后使用方程描述因素间的数量关系，最后用仿真软件动态模拟分析运行过程。此分析过程最初是基于定性分析识别构成系统的因素，进而找到各因素之间的作用逻辑和影响关系，最后定量地确定因素之间的数量关系，再把定量的数学模型转化成计算机程序，利用计算机进行最终仿真分析。

基于前面研究可知，"锁定效应"突破的静态表现为截止在某一时间节点时基于网络权力及其重构形成的企业竞争优势，然而"锁定效应"突破不仅具有结果属性，突破的过程性同样需要深入分析。"锁定效应"突破的动态过程其实质是以最低沉没成本、机会成本和转换成本实现产业升级，过程本身涉及多个因素，是一个复杂的动态反馈系统。运用系统动力学的方法，基于系统观识别产业升级规律是合适且可行的。产业升级作为一个系统整体，其内部所有企业的行为受系统结构和反馈过程的影响。此外，最重要的核心内容是产业升级系统受到内外部因素影响，这些因素的促进推动或抑制制约作用的发挥，共同实现产业升级系统的演化。总而言之，系统动力学作为以信息反馈为主要研究核心的方法，其主要逻辑思路为从微观因素入手，选定合理边界，分析系统整体，以结构构造为核心解析变量间关系，进而通过模拟仿真分析系统的运行过程。在其研究逻辑的支撑下，本章从网络资源和网络权力这两个影响产业升级的微观因素出发，构造以四种升级维度为组成单元的系统整体。对变量间因果关系进行梳理，解析系统运行过程，归纳产业升级演化规律，具体内容如下。

（1）产业升级并非独立存在而是以系统整体的形式存在。从网络资源、网络权力出发探索产业升级动态过程，首先需要明确系统的边界。将网络资源、网络权力的构成及影响因素进行逐一解析，依据影响因素的层级进行筛选，同时，关联其与产业升级之间的因果，进而分析因素联动作用下的动态演化过程。鉴于产业升级的复杂性和网络资源、网络权力因素的多样性，有必要从系统整体充分解析，从而避免简单线性分析带来的分析结果和结论的单薄性。

（2）网络资源、网络权力对产业升级的作用符合因果关系。产业升级系统涉及的因素很多且相互之间彼此作用，通过前文研究，网络资源是网络权力的前置影响变量，产业升级是网络权力的后置影响变量。同时，产业升级后又为新一层级网络资源提供平台。产业升级系统中涉及的所有因素形成若干因果关系环，其中既包括正向反馈，又包括负向反馈，这些正负反馈环在产业升级系统中同时存在相互作用。通过明确因素之间的因果作用机理，解析网络资源、网络权力与产业升级的因果关系。

（3）产业升级系统具有多回路特性。影响产业升级的因素众多，如何从中剥离出基于本书逻辑的影响因素并解析其因果关系是本章研究的关键。众多因素之间构成的正向和负向的反馈回路，不仅决定产业升级系统的结构，还对其中各主体的行为产生影响。本章探索网络资源、网络权力对产业升级的动态作用，最重要的环节就是从解析构成产业升级各反馈回路开始的。

二、系统描述和因素识别

由于产业升级涉及直接因素、间接因素等众多影响因素，并且其内质是一个高阶非线性复杂社会系统，所以在对这一复杂系统建模之前，不仅需要掌握相关基本理论和技术，还要明确定位其功能，需要对其功能进行描述，并对本书中产业升级系统涉及因素进行识别。

通过前面的研究可知，在全球价值链中企业网络权力的形成来源于网络资源的积累。网络资源是网络权力的影响因素，网络权力在产业升级过程中发挥重要的驱动作用。网络资源作为全球价值链中的基础性要素，其作用的发挥主要是沿网络权力形成过程向后传递，最终形成产业升级路径。将如上四种维度纳入产业升级系统中，需要将如上概念进一步量化以开展后续研究。具体操作如下：将这些变量转化为合适、可量化的变量进行衡量——产品升级的效果用新产品数量的增加表示；工艺升级的效果由生产效率的提升表示；功能升级的效果由企业在研发上的投入量表示；链升级的效果用企业在其他领域市场份额增加表示。即用新产品数量、生产效率、研发投入和其他领域市场份额这些可以量化的变量衡量难以量化的产品升级、工艺升级、功能升级和链升级因素，从而更好地连接产业升级的影响因素。需要注意的是，这些变量与其他影响因素一起作用于产业升级过程。

在全球价值链管理实践中存在一些令企业不解的现象，是由于前文静态结果分析解释尚不够充分。例如，有些企业的人才资源和组织结构较为相似，却在新产品研发和生产效率方面表现出明显差异，据此企业对其他企业的影响也不尽相同。在价值链中位置相似，有业务往来的上下游企业也基本相同，然而不同企业的影响力却有很大不同。在全球价值链中企业网络资源积累会影响网络权力的形成，网络权力的形成会影响产业升级的实现，已有研究证明如上结论。然而，网络资源如何影响网络权力的形成，网络权力怎样作用于产业升级，尤其是随着时间的变化，影响因素与结果之间的深层变化关系仍需进一步解析。由此本章研究在分析变量之间的因果关系基础上，解析随时间变化变量的动态演化过程。

产业升级系统是一个嵌入社会经济系统的复杂系统，其内部包括众多影响因素，同时其与外部环境之间发生交互作用。由于产业升级系统涉及的内外部因素众多，将所有因素纳入系统模式既不具有操作性又会冲淡本书的研究逻辑，因此，在保证研究效果充分性的前提下，确定和识别产业升级系统包含的内外部因素是开展后续研究的关键。研究需要在对影响产业升级的因素的识别和简化基础上，建立既符合研究需要又简化的系统模型。基于前文研究结果可知网络资源、网络权力是影响产业升级的前置性因素，产业升级具体表现为产品升级、工艺升级、功能升级和链升级。可知基于本书的研究逻辑网络资源和网络权力是产业升级系统中的关键影响因素。鉴于如上研究逻辑，从网络资源、网络权力出发构建产业升级的系统动力学模型，系统因素识别和确定有如下几个方面。第一，包含产品升级、工艺升级、功能升级、链升级这四种产业升级的具体结果表现因素，这四种表现也反映产业升级的不同类型和程度。第二，产业升级系统包含节点资源、关系资源、结构资源这三种层面的网络资源，反映资源的来源差异。第三，产业升级系统包括结构权力、技术权力、认同权力、制度权力四种网络权力，反映权力的具体属性。具体反映如上因素的指标则包括：新产品数量、企业生产效率、研发投入、新领域市场份额指标、技术人员人数、与企业有业务往来企业数量、企业总数量、网络权力各维度对产业升级各维度的影响系数等。综上可知，系统中因素识别和确定的实质是研究逻辑的梳理和研究范围的明确，基于这些因素及其相互作用关系形成的反馈回路，产业升级系统随时间演化，而对产业升级系统和组成因素的解析是建立系统模型的关键。因此，本章研究在深刻分析产业系统构成后，将产业升级整体系统初步划分为子系统，而后对每个子系统再进行细分。由于子系统之间存在关联性，采用逐层向上分析因果关系链和因果反馈回路，以更加清晰地反映产业升级整体系统关系。

三、建模原则和过程

1. 建模原则

产业升级系统是一个嵌入社会经济系统的复杂动态系统，系统由多个企业主体共同构成并以产业整体的现象呈现。产业升级虽然最终是以产业整体的变迁为标志，但具体升级过程仍然是由一个个企业主体的升级不断推进和最终实现的。此外，产业升级系统内部包括众多影响因素，同时系统还与外部环境之间发生交互作用，如何选定合适的因素确定研究范围是在建模过程中需要着重考虑的问题。要使得所建模型既能承担研究需要，又能尽量简化模型的基本构成。最后产业升级是"锁定效应"突破的动态反映，是现实亟待解决的重要管理实践问题。因此，在进行产业升级系统建模时需要考虑产业发展现实规律。基于如上分析本章研究产业升级系统建模过程遵循如下几点原则。

（1）从微观企业出发，集合宏观产业整体。在产业升级系统建模时首先从组成产业的个体——企业及其相关的微观因素出发，如新产品数量、企业生产效率、企业研发投入、新领域市场份额、企业拥有技术人员数量、有业务往来的企业数量等。同时，也要考虑系统中企业因素的集合效果即产业层面的宏观因素，如产业中企业总数量等。综上分析，在系统建模中此部分研究遵循由微观到宏观的基本原则，即从微观企业入手集合宏观产业整体。

（2）模型结构简化与研究效果保障。如前文所述产业升级是涉及多层面多因素的复杂系统。在建模过程中试图构建完善模型以追求与现实的高度契合性无可厚非，但在实际研究操作中会出现模型过于繁杂而无法实现或使研究核心不够明确的现象。产业升级的系统动力学模型会包括多个层级且每个层级都将形成非常庞大的系统分支。因此，在构建产业升级系统模型时遵循以下规则，即以产品升级、工艺升级、功能升级和链升级作为四个子系统，将现实中资源和权力因素抽象到模型中，并在不影响研究结果的前提下尽可能简化模型的结构。综上可知，无论是本书构建产业升级系统动力学模型，还是其他以系统动力学方法构念模型的研究，都并非为了追求对现实中构成系统的所有因素的一一呈现，而是以解决研究的核心问题为导向将影响产业升级的资源和权力因素凝练和选择后纳入系统中。

（3）与现实系统相匹配。虽然在系统建模过程中力求模型简化，但构建出的产业升级模型仍需要与现实情况相匹配，这样才能使模型能够解释现实具体情况，得到的结果具有现实意义。无论是构建模型的环节还是接下来进行的仿真环节，都是希望能够通过模拟的方式分析现实系统的运作过程，得出适用于现实状况的研究结论。由此可知，构建产业升级系统模型，因素的筛选、架构因果关系图、设计流图及数量关系的拟定等各个环节都需要注意模型与现实系统的匹配性。在简化系统构成的前提下力求模型构建能够贴近现实，使得模型和仿真结果更好地拟合现实系统。

2. 建模过程

系统动力学模型的构建过程有确定的一系列步骤，产业升级的系统动力学建模同样需要遵循此过程。第一，任何系统动力学建模之前都需要对研究对象进行调查研究，了解研究对象，明确系统边界。第二，在调查研究的基础上，梳理逻辑思路，选择模型因素，形成系统流图。第三，在系统流图的基础上完善因素间因果关系，依据因果关系设计方程并确定参数。第四，为保证模型对现实的解释程度，系统动力学模型构建完成后，还需考量模型与现实的拟合程度。将现实情况引入模型，运用模型进行仿真，在对仿真结果解析的基础上，归纳系统作用机理。

本章研究建模的基本逻辑如下：已有相关理论和调研分析是建模的起点，首先进行理论分析，在归纳产业升级已有研究成果技术上结合系统动力学理论，需要考虑的是本书的研究逻辑是否具有建模的可能性，进而明确建模的目的及构成系统的逻辑和框架结构。同时，结合调研分析，基于对产业升级的一手资料和二手资料的收集分析，尝试基于因果关系构建方程并确定参数，据此进行下一阶段的仿真。即在明确建模目的的基础上形成系统结构，确定参数建立方程，进行仿真模拟，依据仿真结果得出研究结论。

本章通过系统动力学建模和仿真对如下问题进行深入研究。

（1）首先梳理系统中因素之间的因果关系，为后续研究提供基础。梳理网络资源、网络权力与产业升级之间的因果关系及相互作用机理。产业升级是"锁定效应"突破的动态反映，在网络资源积累基础上的网络权力提升是打破"锁定效应"实现产业升级的一般路径。虽然已有研究显示网络资源、网络权力是产业升级的前置因素，但对网络资源、网络权力与产业升级的因果关系有待深入解析。节点资源、关系资源、结构资源和结构权力、认同权力、制度权力、技术权力与产品升级、工艺升级、功能升级和链升级之间存在何种因果关系回路需要开展进一步的深入研究。本章建立系统动力学模型过程中的因果关系图，有助于梳理网络资源、网络权力和产业升级之间的因果关系作用机理。

（2）探索随时间变化的网络资源、网络权力与产业升级的动态关联机制。应用系统动力学模型解析随时间变化的变量之间的演化过程。本章构建系统动力学模型，将变量研究置于时间轴中进行演化分析。探索不同类型的网络资源和网络权力，随时间演化对产业升级的作用过程。寻找三者关联机制，归纳节点资源、关系资源、结构资源和结构权力、认同权力、制度权力、技术权力与产品升级、工艺升级、功能升级和链升级之间动态演化规律。

（3）使用现实数据对具体产业进行仿真，基于仿真结果为策略制定提供理论依据。河北省装备制造业各企业长期处于全球价值链的低端环节，生产总量虽然很大，但生产成本较高，在全球价值链中的话语权较低。本章选取河北省装备制造产业为例应用其现实数据进行仿真模拟，验证产业升级系统动力学模型的有效性。同时，基于仿真结果为河北省钢铁产业内部企业实现在全球价值链中由低权力序阶向高权力序阶的攀升提供理论依据，进而提出突破"锁定效应"的升级策略。

四、子模块系统分析

（一）产品升级子系统

本章基于产业升级的四个核心维度，将系统整体划分为产品升级、工艺升级、功能升级和链升级四个子模块,以进一步探究不同层面的网络资源、不同类型的网络权力对产业升级四个子模块的动态影响。首先对产品升级子模块进行系统分析。

产品升级是指企业生产的新产品或者使得原产品更高级、更复杂、更完善。企业网络权力中的结构权力、技术权力和制度权力的提升均有助于企业生产新产品或升级原产品。第一,在全球价值链中的企业随着结构资源的积累,结构权力会有所提升。在价值链中企业的数量越多结构资源积累的基数就越大,结构资源积累效率和水平会有所提升,使得企业结构权力得以提高。第二,节点资源积累,特别是企业的研发人力资源的积累,有助于企业技术权力的提升。企业中的人才是其最重要的节点资源之一,也是形成技术权力的原始驱动力。企业内部的人才增长率的提升,是企业在创新研发方面的资源保障。作为嵌入全球价值链中的微观节点,企业凭借其节点资源水平的提高从而使其在技术方面的影响力有所提升。第三,在全球价值链中的企业随着其自身节点资源累积、关系资源的形成和结构资源的构建,企业的制度权力会有所提升。伴随企业人才增长率的提升,人才资源集聚效应逐渐凸显,企业在价值链中话语权逐渐改善。企业对于价值链中规则的显性和隐性的影响,表现为企业拥有的制度权力。同时,在价值链中与企业有业务往来的企业数量决定制度权力发挥的空间范围,有业务往来的企业数量越多,企业制度权力发挥空间越大。产业中的企业总和数量越大,则意味着企业制度权力潜在发挥范围得以拓展,其数量越大企业制度权力上升空间越大。综上分析,可得产品升级子系统因果关系,如图5.1所示。

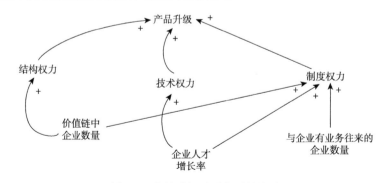

图 5.1　产品升级子系统因果关系

（二）工艺升级子系统

工艺升级是指在价值链中企业依靠新技术或新设备提高生产率、优化生产系统的过程。网络权力中的技术权力和制度权力提升均有助于企业生产效率提升和生产系统的优化。首先,在网络资源中企业节点的人力资源是技术权力形成的重要来源，节点资源积累，特别是企业的研发人力资源的积累有助于企业技术权力的提升。企业拥有的人才是其最重要的节点资源之一，也是形成技术权力的企业内容驱动力。人才增长率越高，意味着企业在创新研发方面的资源积累水平不断提升。作为嵌入全球价值链中的微观节点，企业凭借其内部资源水平的提高使得企业生产效率不断提升和生产系统得以优化，提高企业在技术方面的影响力。其次，在网络资源中企业层面节点资源中的人力资源、关系资源层面的企业间业务往来、结构资源层面的价值链中企业数量都是制度权力形成的来源。伴随企业人才增长率的提升，人才资源集聚效应逐渐凸显，企业在价值链中话语权随之提升。与企业有业务往来的企业数量的增加，意味着企业合作空间范围的扩展。同时，企业制度权力发挥空间也就随之扩大，制度权力实际效用发挥得以提升。此外，在价值链中企业数量反映未来企业制度权力发挥的潜在范围。如上，网络资源的增强都会提升企业在价值链中基于规则的显性和隐性的制度权力，进而外化为企业生产效率提升和生产系统的优化，最终表现为工艺升级。综合以上，可得工艺升级子系统因果关系，如图 5.2 所示。

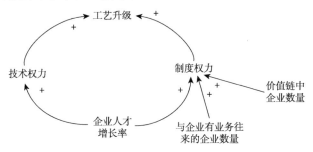

图 5.2   工艺升级子系统因果关系

（三）功能升级子系统

功能升级是指在全球价值链中企业通过重新组合经济活动，获取新功能，实现在价值链中占据高价值环节，从而提高经济活动回报率的过程。结构权力、技术权力、制度权力、认同权力，这四种网络权力的提升均有助于企业新功能以及较高回报率的获取，技术权力的提升是推动企业提高经济活动回报率、实现价值链跃迁的根本性动力。结构权力和认同权力的提升意味着企业在价值链中占据较重要的位置并且获取价值链中其他成员企业的认可。制度权力的提升说明企业在价值链中基于各种规则的影响力有所提升。同时，三个层面的网络资源在四种类型网络权力形成过程中发挥驱动作用。节点资源积累与技术权力和制度权力提升的关系、结构资源积累与结构权力提升的关系、关系资源积累与制度权力提升的关系，这几个方面在产品升级和工艺升级子系统中已经进行描述和分析。关系资源积累与认同权力提升之间的关系具体表现为与企业有业务关系的企业数量的增加，体现全球价值链中更多成员企业对本企业的认可，无论是基于合作经验还是声誉，源于认同的影响力得以提升，进而作用于企业的功能升级。综上分析，本章功能升级子系统因果关系，如图 5.3 所示。

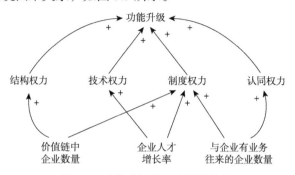

图 5.3　功能升级子系统因果关系

（四）链升级子系统

链升级是指在全球价值链中企业的业务转移至新产业，拓展全新领域。结构权力、技术权力、制度权力、认同权力，这四种网络权力的提升均有助于企业业务的全新拓展。结构权力和认同权力的提升意味着企业在所在价值链中位置愈加重要，并且由于资源积累得到价值链中其他成员企业的认可，是链升级的外部条件。技术权力的提升既说明其在当前价值链中技术的改善，又为其转化其他价值链提供可能，是链升级的基础性条件。制度权力的提升说明企业在价值链中基于规则的影响力有所提升，是企业实现价值链转换的制度准备。企业可以凭借在本价值链中积累的资源和权力向其他领域进行拓展。在全球价值链中企业数量越多、企业在网络中的非替代性程度越高、企业内部人力资源水平越高，意味着企业处于本价值链的高权力序阶，企业拥有的网络权力水平越高，企业在本价值链中的上升空间较小，加之本领域的资源和权力积累，企业更愿意转型全新领域。综上分析，可得链升级子系统因果关系，如图 5.4 所示。

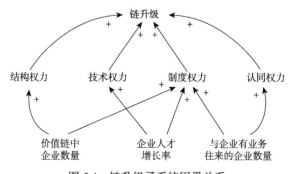

图 5.4　链升级子系统因果关系

五、关联效应的系统动力学建模

（一）因果关系分析

如上产业升级的四个子系统中的因果关系搭建起整个系统因果关系的主体框架。产业升级系统动力学模型整体的构建仍然基于"资源—权力—行为"的逻辑展开，对基于网络资源、网络权力的产业升级系统整体的动力学模型的因果关系进行归纳如下。

（1）在全球价值链中网络权力的结构权力、技术权力和制度权力维度的提升有助于产品升级的实现。结构资源积累的水平越高企业在全球价值链中的结构权力的影响越大，在本章中结构资源用价值链中企业数量量化。节点资源积累特别是企业内部创新型人力资源积累的水平越高，企业拥有的技术权力会随之提升，进而影响产品升级，本章中节点资源积累过程用企业人才增长率量化。关系资源、节点资源和结构资源都是制度权力提升的资源来源，进而作用于产品升级，本章中关系资源的形成用与企业有业务往来的企业数量量化。

（2）在全球价值链中网络权力的技术权力和制度权力的提升有助于工艺升级的实现。节点资源积累尤其是企业内部技术人才输入的水平越高，创新型人才为代表的人力资源转化为稀缺技术，企业在全球价值链中的技术权力的影响越大，意味着其在技术上拥有优势，工艺升级更易实现，在本章中节点资源用企业人才增长率量化。同理，关系资源、节点资源和结构资源都是制度权力提升的资源来源，关系资源和结构资源分别用与企业有业务往来的企业数量和价值链中企业数量量化。网络三个层面资源积累均可通过提升制度权力实现工艺升级。

（3）在全球价值链中企业网络权力的结构权力、知识权力、认同权力和制度权力的提升均有助于功能升级的实现。结构资源的积累，是价值链中企业结构权力和制度权力提升的结构性依据，结构资源积累越多，结构权力和制度权力影响力越大，有助于新功能效用的实现。节点资源的积累，尤其是创新型人力资本的积累，是价值链中企业技术权力和制度权力提升的动力性依据，也是功能升级的重要驱动。同时，关系资源的积累是价值链中企业制度权力和认同权力提升的纽带性依据，关系资源水平越高，企业的认同权力和制度权力的影响力越大。同上，在模型中结构资源、节点资源和关系资源分别用价值链中企业数量、企业人才增长率和与企业有业务往来的企业数量三个变量量化。

（4）在全球价值链中企业网络权力的结构权力、知识权力、认同权力和制度权力四维度的提升均会有助于实现链升级。结构资源的积累，是价值链中企业结构权力和制度权力提升的结构性依据，随着企业结构资源水平的提升，企业的结构权力和制度权力都随之提升，链升级更容易实现。节点资源的积累，尤其是创新型人力资本的积累,为价值链中企业网络权力的技术维度和制度维度的权力提升提供动力源泉。节点资源的资源累积通过网络权力的技术维度和制度维度将影响传递至链升级。同时,关系资源的积累是价值链中企业制度权力和认同权力提升的纽带性依据,关系资源水平越高,意味着企业与价值链中其他企业的合作广度和深度均有改善,企业的认同权力和制度权力就越大,在此基础上的链升级越容易实现。结构资源、节点资源和关系资源转化为可测量的变量,分别是价值链中企业数量、企业人才增长率和与企业有业务往来的企业数量。

（5）在价值链中企业总数受到生产成本和产业竞争力的影响。当产业处于发展周期的上升期,构成其整体的内部各企业竞争力持续提升,同时,为追求利润新企业势必争取嵌入价值链中,企业数量随之增加。与之相对应,如果企业竞争力变弱,表明产业处于衰退阶段,退出价值链的企业开始出现,企业数量随之减少。

（6）政策倾向是另一重要影响因素,本章用税率和税收转移代表政策倾向性。在管理实践中价值链中一个重要的参与主体是政府,在系统动力学模型中应考虑政策影响。当税率较低时会吸引新企业进入,价值链中企业数量随之增加。伴随企业数量逐渐达到要求甚至饱和,税率可随之增加,每个企业的收益及价值链整体的收益会随之不断提升后出现下降趋势。在上升阶段价值链中企业增加,收益相应增加,整体税收也相应提高。

综上所述,本章遵循"资源—权力—升级"的逻辑思路,以网络资源、网络权力和产业升级的核心因素为主要着力点,加之必要补充要素构建产业升级因果关系,如图5.5所示。

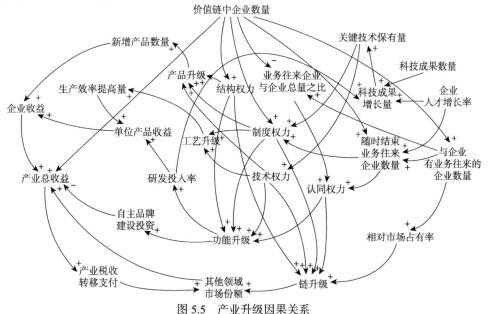

图 5.5 产业升级因果关系

（二）系统动力学流图构建

前文按照"资源—权力—升级"的逻辑展开研究，构建了包括四个方面产业升级的因果关系图，明确了所有因素的因果关系，形成包含所有因素的系统整体因果关系回路，进而用线连接变量与变量并表示变量之间正负作用。系统动力学流图是系统动力学模型进行定量分析的核心，构建产业升级系统动力学流图首先需在遵循相应的变量间因果关联关系的基础上，明确变量类型，循着因果关系图中的正负反馈回路进行构建。流图由积累、流率、物质流、信息流等符号构成，可直观形象地反映系统结构和动态特征。产业升级系统动力学流图是后续进行系统仿真的核心。

为解释在全球价值链中"锁定效应"的动态突破，本章引入升级概念，探索企业在价值链中向上攀升的动态过程，选用系统动力学方法，通过解析网络资源、网络权力与产业升级之间的因果关系，搭建因果关系图和系统动力学流图，并用Vensim工具进行仿真，产业升级系统动力学流图，如图 5.6 所示。

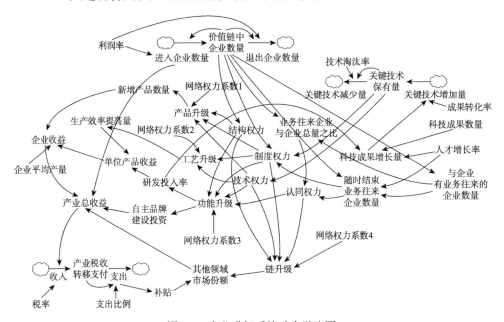

图 5.6　产业升级系统动力学流图

（三）系统动力学模型公式构建

系统动力学模型核心是基于变量的公式构建，其中基本构成单元——变量需根据具体要求和变量自身性质设定其类型。状态变量也称水平变量主要反映物质、能量、信息随时间的积累。本章中状态变量包括价值链中企业数量、产业税收转移支付、关键技术保有量。速率变量用来表示变量积累变化快慢，本章中速率变量包括进入价值链企业数量、退出价值链企业数量、税收收入、转移支出。辅助变量作为中间变量，用于表述信息传递和转换。本章中主要的辅助变量包括新增产品量、自主品牌建设投资、单位产品收益、产业总收益、市场占有率等。常量是在研究过程中变化较小或者相对不变的量，本章中设置的常量包括税率、企业平均产量和人才增长率，本章中涉及的部分变量及其具体内容说明如表5.1所示。

表5.1　系统动力学模型变量及其具体内容说明

变量名	变量说明
价值链中企业数量	表示价值链中企业数量总和
企业人才增长率	表示年度人才变化
进入企业数量	表示年度价值链中企业的增加量
退出企业数量	表示年度价值链中企业的减少量
税收	表示年度转移支付的增加量
支出	表示年度转移支付的减少量
与企业有业务往来的企业数量	表示价值链中与企业有业务往来的企业数量
政府税收转移支付	表示政策导向影响下对税收再分配
其他领域市场占有率	表示企业在其他领域产量占总量的百分比
科技成果增长量	表示企业创新性成果增加量
关键技术保有量	表示企业掌握的关键技术水平
可随时结束业务企业数量	表示在业务关系占据主导地位的企业数量
企业收益	表示每年企业收入
新增产品数量	表示每年推出的新产品数量
单位产品收入	表示出售单位产品的收入
税率	表示税收比例
支出比例	表示支出占转移支付的比例

在对本章涉及的变量类型及其含义进行确定的前提下，构建变量间的函数关系以表征变量间的关系。涉及的主要变量间函数关系表达式及其部分解释如下，另还包括部分变量初始值的设定。

在价值链中企业数量随时间的增长而增加，是一个存量，此研究中表示为进入价值链中的企业数量与退出的企业数量的差值，将演化初期的初始值设为5 000 家。

价值链中企业数量=INTEG（进入企业数量−退出企业数量=5 000）

在管理实践中如果某一行业利润率较低，意味着可供新企业获取的利润较少，那么其对新进入企业而言的吸引力较低，愿意进入的企业数量较少。在本章中假设当利润率为 0 时，没有新企业愿进入，即新增企业的数量为 0。随着利润率的增加，为了追求高利润新企业会逐渐进入，利润率越高新进入的企业数量越高。据此，结合本章中涉及的其他核心变量，假设当利润率大于 0 时，进入企业数量为在价值链中企业数量的 1/2 与利润率的乘积。

进入企业数量=IF THEN ELSE[利润率，0，0，（利润率×价值链中企业数量）/2]

同时，假设当利润率大于 0 时没有企业退出，当利润率继续下滑跌至负数时，部分企业会选择退出，但由于前期投入的无法收回的各种成本并非所有企业都会选择退出，本章中假设当利润率降至−50%时，即生产每单位产品企业会损失成本的一半时所有企业选择退出。退出企业的数量用利润率绝对值×2 与价值链中企业数量的乘积来表示。

退出企业数量=IF THEN ELSE［利润率，0，0，ABS（利润率）×2×价值链中企业数量］

产业总收入是产业中企业产出的总和。

产业总收入=单位产品营利×产业总产量+补贴×支持度

产业总产量=企业平均产量×产业中企业数量+新增产品量

产业税收转移支付=INTEG（收入−支出）

关键技术保有量是存量，是关键技术增加量和减少量之差，即关键技术保有量= INTEG（关键技术增加量−关键技术减少量）

关键技术增加量=科技成果增长量×转化率

关键技术减少量=关键技术保有量×技术淘汰率

科技成果增长量=科技成果数量×（人才增长率+研发投入率）/2

可随时结束业务往来企业数量=[（与企业有业务往来的企业数量/企业数量）+人才增长率]×与企业有业务往来的企业数量

在系统动力学模型中产品升级、工艺升级、功能升级和链升级的测量涉及不同网络权力对产业升级的影响系数，此系数的获得来源于前期研究中对网络权力影响产业升级模型的拟合结果（杨莉，2015）。同理，工艺升级、功能升级和链升级均可用量化表示。

产品升级=制度权力×0.85+结构权力×0.77+技术权力×0.76

六、关联效应的系统动力学仿真

如上研究首先对产业升级系统进行描述并识别需纳入系统的因素，然后从产业升级的四个子系统出发，分别进行子系统分析，整合形成产业升级整个系统因果关系图，阐释网络资源、网络权力与产业升级之间内部关联效应，明确变量类型完善系统动力学流图，以及变量间数量关系。基于如上构建的产业升级的系统动力学模型，本章选取河北装备制造业相关数据进行拟合。在产业升级中的动态关联效应表现明显，网络资源的整合、网络权力分配和发挥的不断变化与人才资源增长、技术淘汰率放缓及企业经营利润提升等发展趋势应运而生。究其原因，应该从深层次的人才资源引进、产业技术更新换代与企业价值链发展层级攀升着手。以系统动力学仿真设计为出发点，进一步深化"锁定效应"动态突破过程中的权力因素，探讨在管理实践具体产业中基于网络资源变化的权力重构与转型升级的动态关联效应。

装备制造业是工业经济的发动机，装备制造业水平是一个国家或地区工业经济发展的风向标，是推动工业转型升级的重要着力点。当前全国的装备制造业有三大核心区域，分别为长江三角洲地区、珠江三角洲地区和东北地区。河北省的装备制造业虽然与核心区域的发展水平和规模存在一定差距，但由于近年的发展和投入，发展势头良好且处于持续增长态势。加之装备制造业一直是河北省传统支柱型产业，本章选取河北省装备制造业作为系统动力学模型的仿真对象。仿真过程中部分数据来源于《装备制造业蓝皮书：中国装备制造业发展报告（2016）》、《中国统计年鉴》（2014~2016 年）、《河北经济年鉴》（2014~2016 年）。

（一）模型运行的基础数据

本章基于河北省装备制造业相关数据，运用 Vensim 软件构建系统动力学仿真模型，模型涉及的基础数据和系统初始设置如下：系统初始值 TIME=0~10（year），DT=1（year），以能收集到的可靠来源的装备制造业数据为基础。来自《装备制造业蓝皮书：中国装备制造业发展报告》（2016）数据显示我国 2015 年装备制造业总资产利润率为 0.85%，与制造业总资产利润率 7.28%相比，装备制造业资产利润率较低。装备制造业为综合门类较多的行业，主要包含八个大类。例如，与日常生活较为贴近的金属制品制造业、通用设备制造业、电器机械制造业及电子设备制造业；也包含其他工业或服务业领域的基础设备制造部门，如专用设备制造业、铁路和船舶等交通运输设备制造业及仪器仪表制造业等。在这些分属类别中，部分类别的装备制造业，如汽车制造业和电器机械及器材制造业，利润率较高，与其他大类进行平均后，装备制造业总资产利润率仅为 0.85%。2015 年河北省装备制造业规模以上企业实现利润总额 738.9 亿元，在全国排名中占据第 12 位。本章中河北省装备制造业利润率数据取全国平均值为 0.85%，即以 2015 年为模型拟合起始点，模型中利润率初始值为 0.85%。依据《河北经济年鉴》（2014~2016 年）计算可得，2015 年河北省装备制造业人才增长率为（547 901−539 745）/539 745=1.5%。2015 年河北省装备制造业 R&D 项目数为 3 535，据此本章系统仿真模型中将科技成果数量初始值设为 3 535。截至 2015 年底河北省装备制造业规模以上企业数量为 4 516 个，完成工业总产值 10 832.02 亿元，实现利润 651 亿元，销售产值 10 569.83 亿元，工业增加值 2 667.61 亿元。我国的装备制造业成果转化率为 10%左右，由此在本章系统模型中，根据行业平均数据,将成果转化率设置为 10%,技术淘汰率设置为 10%。根据国家相关规定,将税率设置为 16%。根据行业的一般财务指标,将支出率设置为 5%,并结合已有研究对网络资源维度与网络权力影响系数的关系研究,确定网络权力参数。

(二)产品升级系统仿真

1. 人才增长率的变化

基于河北省装备制造业的相关数据,仿真随时间推移在人才增长率变化条件下网络权力以及产品升级的变化过程。当人才增长率由设定的 1.5%初始参数变化为 15%时,系统的测试结果出现明显的上升趋势,且上升的幅度陡然增大。如图 5.7所示,talent1 与 talent2 两条曲线分别表示人才增长率为 1.5%与 15%时产品升级的变化过程。

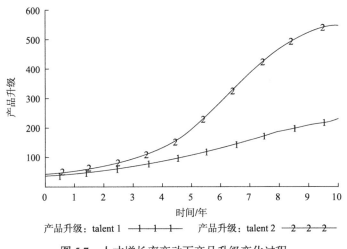

图 5.7 人才增长率变动下产品升级变化过程

由图 5.7 可知,当人才增长率从当前河北省装备制造业的 1.5%上升为 15%时,产品升级均呈现上升趋势,但上升速度存在差异。人才增长率越高,产品升级提升愈加明显。具体而言,在观察期前段不同人才增长率带来的产品升级提升相差不大,属于缓慢提升阶段;在观察期中段产品升级的提升开始出现较大差异,属于爆发提升阶段;在观察期后段产品升级增加趋缓,属于稳定提升阶段。这是由于从企业人力资源的积累到人才增长带来的技术创新和变革显现需要一个转化过程。技术权力的提升、结构权力的提升和制度权力的提升三重叠加使得产品升级的变化过程如下:随着时间推进,产品升级早期呈现积累态势后,中期出现一个井喷式的增长,最终趋于稳定。人才资源比率的提升作为网络资源中节点资源的关键要素，通过技术权力、结构权力和制度权力的累积效应作用于产品升级，是产品升级的驱动因素。

2. 利润率的变化

基于如上河北省装备制造业的相关数据，仿真随时间推移在利润率变化条件下网络权力以及产品升级的变化过程。首先设置利润率为 0.85%，之后将利润率调整为 8.5%，测试在不同利润率条件下，产品升级的变化过程。如图 5.8 所示，profit1 代表利润率为 0.85%时产品升级的变化过程，profit2 代表利润率为 8.5%时产品升级的变化过程。

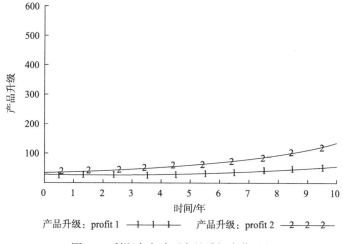

图 5.8　利润率变动下产品升级变化过程

由图 5.8 可知，当河北省装备制造业利润率维持于当前全国平均水平即 0.85% 时，利润率较低，如果不考虑其他因素驱动，随着时间演进产品升级过程迟缓。随着利润率的提升，当利润率为 8.5%时，说明产品技术含量增加，企业技术影响力随之增加。当整个行业利润率随之提升后，相对较高的利润水平会吸引更多企业进入，同时为企业结构权力创造提升空间。在结构权力和技术权力提升的基础上，企业在价值链中在显隐性规则方面开始显现优势。对比在两种不同利润率影响下，产品升级在仿真周期内的变化过程，仿真周期初期两者差异不大，在仿真周期结束时才有所区分，说明利润率长期维持于较低水平不利于产品升级的实现，而相对较高的产品利润率说明企业开始在产品创新上下功夫，对产品创新大力度的投入也使得产品换代周期及市场占有率不断升级，最终促进企业达成产品升级的目标。

3. 技术淘汰率

基于如上河北省装备制造业的相关数据，在仿真时间推移进程中改变技术淘汰率，并分析网络资源与网络权力的变化过程以及产品升级的相应变化趋势。本章设置技术淘汰率由 10%初始值向 15%转变，对在不同技术淘汰率环境下产品的升级过程进行记录，产品升级变化过程结果如图 5.9 所示，图中 technology1 代表技术淘汰率为 10%时产品升级的变化过程，technology2 代表技术淘汰率为 15%时产品升级的变化过程。

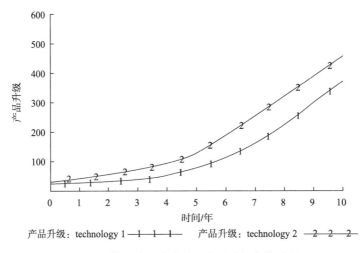

图 5.9　技术淘汰率变动下产品升级变化过程

由图 5.9 可知，当技术淘汰率分别为 10%和 15%时，仿真周期的前三个观察期，产品升级的差异并不明显，在仿真周期的中后期产品升级的差异逐渐凸显。技术淘汰率越高，表明行业中落后技术被更高效地淘汰，具有竞争力的新技术被更高程度地引入。企业的技术淘汰率越高，说明该企业在技术创新中投入更多的资源，进行有效的产品升级，相应地获得较高的创新产出效益，这也从另一个侧面体现在发展中企业对其核心技术的控制力强度。技术权力和制度权力提升，最终表现为产品更新的速度加快和更新数量的增加，产品升级效果在仿真周期末期较为显著。

综上所述，装备制造业作为河北省支柱产业之一，近年来不断向好发展的同时，也存在一些问题，如自主创新能力有待改善，经济效益水平有待提高，高精尖设备和技术依赖进口的现象仍然存在，这是其未来发展的制约因素。本章中探讨的人才增长率的提升是装备制造自主创新的原始驱动，利润率的增加是改变产业结构获取更高经济效益的过程表现，技术淘汰率的提升是打破技术依赖的重要途径，它们是影响产品升级实现的重要因素。

（三）工艺升级系统仿真

1. 人才增长率的变化

基于如上河北省装备制造业的相关数据，仿真随时间推移在人才增长率变化条件下网络权力以及工艺升级的变化过程。当人才增长率由设定的 1.5% 初始参数变化为 15% 时，系统的测试结果表明改变前后虽然波动幅度较小，但较高的人才增长率仍然促进了工艺升级进程。如图 5.10 所示，talent1 与 talent2 两条曲线分别表示人才增长率为 1.5% 与 15% 时，工艺升级的变化过程。

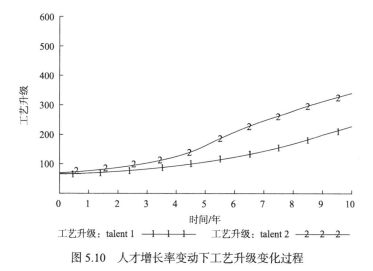

图 5.10　人才增长率变动下工艺升级变化过程

由图 5.10 可知，当人才增长率从当前河北省装备制造业的 1.5% 上升为 15% 时，工艺升级均呈现上升趋势。图中也反映当人才增长率越高时，工艺升级提升方面愈加明显。具体而言，人才增加的差异在观察期前段即开始显现，但程度较小，属于缓慢提升阶段；在观察期中段人才增长的差异带来的工艺升级实现结果开始出现较大差异，特别是在仿真周期内的第三年开始，提升效果明显，属于工艺升级演化的突破期；在仿真周期的后段工艺升级继续延续增加趋势，并且经过前期的积累不同人才增长带来的差异愈加凸显，属于效果凸显阶段。这是由于从企业节点资源的积累带来的技术创新和变革显现需要一个吸收转化过程，技术权力的提升和制度权力的提升双重叠加使得工艺升级的变化过程如下：随着时间演进，工艺升级早期在呈现积累后，中期出现一个爆发式的增长，最终效果愈加明显。人才资源比率的提升作为网络资源中节点资源的关键要素，通过技术权力和制度权力的累积效应作用于工艺升级，使得生产率得以提高和生产系统得以更新，人才增长率是产品升级的驱动因素。结合河北省装备制造业的整体发展环境，行业内高端人才资源的引进率依然较低。因此，企业工艺升级的实现需要考虑节点企业人才引进。行业工艺水平的整体提升，需要加强行业内高端人才资源的引进。

2. 利润率的变化

基于如上河北省装备制造业的相关数据，仿真随时间推移在利润率变化条件下网络权力以及工艺升级的变化过程。首先设置利润率为 0.85%，之后将利润率提高为 8.5%，测试不同利润率条件下，工艺升级的变化过程。变化过程结果如图 5.11 所示，图中曲线 profit1 代表利润率为 0.85%时工艺升级的变化过程，曲线 profit2 代表利润率为 8.5%时工艺升级的变化过程。

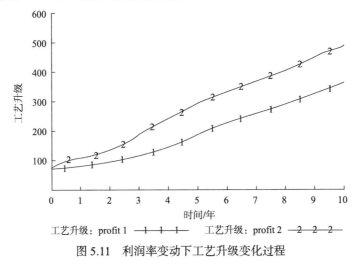

图 5.11　利润率变动下工艺升级变化过程

由图 5.11 可知,当河北省装备制造业利润率维持于当前全国平均水平即 0.85% 时利润率较低，如果不考虑其他因素驱动，随着时间演进工艺升级在长期反应为上升趋势。随着利润率的提升，当利润率达到 8.5%时，工艺升级效果明显。能够生产高利润率的产品说明企业技术权力得以提升，在与结构权力的共同作用下，生产系统得以更新。对比在两种不同利润率影响下，工艺升级在仿真周期内的变化过程，从仿真周期开始就存在明显差异，说明利润率长期维持于较低水平不利于工艺升级的实现，相对较高的利润率说明企业对生产系统进行优化，推动技术改进，使得生产效率得以提升，实现工艺升级。

3. 技术淘汰率

基于河北省装备制造业的相关数据，仿真随时间推移在技术淘汰率变化条件下网络权力以及工艺升级的变化过程。首先设置技术淘汰率为 10%，之后将技术淘汰率上升为 15%，测试在不同技术淘汰率条件下，工艺升级的变化过程。变化过程结果如图 5.12 所示，曲线 technology1 代表技术淘汰率为 10%时工艺升级的变化过程, 曲线 technology2 代表技术淘汰率为 15%时工艺升级的变化过程。

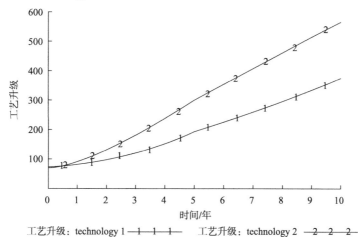

工艺升级: technology 1 —1—1—1—   工艺升级: technology 2 —2——2——2—

图 5.12 技术淘汰率变动下工艺升级变化过程

由图 5.12 可知当技术淘汰率分别为 10%和 15%时, 随着时间推进, 仿真周期中后期产品升级的差异逐渐凸显。技术淘汰率越高, 表明行业中落后技术被更高效地淘汰, 具有竞争力的新技术被逐渐引入。由于新设备或新技术的使用, 生产流程得以改进, 生产效率得以提升。

（四）功能升级系统仿真

1. 人才增长率的变化

基于河北省装备制造业的相关数据, 仿真随时间推移在人才增长率变化条件下网络权力以及功能升级的变化过程。将人才增长率由初始值 1.5%, 上升为 15%, 系统的测试结果如图 5.13 所示。其中, 曲线 talent1 表示人才增长率初始值 1.5%, 曲线 talent2 表示人才增长率为 15%。

由图 5.13 可知,当人才增长率从当前河北省装备制造业的 1.5%上升为 15%时, 功能升级整体变化呈上升趋势。人才增长率越高, 功能升级提升效果越明显, 但与产品升级和工艺升级相比, 功能升级的实现在时间上显现的较晚。具体而言, 在观察期前段和中段不同人才增长率带来的功能升级提升相差不大, 并且维持低速提升; 在观察期后段功能升级的效果开始凸显, 较前期和中期提升速度加快。这是由于从企业人力资源的积累到人才增长带来的技术创新和变革效果显现需要一个过程, 尤其是向高附加值环节的攀升, 需要较长时间的积累才能实现。具体过程如下: 随着人才增长率提升, 人力资源的知识贡献不断得以积累, 企业对核心技术的掌控能力不断加强, 即企业技术权力不断提高, 并开始尝试基于网络中

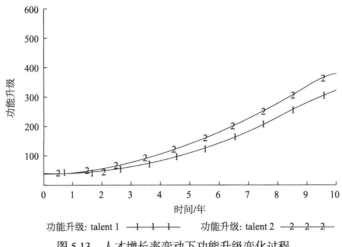

图 5.13 人才增长率变动下功能升级变化过程

结构位置影响和控制价值链的关键信息,据此提升结构权力。通过企业知识更新和价值创新,获取在价值链中其他企业的认可并开始尝试限制或鼓励其他成员,实现更大的市场占有,逐渐建设自主品牌,提升认同权力的同时构建制度权力。在网络权力全面提升的前提下,实现向价值链高价值环节的攀升,最终表现为功能升级。

河北省装备制造业高端人才较为稀缺,人才增长率水平较低。短期内不同人才增长率的提升对权力获取和功能升级影响结果并不突出,在观察周期的末期效果才逐渐显现,可见人才增长作用的凸显需要较长时间的积累。人才增长是装备制造业功能升级的影响因素。

2. 利润率的变化

基于河北省装备制造业的相关数据,仿真随时间推移在利润率变化条件下网络权力和功能升级的变化过程。首先设置利润率为 0.85%,之后将利润率提升到 8.5%,测试在不同利润率条件下,功能升级的变化过程。变化过程结果如图 5.14 所示,图中曲线 profit1 代表利润率为 0.85%时功能升级的变化过程,曲线 profit2 代表利润率为 8.5%时功能升级的变化过程。

由图 5.14 可知,当河北省装备制造业利润率维持于当前全国平均水平即 0.85%,此时利润率较低,如果不考虑其他因素驱动,随着时间推进功能升级在长期反应为上升趋势但上升过程趋缓,且最终升级效果不明显。随着利润率的提升,当利润率达到 8.5%时,相对较高的利润水平会吸引更多企业进入,为企业结构权力创造提升空间。同时,利润率的提升反映产品技术含量增加,体现技术权力的增长同时带来认同权力的改善。在结构权力、技术权力和认同权力提升的基础上,企业在价值链中在显性规则和隐性规则方面的制度权力开始显现优势。对比在两

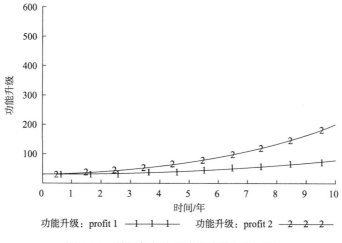

图 5.14　利润率变动下功能升级变化过程

种不同利润率影响下功能升级在仿真周期内的变化过程，利润率长期维持较低的水平，功能升级较难实现。相对较高的产品利润率说明企业重新组合已有经济活动，专注于向高附加值环节攀升，最终反映为功能升级。

3. 技术淘汰率

基于河北省装备制造业的相关数据，仿真随时间推移在技术淘汰率变化条件下网络权力和功能升级的变化过程。首先设置技术淘汰率为 10%，之后将技术淘汰率上升为 15%，测试在不同技术淘汰率条件下，功能升级的变化过程。变化过程结果如图 5.15 所示，图中曲线 technology1 代表技术淘汰率为 10%时功能升级的变化过程，曲线 technology2 代表技术淘汰率为 15%时功能升级的变化过程。

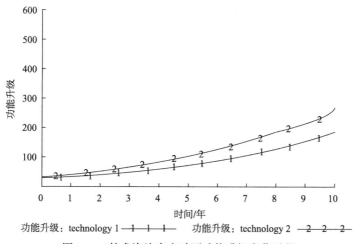

图 5.15　技术淘汰率变动下功能升级变化过程

由图 5.15 可知当技术淘汰率分别为 10%和 15%时，仿真周期初期技术淘汰率变化对功能升级作用并不明显。随着时间推移，差异逐渐显现，特别是在仿真周期的中后期功能升级的差异更加明显。技术淘汰率越高，表明行业中落后技术被更高效地淘汰，具有竞争力的新技术被更高程度地引入。伴随科技成果增长量逐渐增加，在仿真周期内技术权力提升，网络中与企业有业务往来的企业数量增加，认同权力和结构权力随之提升，企业在价值链中在显隐性规则方面的制度权力开始显现优势。功能升级在仿真周期后期初步实现。较高的技术淘汰率，说明企业的技术创新投入和产出水平较高，据此获取新功能，并且实现附加值提升，功能升级效果在仿真周期末期较为显著。

综上所述，本章中探讨的人才增长率的提升是装备制造实现新功能的主要来源，利润率的增加是改变产业结构获取更高经济效益和新功能的过程表现，技术淘汰率的提升是附加值提升的结果表现，它们都是影响功能升级实现的重要因素。

（五）链升级系统仿真

1. 人才增长率的变化

基于河北省装备制造业的相关数据，仿真随时间推移在人才增长率变化条件下网络权力和链升级的变化过程。将人才增长率由初始值 1.5%，提高为 15%，系统的测试结果如图 5.16 所示。其中，曲线 talent1 表示人才增长率为 1.5%，曲线 talent2 表示人才增长率为 15%。

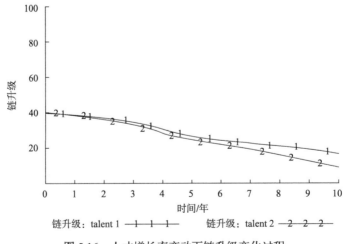

图 5.16　人才增长率变动下链升级变化过程

由图 5.16 可知,当人才增长率从当前河北省装备制造业的 1.5%上升为 15%时,链升级的趋势都不明显,且随着时间的演化,链升级呈现小范围的下降趋势。链升级是指将视角转移到新产业，把已有能力运用到全新领域产品生产中。对比本章前面研究结果，伴随人才增长率的提高，产品升级、工艺升级和功能升级在仿真周期内得以实现，尤其在仿真周期内末期升级效果表现更加明显。实现链升级，即在其他领域获取市场份额，仅依靠引进本领域的高端人才是远远不够的，甚至会出现相反的效用。结合河北省装备制造业的现状，十年的仿真周期，对于其实现链升级而言，周期仍显较短，需要在更长时间范围内结合其他条件的共同作用，链升级才可能实现。

2. 利润率的变化

基于河北省装备制造业的相关数据，仿真随时间推移在利润率变化条件下网络权力以及链升级的变化过程。首先设置利润率为 0.85%，之后将利润率提高为 8.5%，测试在不同利润率条件下，链升级的变化过程。变化过程结果如图 5.17 所示，图中曲线 profit1 代表利润率为 0.85%时链升级的变化过程，曲线 profit2 代表利润率为 8.5%时链升级的变化过程。

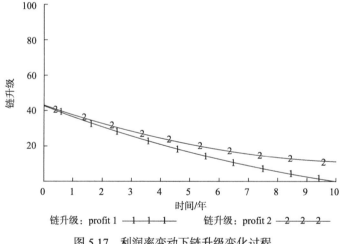

图 5.17 利润率变动下链升级变化过程

由图 5.17 可知，当河北省装备制造业利润率维持于当前全国平均水平即 0.85%时利润率较低，如果不考虑其他因素驱动，随着时间演进链升级在仿真周期内表现为下降趋势，随着利润率的提升，链升级的下降趋势趋缓。较低的利润率的持续说明在本领域内产品竞争优势尚且不足，以此为基础很难在全新领域实现链升级。即便在利润率有所提升的前提下，经由网络权力的积累，短期内升级的实现仍存在较大困难，只有将周期持续延长才有实现链升级的可能。

3. 技术淘汰率

基于河北省装备制造业的相关数据，仿真随时间推移在技术淘汰率变化条件下网络权力以及链升级的变化过程。首先设置技术淘汰率为10%,之后将技术淘汰率上升为15%,测试不同技术淘汰率条件下,链升级的变化过程。变化过程结果如图5.18所示,图中曲线technology1代表技术淘汰率为10%时链升级的变化过程,曲线technology2代表技术淘汰率为15%时链升级的变化过程。

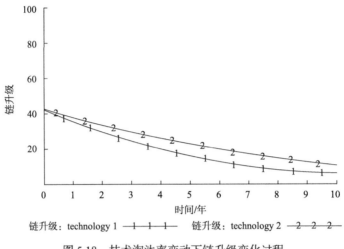

图5.18   技术淘汰率变动下链升级变化过程

由图5.18可知当技术淘汰率分别为10%和15%时,仿真周期内链升级很难实现,且呈现下降趋势。技术淘汰率越高,表明行业中落后技术被更高效地淘汰,具有竞争力的新技术被更高程度地引入,较高的技术淘汰率,说明企业在本领域的技术创新投入和产出水平较高,短期内技术淘汰率很难转化为全新领域的竞争优势。通过系统仿真发现,在仿真周期末期链升级曲线的下降趋势有所放缓,说明技术淘汰率经过长时间的积累,结合其他因素的作用,实现链升级还是具有希望的。研究结果显示,短期内人才增长率、利润率和技术淘汰率对链升级的作用不明显,甚至是反向作用,链升级的实现还需经历较长时间的长期积累才有可能实现。

第二节　关联效应的纵向案例分析

一、海尔集团发展历程阶段分析

海尔集团(以下简称海尔)是在互联网和物联网技术兴起的时代背景下第一批创立的国际物联网生态品牌之一。它们不仅作为制造企业生产产品,更作为服务企业着力于为全球范围的顾客提供创造美好生活的整体解决方案。海尔创立于 1984 年 12 月 26 日，创始人、董事局主席兼 CEO 张瑞敏先生以其独到而精准的市场分析力、超前而坚定的经营理念指引海尔的发展，使海尔在五个阶段的发展与蜕变之后，从一个濒临破产集体小厂的初期状态，一跃成为生态型企业的领军者。海尔于 2017 年以全球营业额超出 2 400 亿元、利税总额超过 300 亿元的佳绩受世界瞩目。据官网数据报道，海尔在全球范围内开展企业建设，目前已有 10 大研发中心、100 余生产工厂、接近 70 家国际营销中心及 24 个大型工业园。

海尔旗下发展了诸多领域的子品牌，如智能家电领域的海尔、卡萨帝、统帅，物联网服务领域的日日顺，以及文化创意品牌海尔兄弟，等等。在物联网技术日益走入日常生活的潮流驱动下，海尔再次扩展其服务领域，开展智能定制，构建"食联生态、衣联生态、住居生态、互娱生态"的智能发展战略，及时捕捉市场变化，满足客户需求。

除了保持创新的活力，海尔也一直坚守发展原则，坚持以人的价值作为发展核心旋律。跨行业、跨文化的输出与复制，与其时代性、普适性的特点是离不开的，西方传统经典管理模式因其首创的物联网时代人单合一模式而颠覆。哈佛等许多著名的世界一流商学院把该模式应用于教学案例中，著名经济学家哈特对于海尔的经营模式给予高度评价，哈默等管理学界代表人物认为，海尔模式将成为下一个值得全球企业学习的社会模式。相较于制造业科技及管理领先的德国与美国，海尔基于人单合一提出的规模化定制方案 COSMOPlat 更为领先，这一方案因其优势地位成为新的国际标准。海尔自主品牌与其创立的经营模式在物联网技术的加持下正在以一个引领者的姿态面向全球。

名牌创立、多元发展、走向国际、立足全球是海尔从 1984 年创业以来依据企业发展的不同核心归纳的四个发展阶段。此外，在 2012 年底，海尔提出第五个发展阶段——网络化战略阶段。本章对每个阶段的网络资源、网络权力和产业升级进行分析，尝试解释实际情境中变量之间存在的关联。

1. 名牌创立阶段：1984~1991 年

一把用来砸醒员工质量意识的大锤已被中国国家博物馆正式收藏为文物，它就是张瑞敏带头让员工砸毁 76 台不合格冰箱用的大锤，原因是接到了用户反映冰箱质量有问题的来信。改革开放伊始，家电市场对于家电产品需求很大，很多企业纷纷引进国外先进的生产技术和设备，努力提高企业的生产规模来满足市场需求。在市场扩张阶段，诸多企业的关注点更多地放在产量的提升，而非质量的保证。海尔在这一弊病的克服上投入大量心血，也承担着巨大压力。海尔坚持要干就干到第一的信条，对产品质量进行全面的严格把控。因此，海尔凭借质量优势赢得供大于需时的家电市场。同时，海尔专注于冰箱生产，以其高品质赢得市场信赖，在企业的管理上也形成在各个方面的可移植发展模式。

2. 多元化发展阶段：1991~1998 年

在这一阶段，企业兼并重组正是国内企业面临的大环境，海尔在此趋势下提出"海尔文化激活休克鱼"的创新性思路。在这一思路指引下，海尔陆续兼并近二十家企业，为海尔市场发展赢得更大的机遇和优势地位。尽管兼并重组潮流给国内家电市场带来不小的改变，但海尔凭借其一贯的品质及星级服务体系，仍然在国内市场稳步发展。

海尔的创新基石——OEC 管理法是在这一阶段开始实行的，就是每人每天对每件事进行全方位的控制和清理。1998 年，海尔创始人张瑞敏作为首位受哈佛邀请的中国企业家，参与"海尔文化激活休克鱼"的研讨会，足见海尔在经营模式方面的创见性。

3. 国际化发展阶段：1998~2005 年

20 世纪 90 年代末，中国加入世界贸易组织，国家鼓励企业走出去。许多企业纷纷响应国家号召，但是走出去之后又面临发展的困境，只好重新回来继续做品牌。海尔没有盲目从众，而是清晰地认识到，扩大国际市场的目的并非简单地创造利润，而是更多地利用国际优势创立自主品牌。所以在"走出去"的政策号召下，海尔制定自己的发展战略。此次海尔"特立独行"，采用"先易后难"的思路，将国际市场发展大致分为三个阶段：首先凭借高品质产品打开国际市场，实现"走出去"，其次与当地生产工厂实行战略合作及本土化发展，真正"走进去"，最后逐步进入高品质国际化品牌扩展阶段，在国际市场"走上去"。产品销售以需求量较大、品质要求严格的发达国家入手，再进入发展中国家，创立本土化营销模式，将产品设计、产品生产及产品营销结合，发挥本土化优势。

该阶段，海尔重点着手于业务流程再造的实现，以订单为"拉力"，以信息流拉动物流、资金流运转，在计算机信息系统的支持下实现"市场链"管理。此项管理方法很好地将用户需求与员工价值结合在一起，将员工服务优化，同时加快企业内部信息流动。海尔在美国的总部——位于美国纽约曼哈顿百老汇大街的海尔大厦，成为纽约的标志性建筑之一。

4. 全球化发展阶段：2005~2012 年

在互联网时代的背景下，碎片化是企业营销模式逐渐呈现出来的特点，传统企业对用户需求关注有限，主要以库存方式应对市场变化，但库存可以解决需求"量"的变化，而无法应对"质"的改变，用户的个性化需求仍然是市场痛点。在此趋势下，企业逐渐开始关注用户需求，以用户需求推动生产。随着物联网及互联网技术的应用，全球化和国家化趋势又促使企业充分利用自身资源实现国际化需求的满足。但"国际化"与"全球化"强调的重点不同，前者注重国际顶尖品牌创立，后者则强调在全球资源整合基础上品牌的本土化发展。

在此时期，海尔在互联网时代的背景下，采取"人单合一双赢"商业模式来创造更大的国际市场。20 世纪初，顶级管理大师加里默及迈克尔波特在与海尔创始人张瑞敏先生的交流中对其商业模式大加赞赏，认为该自主经营体实践具有很高的管理水准，且在经营理念上具有超前性。

5. 网络化战略发展阶段：2012~2019 年

以网络化为基础的新经济模式的运营，是互联网时代的显著特点之一，传统的经济发展模式被颠覆，网络化是市场和企业迫切需求的。企业无边界、管理无领导、供应链无尺度是海尔网络化发展战略的内容，具体来看就是大规模定制、按需设计、按需制造、按需配送。

张瑞敏对海尔的经营与发展，对现代管理艺术与实践做出了突出的贡献。因此，2012 年 12 月 17 日，欧洲最负盛名的商学院之一——瑞士洛桑 IMD 商学院邀请张瑞敏先生参加交流会议，并鉴于张瑞敏先生对现代管理艺术与实践做出突出的贡献颁发了"IMD 管理思想领袖奖"。

二、海尔集团关联机制纵向案例演化分析

1. 名牌创立阶段：1984~1991 年

从 1984 年到 1991 年，是海尔发展的第一阶段。在这一阶段中，海尔抓住改革开放的新机遇，实行全面质量管理模式，始终坚持和奉行做到最好和产品高质量的信条。通过引进技术，树立企业文化，以过硬的产品质量，在消费者心中迅速树立良好的形象，使得海尔产品的市场占有率不断提高。不仅将一个濒临倒闭的集体小厂挽救回来，还为"海尔品牌"在全球打下坚实的基础。

1）网络资源：注重节点资源的积累

海尔的名牌战略发展阶段正处于中国改革开放刚起步的时期，卖方主导的市场、较低的经济发展水平决定产品的质量和性能最为消费者所关注。海尔通过著名的"砸冰箱事件"，来唤醒员工的质量意识，通过铿锵有力的事实让员工理解质量的重要性，深化"要么不干，要干就干第一""精细化、零缺陷""质量至上"等意识，并开始树立全面质量管理思想。在这一过程中，人力资源的规模在扩大，主要体现在唤醒员工的质量意识，保证后期过硬的产品质量，同时，强调企业的管理制度，以职工管理为主，增强员工的纪律意识，优化管理结构。

高质量不仅需要员工意识的提高，还需要高科技的保障，海尔决定引进国外先进的生产技术，寻求高科技的支撑。最终，德国利勃海尔集团的技术资料得到

采用,相比其他 29 个国外厂家,该公司在技术和设备方面更加优异。国外的先进技术和优质设备为海尔提供优质的物质资源。这些优质的技术、装备和原材料为制造出名牌冰箱提供了强大助力。

海尔的技术创新水平的提升主要体现在两个方面:一方面是观念层面的创新;另一方面是技术层面的创新。20 世纪 80 年代很多行业的产品还是分级销售,产品根据质量分为不同等级,出售以不同的价格,所以普遍的观点就是产品只要制造出来就是可以卖的。在质量上留有后路,就使得很多员工产品质量意识缺乏。海尔通过"砸冰箱"事件,砸醒全体员工,让他们对产品质量问题有新的认知,使他们生产责任心迅速增强。这种观念层面的创新也增强了海尔的竞争力。

综上所述,在名牌战略发展阶段,海尔通过技术引进,实现产品质量保证,并通过二次创新,将其转化为自身独特资源,这一阶段注重的是节点资源的积累。

2)网络权力:技术权力的形成和制度权力的初显

为了实施"名牌战略",贯彻"品质至上"的策略,海尔用了七年的时间(1984~1991 年),专心于冰箱一种产品的生产,打下坚实的生产基础,并开始专业化生产。当 1988 年万宝冰箱年产 100 万台,赚取巨额利润的时候,海尔不为巨额利润的诱惑所动,坚持年产 10 万台,在面临亏损,甚至背负债务的情况下仍然保证产品质量,打造高质量品牌,走高质量的长远化之路。同时,为保证高质量的产品,海尔在选择生产线的过程中搜集、比较大量数据,主要有 30 个国外厂家的相关资料。重金采购德国领先制造企业利勃海尔集团的相关技术及生产设备,建立海尔的第一条四星级冰箱生产线,同时,这也是当时亚洲的第一条冰箱制造先进产线。随后,海尔委派技术人员到德国利勃海尔集团进行技术学习,最后经过海尔的创新形成自己的新型生产技术,通过二次创新,转化为自己的(技术)标准。通过模仿到创新,直至自身技术和标准的形成,是海尔技术权力形成的标志性表现。

海尔坚持的高品质之路显示出它的巨大优势,海尔冰箱的高质量体现在它出场一次开箱合格率达到 100%。1989 年由于冰箱整体销量急转直下,诸多品牌纷纷以降价促销的方式尽可能地减少企业损失。海尔冰箱的价格不降反提,并且以年产值 3.2 亿元,利税 4 400 万元的高品质赢得市场。海尔于 1991 年被消费者评选为"中国十大驰名商标",是家电企业中的唯一品牌,成为整个行业的领跑者。因为拥有专业素养的员工以及先进的技术和生产线,海尔实现品牌的第一次腾飞,质量至上的观念和全质量管理模式也对当时的家电生产制造行业起到一定的积极影响,对后期家电制造行业的发展起一定的导向作用。技术标准的制定,虽最初应用于企业内部,但伴随其对产品质量的保证,在行业中导向作用愈发凸显。海尔主导行业的意识初步显现,在行业监督和管理方面逐渐建立一定的影响力,使其初步具备制度权力。

综上所述，在名牌战略发展阶段，海尔的网络权力主要表现为技术权力的形成和制度权力的初显。

3）产业升级：产品升级和工艺升级的实现

在 1984~1991 年实施名牌发展战略，区别于其他企业上产量，海尔扑下身子抓质量。只做冰箱一个产品，将冰箱做到国内第一，通过抓质量，突出企业的差异性优势。当时，海尔引进德国利勃海尔集团的冰箱生产线，但是海尔不是单纯的引进一种产品或是技术，而是引进一个标准体系。在这个阶段，海尔坚持高标准的品质标准化战略，逐步将引进的国际先进技术内化为企业自身的生产标准。经过对产品质量的严格把关，继 1985 年以高质量、高技术赢得广大消费者信任的"琴岛—利渤海尔"投放市场之后，1987 年，海尔在消费者联合推举最受欢迎冰箱品牌时夺得桂冠。此后两年时间在原材料价格大幅波动、众多冰箱生产商停产倒闭的情况下，海尔冰箱的销量仍然稳步增长。海尔电冰箱在 1991 年一跃成为中国电冰箱史上的第一，被美国 UL 认证，向欧美国家出口，实现 7.24 亿元的年收入，利润 3 118 万元。

海尔从一个濒临破产的小厂发展到有能力制造出消费者都认可的高质量的冰箱，很大程度取决于在改革开放初期，海尔通过引进国外先进技术，走高起点，高嫁接，创名牌的道路。通过占领技术高地，生产出更高级的产品，用先进的技术和较高的质量开创名牌，占领市场。在产品生产环节充分运用先进技术，严格把控原材料消耗等生产成本，提升设备及员工的生产效率。该阶段可视作是海尔经过一系列的努力初步实现产品升级和工艺升级。

2. 多元化发展阶段：1991~1998 年

20 世纪 90 年代，海尔集中实施多元化发展战略。在高品质冰箱生产的基础上，海尔开始在新兴的白色家电和黑色家电领域拓展业务。实现"你只要有一套房子，海尔就能提供给你成套的电器"。实施 OEC 管理模式，在国内率先推出星级服务体系，发挥海尔企业文化的优势，激活"休克鱼"实行多元化发展，兼并多家企业。由于 20 世纪 90 年代中国市场潜力很大，发展前景良好，海尔抓住该机遇在国内持续并购，不断壮大自己，扩张经营范围，从单一电冰箱品牌向着多品牌、系列化发展，按照与电冰箱的密切关系，分不同等级向外扩展，海尔立志逐步壮大，进入行业前列。1992 年开始单一产品的品质经营战略转向多元化发展的战略转型之路。1995 年并购红星洗衣公司，1997 年并购安徽黄山电子，紧接着以秋风扫落叶之势迅速兼并贵州风华电冰箱、莱阳电熨斗厂、广东德顺洗衣机厂等企业。整个 20 世纪 90 年代的并购使海尔在家电生产、数码产品制造、无线通信、房地产开发、物流及供应链优化、金融等诸多行业开展企业活动。最终，由单一电冰箱品牌升级为系列化、多元化、综合性知名品牌。

1）网络资源：节点资源的利用以及关系资源的建立

自 20 世纪 90 年代伊始，海尔开始正式实施系列化品牌发展战略，由冰箱向其他家电行业发展。1991 年，海尔进入洗衣机等为代表的白色家电领域，先后兼并青岛空调器厂和电冷柜总厂，继而通过合资、合作、兼并等各种方式进入冰柜、空调生产领域；1997 年，海尔生产的数字彩电将海尔由白色家电领域推向黑色家电领域；1998 年，米色家电领域的电脑行业也有了海尔的身影。同时，海尔利用几乎涉及全部家电行业的便利条件还积极创新，与国际上的知名大公司合作，积极引进国外的先进技术和优质生产设备，大力开发个性化的产品。例如，设计出瘦长型电冰箱以满足家庭空间较小的用户的需求；开发适合农村电压不稳也能使用的冰箱，以及夏天满足人们洗衣量较小时也方便使用的"小小神童"洗衣机等一系列个性化的新产品。

通过多元化发展方式实现企业的扩张，实现扩大集团的规模，利用在市场中的有利条件，积极创新，继续紧跟市场需求创造出个性化产品的做法，以最短的时间实现了把海尔的企业规模做大做强的目的。企业的规模壮大，随之而来的就是企业在整个生产网络中掌握的人力、物力资源增加，技术创新水平提高。这一系列的发展都可视作是海尔对其拥有的节点资源的充分利用。

海尔并没有故步自封，单独经营。1994 年海尔就开始与世界其他地区的企业形成合作关系，与日本著名家电生产商三菱建立合资企业，向日本生产、出口新型机型。20 世纪末，海尔开始在海外建设生产工厂。首先将厂址建于需求市场广阔的印度尼西亚，这是海尔海外经营之路的开端。同年，海尔牌的冰箱、冷气机、洗衣机开始出现在菲律宾的市场上，它们是由海尔与菲律宾电子公司 LKG 成立的合资企业生产的。海尔还于 1997 年在贝尔格莱德生产冷气机，与南斯拉夫的合资企业标志着海尔打开了欧洲市场。

这一系列在海外投资建厂的经历表明当时的海尔由于在国内市场成长迅速，发展势态良好，以其高质量的产品获得一定的美誉度，打响自己的品牌，从而吸引外资，获得了一定的外部资源，从而能够从单纯的引入国外的先进技术发展到了招商引资，能够在海外建立合资企业并销售给当地，进而扩大自己的市场，该现象可视作是海尔的关系资源的建立。

2）网络权力：技术权力和制度权力改善，结构权力显现，认同权力涌现

海尔经过七年的专业管理，在管理、品牌、销售、服务等方面形成了主导的企业能力。海尔坚持严格的质量把控，实行全方位优化管理，并以用户体验为中心对产品进行不断的升级更新，逐步形成高效管理、品质生产的特征。以这些能力为基础，海尔从 1992 年开始实施多元化经营。在具备一定的企业管理经验和专业经理人之后，就以吃掉"休克鱼"的方式进行扩张，所谓休克鱼就是那些硬件设备很好，但是由于管理不善而导致破产的企业。1991 年，青岛电冰箱总厂将青

岛电冰柜厂和青岛空调器厂收购，成立海尔，任命张瑞敏为总裁，并由集团总部分派他们的分厂"领头羊"，在一定的资金投入基础上开始采用总部的统一管理模式对企业进行整改。此前，海尔的企业能力平台已经处于国内领头羊的位置，所以通常只需要由少量的经理接管公司，将这一套有效的企业经营管理制度或"惯例"植入被收购企业中。同时，要想这些落后企业转型，达到脱胎换骨式的改造，进而实现质的飞跃，转移部分需要海尔的资深员工亲身传授默会知识，而激活"休克鱼"方法的精华正在于此。

海尔通过强化管理来降低成本、分散风险，进而获取营利机会，并利用其独创的经营管理模式和企业文化顺利地打通集团多元化的扩张之路。将管理制度和企业文化融入兼并的企业中，带动这些企业重新焕发生机，激活这些"休克鱼"，表明了在该阶段，海尔所拥有的技术权力有很大的增强。

为实现集团多元化目标，青岛海尔主要采用内部发展、合作战略联盟和外部兼并三种策略。由于海尔在家居设备的制作工艺上已经有相当丰富的累积经验，且利用冰箱销售获得的资源来营销家居设备，同时该行业具有综合性的技术特征，因此在进军家居设备行业时，海尔选择内部发展的模式。同时，由于合作企业在小家电、彩电等行业具有资源优势，海尔通过合资合作的方式正好利用这一点，弥补在资源方面的不足，又可以避免由于初入新行业带来的激烈竞争，因此在进入小家电、彩电等行业时，海尔采用的是合作战略联盟的方式。另外，由于海尔利用其自身品牌和已有的管理资源，借助行业地位，将空调、冰柜等行业的技术和生产注入本企业中，缩小自身资源存在的差距，所以，在进军空调、冰柜、洗衣机、微波炉等行业时采取的是外部兼并的方法。

依托企业能力基础和对企业的影响的不同，需要根据企业自身的情况对三种策略进行选择。海尔能够较准确地自我定位，根据自身的优势和不足选择对自己最有利的方式对并购企业进行有效整合，体现了海尔在与其他企业的合作中制定规则的能力增加，侧面体现了海尔的制度权力的增强。

在经济全球化的大环境下，中国的经济获得飞速发展，国民的生活水平和质量大大地提高，消费者的消费水平和能力也有所提升。不同于过去对品牌功能的重视，现如今，消费者对品牌的需求更加关注品牌的服务。为此，海尔进行深入的市场调研。调研结果显示，仅强调产品的功能已不能再吸引顾客，所以海尔转而将与顾客的情感纽带建立作为主线，确立海尔的服务提升战略。在 20 世纪 90 年代，海尔以"真诚永恒"的品牌理念，成为第一个在全国范围内实施无搬动服务的企业。1995 年，海尔采取"星级服务"策略，真心实意地服务于消费者，根据顾客的需求，及时调整产品设计、生产及销售策略，响应消费者对家电产品的新诉求。海尔在星级服务战略实施过程中，逐步建立覆盖全国的完善服务体系，以保障其服务水平。20 世纪末，海尔在原有"三位一体"的基础上，结合消费者需求与市场环境变化，提出"五位一体"战略。海尔之所以能够成为中国最优秀的家电企业之一，要得益于海尔对用户体验的高度重视。星级服务战略也进一步促进海尔品牌形象的建立，成为国内家电行业在产品质量与服务提升上的标杆之一。也是凭借着海尔这样卓越的表现，其市场网络规模日益扩大和完善，这也使得很多利益相关者，如政府、供应商等的地位有所提升，当时的海尔已经可以以较市场价更低的价格来获得土地使用权，海关也为其进出口提供特殊便利条件。

由此看来，海尔凭借其"服务为上"的品牌策略，实现品牌的差异化，提升品牌竞争力，海尔凭借着优异的灵活性与敏捷性，能够轻松顺应市场变化，满足市场需求。因此，海尔的品牌实力逐步增强，市场占有份额大幅提升。由于企业实力增加，也令很多相关的机构和企业纷纷为其提供便利条件，企业所拥有的结构权力慢慢凸显出来。

1997 年 2 月，海尔产品在莱茵河畔大受欢迎，引起一股海尔潮。同年，世界家电博览会在德国科隆成功举办，海尔受邀参加并在此博览会颁发产品经销证书，这一消息不仅标志着中国人在国际市场上扬眉吐气，对于海尔更是具有里程碑的意义，预示着海尔品牌已经开始进军国际市场。1999 年，海尔总裁张瑞敏被英国《金融时报》评选为"全球第二十六位最受尊敬的企业家"。同时，海外市场逐渐扩大，欧洲、中东、美国，海尔先后入驻，越来越多的海外经销商看中海尔的潜力，加入其营销网络中。海尔的发展速度极其迅速，处于世界家电业的榜首，在做大的同时，实现做强的目标，对此，美国《家电》周刊给予高度评价。同时，海尔成为英国《金融时报》评选出的"亚太地区第七位最具信誉的企业"。

这一系列的成果及在国际上获得的高度好评都表明海尔产品已经获得国内国际消费者的认可，并借其美誉度吸引很多企业开始认可海尔的产品，认同其经营管理模式，并纷纷与海尔建立合作关系，加入海尔的营销网络之中，说明海尔在该阶段已经涌现出一定的认同权力。

3）产业升级：工艺升级结合功能升级的实现

"第一是质量，第二是质量，第三还是质量"是海尔在打开国际市场时始终坚持的战略，海尔扩张规模，将产品推向国际非常注重的就是建立企业标准体系，将用户需求转化为企业标准，通过坚持企业标准提升竞争力。同时，在生产过程管理中大量采用国际先进标准，很早就通过 ISO 9001 认证、ISO 14001 环保认证，其他产品也先后通过认证。海尔还花费高价在世界各地设置信息中心，通过这些遍布全球的信息收集中心获得各地在产品质量要求及绿色标准等相关标准的最新讯息，及时调整企业的生产制造计划。

在这个阶段中，海尔的关注点不仅在于产品质量，更关注企业在市场竞争中优势地位的提升与维护。海尔在产品及技术标准的采取上始终处于国际先进水平，这也进一步促进海尔产品在国际市场中的赞誉度提升。海尔产品的新一轮工艺升级来源于对先进标准的不懈追求。

1995 年 12 月，联合国环境规划署《关于消耗臭氧层物质的蒙特利尔议定书》缔约方第七次会议在奥地利维也纳成功举行，在此会议上，海尔是亚洲唯一参会的企业。作为代表，受大会邀请展示最新研究成果：超节能无污染 BCD-268 冰箱。这一成果在现场受到了联合国环境规划署、世界银行、欧洲绿色组织及各国要员的热烈掌声和高度赞誉。"要反复审视并不断否定自己的过去，才能在竞争如此激烈的市场上立于不败之地"，这是海尔的科研人员始终坚信的理念。1998 年 1 月，"海尔科化工程塑料国家工程研究中心股份有限公司"成功成立，该公司是由海尔与中国科学院合资建立，主要涉猎塑料技术和新产品的开发。截至 1998 年，海尔已经位于中国企业专利榜的榜首，平均每天研发一款新产品，每个工作日申请1.8 项专利。

这表明，海尔开始进入知识产业，并拥有专业的技术研发基地和一定数量的技术研发团队，其自主研发能力得到很大的提升，在国际上的崭露头角也促进海尔品牌的第二次腾飞，在国际上的品牌知名度大大提高，为企业的功能升级打下良好基础。

3. 国际化发展阶段：1998~2005 年

21 世纪，中国加入世界贸易组织成为国内市场向国际市场转变的重大契机。在国家鼓励出口的政策推动下，海尔积极制定海外发展战略，以"三步走"战略作为企业发展的指南，逐步创立自主品牌，实现从发达国家到发展中国家、本土化发展、国际品牌建立的跨越式发展。

1999 年 4 月，海尔为落实其本土化经营战略，陆续在美国南卡罗来纳州建立产品设计中心、生产厂及销售中心。不到两年时间，海尔便在巴基斯坦建立第二个海外工业园，这一举措使海尔的营业额增长八百亿元，直白地昭示着海尔国际化战略的成功进行。随后，海尔在法国打开电脑销售市场，并在中东建立工业园。海尔总裁张瑞敏先生在访谈时讲到，海尔的下一个目标即是建立全球品牌，开启全球化品牌建立征程。

1）网络资源：节点资源驱动，关系资源形成

海尔投入大量人力、物力及财力提升其技术水平，以保证国外市场开拓进程的顺利推进。海尔在短短数年内通过了美国的 UL、欧盟 CE、德国 VDE 和 GS 等 48 个国家、15 个种类的国际品牌认证。此外，海尔通过诸多发达国家的相关市场认证。在此基础上，海尔设计研发与上市时间大大缩短。通过迈兹等国际企业的技术合作，海尔在资源整合、技术提升方面的能力得到进一步提升，其技术能力在市场竞争中也占据优势地位。20 世纪 90 年代以来，海尔的多种家电产品陆续通过各级国家质量认证和 ISO 14001 环境体系认证，进一步扩大其产品的海

外市场拓展。

实现"三位一体"的第一步后，海尔开始实施第二步，即开拓巴基斯坦等发展中国家，以进一步推进其本土化发展战略，且在巩固阶段，海尔通过"三融一创"战略提升品牌美誉度，从品质与口碑方面稳定已开拓的国际市场。

这一过程中，海尔投入巨大的财力、人力及物力这些节点资源与前两阶段形成的节点资源共同发挥作用，驱动技术水平的提升，使其在短短数年之间就陆续通过各个发达国家的国际认证，并相应带来在欧美国家市场上的成功，与迈兹等国际企业建立的技术联盟也利于海尔对可得资源进行整合，形成高效的关系资源，不断稳固其市场地位。

2）网络权力：技术权力的巩固，结构权力和认同权力的加强

20世纪80年代，企业技术发展并不能响应市场需求，在资源限制前提下，海尔通过对市场的深入分析选择了德国利勃海尔集团建立合作伙伴关系。在外派学习和先进技术研讨等诸多学习途径下，海尔员工的整体素质提升迅速，且冰箱制造的核心技术不断升级，企业资源配置得到进一步优化。随后，海尔在与行业内先进企业（如日本三菱等）的技术联盟建立的过程中，不断提升企业的技术水平。

海尔的战略联盟方式主要有两种：纵向联盟与横向联盟。所谓纵向联盟即与其上游供应商建立战略伙伴关系。例如，海尔与全球最大的电机供应商艾默生合作，保证电机质量，并且艾默生也参与一些创新产品的设计。纵向联盟有助于实现市场资源的交换与整合，促成"双赢"。例如，海尔与日本三洋电机株式会社共同建立"三洋海尔株式会社"，优势互补，相互学习技术，共同发展市场。

除主要战略联盟之外，海尔也在与其他企业的技术合作中逐步加强其技术权力、结构权力与认同权力。例如，在为开拓市场向德国企业外派技术人员参与培训的过程中，海尔逐步掌握先进技术，并且潜移默化地输出其企业组织与文化，增强企业知识与结构的行业认同感。战略联盟转向国际合作战略联盟的过程，也使与其他企业的纵向与横向合作中的结构权力和认同权利得到进一步加强。

3）产业升级：产品升级和工艺升级持续，功能升级加强

20世纪90年代末，网络资源的作用初现端倪，海尔紧跟环境变化，在技术学习交流的基础上开始对网络资源的整合，基于建构建立新的战略联盟。这样的战略联盟不仅在于技术层面的提升，更可以强强联合，防止强劲对手对已有市场的冲击，降低经营风险，分摊开发费用。技术输出型联盟也能够有效地适应本土环境，克服国际贸易的诸多壁垒，保证跨国投资的回报率。例如，海尔在1996年成立的控股企业——海尔·沙保罗有限公司，即典型的技术输出型企业联盟。2002年与欧倍德共同建立的"瓯海项目"，利用欧倍德公司在欧洲市场中的物流竞争优势，是典型的网络竞争优势建构。

资源流通速度不断提升，市场需求也在不断变化，计算机信息系统在任何一

个企业中都是不可或缺的。海尔建立计算机信息系统，并以订单信息为轴，用信息流带动物流与资金流，促进企业的自动化建设，实现业务流程升级再造。这样的"市场链"驱动方式不仅更快速地响应市场需求，还提升企业内部信息的交流效率，促进企业价值取向与市场价值取向趋同。

经过国内外市场的精心布局与战略规划，海尔在步步为营的发展中逐步提升了自身的技术实力，为后续发展奠定了坚实的资本实力，网络资源也得到了有效整合。同时，对各自网络资源的整合运用，继续为实现产品升级和工艺升级提供支撑。海尔通过"市场链"的方式来管理企业，这一管理创新实现了业务流程再造，使企业进一步实现功能升级。

4. 全球化发展阶段：2005~2012 年

企业要想进军国际市场，对品牌的选择至关重要。因此，首先需要决定是否利用品牌以及采用何种品牌打开国际市场。海尔在建立之初就意识到创牌的重要性。集团总裁张瑞敏对此尤其关注并强调，没有独创国际品牌的海尔，只能永远充当代工生产的角色。因此，为避免成为代工工厂，1998 年，海尔在进入国有化战略发展阶段之初，就决定走独创品牌的道路。海尔的独创品牌受到越来越多外国消费者的喜爱，其品牌在众多国家和产品中也得以使用，这使得海尔的知名度获得显著提升。身处激烈竞争的环境之下，海尔对其品牌的保护意识很强，为避免域名抢注，对其相关的名称品牌进行及时的注册。

拼音"Haier"是海尔为进军国际市场而采用的品牌名称，使其巧妙地与英语单词"Higher"的发音相似，不仅充分诠释海尔对其品牌的追求，还体现海尔对其产品的高品质要求。同时，还表明海尔正在为寻求更高价值和更好服务的理念而努力。海尔品牌的 logo 是两个天真可爱的兄弟，这一形象不但迅速吸引消费者的注意，而且易于辨别和接受，为"Haier"品牌走向世界奠定品牌形象基础。

1）网络资源：节点资源和关系资源深度强化，结构资源拓展

媒体既是品牌提升的平台也是品牌提升的助推器，其可以让消费者对品牌的含义和作用进行进一步的了解。为使品牌在国际品牌中有一席之地，海尔做了很多努力，在品牌推广上也下了大功夫，投入也很大。为打开欧美市场，海尔对其广告投放的位置进行了精挑细选，并且将其广告的设置与其他国际领先的家电品牌的宣传广告并驾齐驱。此外，还尝试提出颇具特色的宣传口号，如"Haier and Higher"。除了对广告牌的投放位置进行优化，对广告渠道也进行完善，通过电视投放大量的海尔广告，使其频繁地出现在消费者视野中，甚至在公交站等公众场所，海尔的广告语也屡见不鲜。海尔的生产领域非常多元化，涉及家用电器和通信等诸多主导行业。但是海尔在开拓各个地区的国际市场时，仍然以家用电器作为着力点。截至 2012 年，海尔在近两万多个家用电器产品均有涉足。海尔在进入

各个国家的市场时选择的都是最具竞争力的产品。例如，在打开印度尼西亚、德国和美国市场时，冰箱成为打开其市场的首选产品。在进军巴基斯坦、伊朗和突尼斯市场时，洗衣机是其首选产品。当首选产品在其开拓的国际市场上获得一定的知名度及赞誉后，才会扩展到海尔的其他产品，使其上市产品系列化和差异化，以满足不同的消费者需求。在拓展海外市场的过程中，海尔的节点资源得到更大范围的加强，并经常与产品销售市场中的其他主体实现互动。一方面新的关系资源不断形成，另一方面原始的关系资源进一步深化，同时海尔也面向全球进行结构资源的整合。

2）网络权力：技术权力强化和结构权力明显

对于海尔而言，为了达到持续满足消费者需求的目标，创新是其在市场中保持强大竞争力的利器。除了通过创新不断强化源于其企业内部的技术权力，在这个阶段，持续创新同时也在推动企业品牌和声誉的提升。

在经济全球化背景下，参与全球市场的激烈竞争，企业必须强化其创新能力，加快创新步伐，才能不惧与大公司进行竞争，并在一定程度上突出本公司的优势，获得竞争地位。海尔的技术人员在贸易公司总裁创新点的启发下，在短短不到七个小时开发出迈克冷柜，这也是海尔凭借创新获得全新产品市场的一个证明。该双面开放式冰箱在外观和功能设计上具有独特的风格，也因此获得全球专利合作条约发明设计的专利。尽管如此，与通用电气和惠尔浦这样的国际家用电器公司相比，中国企业在技术水平、资本规模或综合水平方面仍有许多改进空间。伴随其发展过程，海尔越来越清晰地认识到要想在与强有力的竞争对手争夺市场时获得优势，就必须从自身优势方面寻找突破。为了与企业优势更好地结合，海尔针对市场的具体情况匹配自身的优势和特色。在进行创新的过程中，将消费者的需求考虑在内，只有以此方式生产的产品才会有市场。例如，在设计和生产相关的台式电脑桌、冰箱时，就要考虑到使用的主体大多数是美国学生。设计和生产"复古式冰箱"和"个人洗衣房"，就是为了迎合日本未婚女青年的需求。在为欧美家庭设计和生产酒柜时，还必须考虑空间因素。中东地区的家庭大多成员较多，因此他们在选择冰箱和洗衣机此类家电时，会更加偏向大容量的款式，基于此海尔向中东地区市场投放的家电都在容量上进行了扩展。

除了基于企业自身力量组织创新提升技术权力的同时，海尔还积极寻求合作创新拓展企业的技术范围。两种方式配合下，海尔产品的技术含量稳步提升。采用该方式使得海尔在国际竞争中有一席之地，更进一步提高产品在市场中的占有率。为进一步满足消费者的需求，海尔认识到产品本土化的重要性。本土化策略为缓解产品进军国际市场时遭遇的困难提供解决思路。抵触心理、人员短缺和绿色壁垒是开拓国际市场中首先要面临和解决的问题，妥善处理好这些问题才能真正使企业和产品在国外市场立足。为了应对这些问题，海尔在进入美国市场时，尝试采用三位一体的产品本土化策略。即在研发、生产和销售三个环节，均考虑当地因素，尊重当地文化，结合当地特征。把产品的研发、生产和销售都设置在美国本土，来应对企业进入国际市场初期的各种问题。将产品研发功能的实现部门设在洛杉矶，将产品的生产制造设定在南卡罗来纳州，将营销中心设置在纽约。在这样一系列的设置后，海尔通过调研消费者需求产生订单，以需求为核心首先在洛杉矶进行产品研发，将包含消费者最新需求的产品设计传递给南卡罗来纳州的制造工厂，很快这些产品就会及时到达消费者触手可及的终端。从本土市场寻找需求缺口，随即组织生产，不仅有效解决美国对于直接从其他国家进口产品时，必须要面对的贸易壁垒问题，还极大地缓解消费者的抵触心理，增强海尔在海外市场的竞争能力。除此以外，海尔积极在"融合"上下功夫。在融合当地人才基础上实现智力融合，将融合当地资金及融合当地文化相结合。这使得海尔进入国外市场初期的人员短缺和消费者产品心理距离的问题都得以缓解。此外，海尔还尝试将这些问题转化为优势，如为了解决消费者可能产生的抵触心理，海尔对消费者进行无间隙长时期的调查。基于调查信息的解析，一方面解决产品存在心理距离的问题，另一方面逐渐培养消费者黏性。消费者从初期的接纳产品逐渐演化为认同产品，再到依赖产品，海尔不仅成功地解决进入一个全新国际市场时面临的重重困难，叩开美国市场的大门，同时也印证了其国际化战略的有效性。

海尔的创新增强其在国际市场上的竞争力，这些由于创新产生出的新产品成为海尔的竞争优势，同时海尔同其他世界知名公司合作进行研发，提高自身的技术含量，技术权力进一步强化。海尔在进行"三位一体"策略时，它的设计公司向生产公司提供研究成果，海尔与全球各地的销售中心联系更加密切，在这个过程中，海尔结构权力愈加明显。

3）产业升级：全面实现功能升级

互联网的飞速发展，要求企业必须创新自身的销售策略。只有将传统方式进行创新和改变，将其变为"即需即供"的新型方式，才能实现企业的长期蓬勃发展。海尔准确且坚定地把握住身处互联网时代的机遇，将全球的资源整合在一起并加以完善，同时，加大对研究和开发的资金支持，投入更多的人力物力，一步步实现将海尔打造成全球化品牌的目标。"人单合一双赢"模式的出现，就是对其最好的验证。2006年，海尔电信将目光投向印度市场，并举办相关手机产品新品的发布会，代表着公司面向海外发展战略的重要一步。2006年11月，英特尔公司联手海尔，实现海尔走向世界的关键一步。2007年7月，中国首批企业国家重点实验室之一的数字化家电国家重点实验室在海尔建成，这对于海尔来说有着非同一般的意义。2008年，海尔的品牌地位不断上升，影响力持续扩大，尤其是受到很多同行业的企业和单位的大力支持及肯定，使海尔家电吸引了全世界的目光。2009年，海尔持续保持良好发展，被中共中央宣传部确立为重点报道的核心之一，原因即海尔不断地促进绿色发展、履行社会责任和为人民服务等。2010年初,海尔与惠普集团达成合作意向,将目标共同指向农村市场,为了能够继续保持产品的高质量和服务的高效化,并由此签订合作协议。2010年12月,海尔成为全世界白色家电领域模块化企业的发起者。2011年底,据欧睿国际数据显示,海尔生产的家电以及相关产品,如冰箱、酒柜等所占市场份额一直处于领先地位,更加难能可贵的是,海尔的市场份额连续三年保持第一的位置。2012年,对于海尔意义非凡,随着海尔亚洲总部和研发中心在日本成功落成,海尔五大研发中心体系也正式形成。

在这一阶段,处在这样特殊时期,在承受互联网的发展所带来的诸多影响的同时,海尔及时做出反应。应对变化的同时,瞄准互联网时代带来的机遇,在互联网推动下整合全球化资源。同时,以建立国家重点实验室为依托加大研发力度,面向全球不断前进。向价值链的高附加值部分的不断拓进,最终实现功能与服务的全面升级。

5. 网络化战略发展阶段:2012~2019年

2012年底,海尔在青岛举行主题发布会,旨在纪念海尔创业28周年暨第五个发展阶段战略主题交流。张瑞敏回顾了海尔从初创到当下的一系列历程,并且以互联网这一时代背景,阐述顺应时代要求,关联时代特征的新时代对企业的要求。总结出会议主题——网络化战略的同时,探讨企业当下成功的重要背景因素,即第五个发展阶段战略主题。其中,人单合一运作模式是海尔网络化发展战略的基础。在该模式中,强调企业员工和用户的一致性。也就是说企业员工在不断地为用户创造价值的过程中,也是对自身价值的实现。同时,这种双赢的模式是在互联网背景下对客户需求和员工诉求的高度统一。集团总裁张瑞敏也强调,在应对互联网带来的新机遇和挑战时,人单合一模式必须稳步推进,坚决做好。该模式不仅反映海尔网络化战略的要求,还是战略发挥实效的基本保障。企业要想成为一个开放的平台,就必须大胆探索,打破边界,以用户的需求为驱动力。同时,企业也需保持和用户需求更迭的快速性一样的洞察力,重新定义企业的层级关系,分散化经营个体,尽可能缩短他们与终端消费者的距离,紧随需求变化。为了达成如上目的,海尔需要对其供应链进行优化和完善。这些优化和完善的核心即是发现需求、围绕需求、满足需求。因此,海尔尝试搭建按需设计、按需制造、按需配送的更加灵活有效的供应网络。

由于大型电器需要专业安装的特性,在冰箱等大型家电的物流环节中需提升增值服务,在实现电器配送到户的同时增加电器安装服务。海尔通过建立智能物流模型的方式来解决配送问题,树立综合服务理念,为客户提供24小时送货和超时免单一体服务。为了保证全天能按时送货,海尔物流已在全国两千多个县乡构建物流节点,以满足客户需求。这些物流节点作用的发挥还需匹配物流开放平台。海尔的日日顺物流开放平台,整合数万辆小微型车辆形成物流网络,使海尔迅速实现送货到户、送装到门的服务,并且在大件物流运输方面,保证运输质量和服务效果。最后一英里的订单覆盖用户手机终端 App,可以将产品配送到客户指定的任一地点,客户根据服务情况进行现场评估,从而实现优化车辆资源和提升用户体验的目标。

1)网络资源:关系资源巩固和结构资源强化

网络化发展使得企业商业模式发生变化,生产方式也随之发生变革,同时也带来消费渠道的改变。海尔通过企业平台化、员工创客化、用户个性化的方式,来完成网络化的转型,从而适应网络化发展和稳步实现网络化战略目标。海尔坚定以客户为中心,让客户融入企业流程中,提升客户满意度与使客户参与产品的生产与流通过程的模式,以此实现更好的网络化发展。将传统的组织架构不断革新,变成平台化的结构方式,让企业融入互联网中,变成一个节点,而员工也可以实现自己的价值,在企业平台中成为自己的首席执行官。2015 年,海尔已经成立了两百余家小微公司,业务包括家电等产品、物流、文化等服务领域。除此之外,海尔通过海尔平台,成立了470 多个相关项目,涉及 1 328 家风险投资机构,2 000 多家创客小微公司的成立作。调查显示,在 2015 年,海尔占全球大型家用电器品牌零售量的市场份额为 9.8%,位居世界第一,彰显海尔能够在不断变化的新形势下保持持续生命力与竞争力的根本是进行通体性变革。

在这一阶段,海尔采用平台化、创客化、个性化的应对策略,来顺应网络化发展和网络化要求,在网络化背景下寻求网络化转型。坚持以用户为服务出发点,为客户提供最优的体验。通过这种社会互动与利益相关者巩固关系资源。海尔将传统的科层结构换变为更为扁平的平台结构。将企业视为互联网的一个节点,强化网络效应,发挥网络优势。以支持成立创客小微公司的方式,鼓励员工进行角色转换。调动员工积极性的同时,让更多创新成果及时为企业所用。这一改革使海尔形成新的企业间关系模式,其在网络中结构洞的优势位置进一步凸显,结构资源进一步强化。

2)网络权力:技术权力、制度权力、结构权力和认同权力多维提升

海尔为了能够给客户提供完善的解决办法,不断地建立能够整理和分配全球创新资源的平台。"天樽"空调的出现,使得新兴模式进入大众视野,并成为其代名词。"天樽"空调在孵化期时,就已经实现了与用户的零距离交互,在此基础上明确了产品的各项性能指标。虽然已经尽力使产品最优化,但仍然存在着需要改进之处,即产品仍然无法实现成熟的射频技术,而这个美中不足之处迫使海尔必须依赖企业外部的平台资源,尽最大能力缩短产品的设计生产周期。

企业竞争力的获取是需要不断探索的。海尔身处网络化战略的大环境之中,

通过加强对自己产品的改进及完善，搭建合理高效物流网络，利用其特点实现整体流程的透明化和可视化，将客户置身于产品与服务生产制造的全过程中，增强企业的竞争力。虚拟现实融合平台是一种新的营销模式，通过线上平台与用户进行交流沟通，及时获取用户的即时需求，并将其与线下实体店铺及制作工厂相结合，为用户提供高质量、个性化的全面服务，提高品牌的整体服务水平。海尔主导定制式设备品牌是虚拟与现实相结合的典型例子。海尔身处互联网突飞猛进的大环境之中，主导品牌坚持以客户的需求为出发点，只为满足需求的功能买单，对其不需要则免单，并依靠各大主流在线媒体（如微博、门户网站、论坛等）线上获取消费者的即时需求。在线下实体店铺的经营中，以线上交流平台为基础，充分发挥海尔的技术研发优势，利用海尔的营销、物流及服务网络生产产品。2014年，海尔采取一系列举措，包括吸引友商合作，实施开放式改革与创新，初步建立智慧生活生态圈。2015年海尔开始与移动终端相结合，与其他领域的知名企业进行移动互联，如苹果公司。此外，与阿里巴巴、百度等进行战略合作，与保洁、联合利华等企业进行业务交流，与中粮、1号店、方科等进行合作以满足消费者各项需求。

海尔在这一阶段并没有按照传统组织结构进行发展，而是建立起新型的组织结构，实现由个体范围向开放平台转换，通过获取全球性的资源，实现员工、用户多方面互联、互通的生态圈，初步建立起智慧生活生态圈。除进一步在技术上投入强化技术权力外，逐渐占据网络中的中坚地位，结构权力和制度权力更加明确，同时其在行业声誉的树立使得其他企业对其认可和依赖增强，认同权力显著。

3）产业升级：尝试实现链升级

海尔产品的配送因具有虚实网、物流网，凭借着对整个配送流程的可视化、顾客参与化而拥有巨大优势。在网络战略下，秉承着"24小时为顾客送达，超时免单"的优质服务理念，在冰箱等大型家电的配送上引入智慧物流的理念，并据此推进物流服务。在全国2500多个县和乡镇建立物流服务点，以此来加快配送速度，提高服务水平。海尔日日顺物流开放平台的搭建，通过使用手机App及时地、方便地接到最后一公里订单、顾客位置等详细信息，随即将产品配送至顾客手中，得到顾客的现场确认及点评，同时也可以根据顾客的反馈信息，优化配送服务。这使海尔实现了送货到户、送装到门的服务目标，建立了国内家电领域首家实现高质量服务水平的大件物流服务网站。

这一阶段海尔将其在家电制造业的已有优势，尝试转移到价值链高端环节和全新领域，海尔建立的智慧物流模式是其在链升级的重要尝试。

综上可知，从1984年创业至今，海尔经过了名牌创立阶段、多元化发展阶段、国际化发展阶段、全球化发展阶段和网络化战略发展阶段。本章对每个阶段的网络资源、网络权力和产业升级进行分析，正是基于每一阶段节点资源、关系资源、结构资源的逐步积累，网络权力的技术权力、结构权力、制度权力、认同权力四个维度不断得到强化，最终作用于产品升级、工艺升级、功能升级和链升级。

第三节　本 章 小 结

"锁定效应"突破的动态过程其实质是以最低沉没成本、机会成本和转换成本使企业的产品、工艺、功能得以改善升级，甚至在价值链中实现拓展升级。为解释网络资源、权力重构和"锁定效应"突破的关联机制，本章采用两种方法解析了"锁定效应"突破的动态过程。

首先采用系统动力学的方法，循着"资源—权力—升级"的逻辑演进思路，分析网络资源及网络权力作用下的产品、工艺、功能的改善效果以及在价值链中的拓展延伸过程。目标是归纳得出升级的几个不同子系统各自的影响因素和作用机理，以及产业升级系统整体的作用规律和演化过程。通过构建系统动力学模型，分析因果作用，仿真演化过程，解析关联效应。

（1）产业升级系统动力学建模。利用系统动力学思想和分析方法，分析了产业升级系统的建模依据、问题描述和系统边界划分。从建模原则、建模过程和建模解决的问题三个方面为产业升级系统动力学建模提供依据。以产品升级、工艺升级、功能升级和链升级四个子模块为基础，明确产业升级的基本回路和相关变量，构建产业升级系统动力学模型。

（2）河北省装备制造业系统动力学仿真。在系统分析的基础上建立了基于系统动力学的产业升级理论模型，并利用河北装备制造业相关数据，模拟了人才增长率、利润率和技术淘汰率参数变化过程中网络资源、网络权力和产业升级的动态变化。

此外，鉴于海尔成功实现全球价值链"锁定效应"的突破，选取海尔为分析对象，采用纵向案例分析法解析网络资源、网络权力和产业升级的关联效应。在对其发展历程进行阶段划分的基础上对每个阶段的网络资源、网络权力和产业升级关联效应进行逐一分析。研究发现，海尔发展历程显示，企业层面、关系层面和结构层面的网络资源的逐阶段累积和强化，促成了网络权力在各维度的提升，并最终作用于产业升级的产品、功能、工艺方面的改善和在价值链中的拓展。

第六章 "锁定效应"突破结论与对策

第一节 研究结论

伴随分工在全球范围内的拓展,生产的国际化特征日益凸显,跨国公司采用的"归核化"战略在很长一段时间为其在全球价值链中占据领先位置提供策略支持。在跨国公司模块化解构搭建的全球价值链中,发展中国家的制造企业既获取了参与全球价值链的机会,同时,很容易被跨国公司主导的全球价值链戴上"枷锁",而固化于全球经济的结构边缘。作为发展中国家的重要代表的中国及中国制造企业,如何改变在全球价值链中的地位,突破"锁定效应",形成新的竞争格局是中国制造现阶段亟待解决的重要管理实践课题。随着发展中国家企业在全球价值链中参与程度的不断加深,其内外部资源不断积累,网络权力也随之逐渐发生变化。企业网络权力形成、演化为价值链重构提供新驱动,其作用下"锁定效应"的突破一方面表现为企业通过全球价值链互动,选取创新模式,匹配重构方式实现竞争优势的提升。另一方面表现为企业通过资源积累和权力提升,改变既有价值链结构,实现产业升级。

本书从网络资源出发探讨网络权力的形成机理,取径网络权力探索企业全球价值链重构路径。在解析"锁定效应"的前提下,从静态和动态两种思路出发,提出"锁定效应"的突破路径和策略。"锁定效应"突破的静态结果反映为企业在价值链中享有竞争优势,其实质是企业以较低沉没成本、机会成本和转换成本实现以高效率、高品质产品和服务及市场敏捷性为主要特征的竞争优势;"锁定效应"突破的动态过程反映为实现产业升级,其实质是企业以较低沉没成本、机会成本和转换成本实现以产品升级、工艺升级、功能升级及链升级为主要表现的产业升级。

具体研究过程如下:首先,在文献综述基础上,采用基于扎根理论的探索性案例分析,构造网络权力形成的扎根模型,归纳网络权力形成机理。其次,以网络权力为起点,结合"锁定效应"突破的结果表现——竞争优势,解析价值链重构的具体路径;以关联效应为依托,结合"锁定效应"突破的动态过程——产业升级,分析网络权力推动下的"锁定效应"突破的实现过程。最后,依据价值链重构路径和"锁定效应"

突破动态过程的研究结果，提出包括基于网络资源三维积累的企业网络权力形成策略、基于网络权力和创新模式选择的全球价值链重构策略和基于网络权力形成机理、重构路径和关联机制的"锁定效应"突破策略三个逐层递进的研究对策。

通过对研究内容的逐一展开，得到研究结论如下。

（1）以网络资源为基础的企业网络权力形成机理。本书取径网络资源探讨网络权力形成机理，从资源源头出发作为研究起点。通过对访谈资料的一级开放式、二级关联式、三级核心式逐级编码，析出了网络资源和网络权力这两个本书的起点式概念，归纳了网络资源和网络权力的构念构成，区分了网络资源的节点资源、关系资源和结构资源三个层次。同时，取径资源差异，网络权力的构念可以进一步解析为技术权力、认同权力、结构权力和制度权力四种，将网络权力内涵进一步系统化和详细化。同时，通过对资料的扎根分析，表述价值链重构的具体方式的概念逐渐形成。价值链重构方式发挥作用的逻辑是企业在前期网络权力积累基础上，对既定价值链结构寻求突破的路径选择。对其进一步分析可知，具体包括关系和知识两种重构方式。网络权力的不同维度匹配不同重构方式，进而获取竞争优势，是网络权力形成的结果向导。因此，将扎根研究析出的重构方式构念引入网络权力形成理论模型，符合理论逻辑，也是打开企业网络权力形成这一"黑箱"的重要着力点。同时，扎根研究发现在不同创新模式选择下企业网络权力与网络重构方式的匹配最终决定"锁定效应"突破的结果表现——竞争优势。

综上所述，采用基于扎根理论的探索性案例研究的方法，在析出网络资源和网络权力等核心构念基础上，探析主副范畴，解析逻辑线，归纳在资源基础理论支撑下网络权力形成机理。同时，研究发现四种维度的网络权力并非单纯的结果变量，在价值链中企业网络权力形成过程伴随价值链结构的调整和改变，价值链重构是网络权力形成的直接结果。此外，网络权力形成机理中重要一环是权力形成的外在结果表现。竞争优势既是网络权力形成的外部表现，同时也是"锁定效应"突破的静态反映。包括网络资源、网络权力、重构方式、创新模式和竞争优势在内的五个变量共同构成的扎根模型，全面揭示了在全球价值链中企业网络权力的形成机理。

（2）以网络权力为核心的全球价值链重构路径。"锁定效应"突破的静态结果是企业具有以高效率、高品质产品和服务及市场敏捷性为主要特征的竞争优势。在重构方式和创新模式作用下基于网络权力的价值链路径重构结构表现为企业竞争优势的获取。基于变量间概念模型涉及的核心变量，选取适当量表，结合量表内容完成问卷设计。通过对调研数据信效度分析，在确认量表可用性的前提下，进行相关分析获得相关系数解析变量间相关关系。按照逐层递进的思路，检验变量间直接影响，考虑中介变量、调节变量在路径影响中的中介效应、调节效应和有中介的调节效应，得到基于网络权力的全球价值链重构路径的相关结论。

此外，在解析基于网络权力的全球价值链重构路径过程中，采用纵向案例分析的方法，以格力电器、吉利及华为为研究对象，解析随时间变化下企业基于网络权力各维度的价值链重构路径的发展历程。将格力电器、吉利和华为按照关键事件和对应的重构结果表现——竞争优势变化，进行时段划分。分析由扎根研究析出的核心变量随时间变化，表现出的典型特征及结果。在此基础上对企业的价值链重构过程进行阶段划分，据此对每个阶段价值链重构路径进行归纳。最后，通过跨时段分析从动态视角归纳出基于网络权力的价值链重构的动态演化趋势，揭示了格力电器和吉利，凭借自身所具有的网络权力，在不同时段结合不同的创新模式和重构方式，从价值链低端不断向价值链高端迁升，成功实现价值链重构的具体过程。从网络权力视角解析了企业实现价值链重构的具体路径。

综上所述，在静态数据支撑下，解析基于网络权力的全球价值链重构路径的一般规律，并以典型的价值链重构成功的企业为例，展开纵向研究。从静态和动态两种视角验证了基于网络权力的价值链重构模型的解释力，也使基于网络权力的全球价值链重构研究在内容上更为丰富并得到深化。

（3）以关联机制为主导的"锁定效应"突破过程。"锁定效应"突破的动态过程其实质是实现各维度的产业升级。通过解析网络资源、网络权力和产业升级的关联机制，采用两种方法解析"锁定效应"突破的动态过程。首先在系统动力学相关理论的基础上，将网络资源、网络权力和产业升级纳入分析框架，即分析网络资源及网络权力作用下的产品升级、工艺升级、功能升级及链升级变化过程。以系统动力学 Vensim 软件为工具，通过拆分解析变量间的因果关系，搭建形成包含所有变量在内的因果关系图。在时间演化前提下模拟随网络资源和网络权力变化的产品升级、工艺升级、功能升级和链升级变化过程，结合河北省装备制造业的实例，进行系统仿真，归纳了影响产业升级不同子系统的关键影响因素和动态作用机理。研究结果以系统动力学为理论基础，解析了"锁定效应"突破的动态过程。

此外，鉴于海尔在全球价值链"锁定效应"突破方面获得的成功，选取海尔为研究对象。在对海尔发展历程进行阶段划分的基础上，沿纵向时间轴的延伸对每个阶段企业拥有的网络资源、掌握的网络权力和实现产业升级的维度进行逐一匹配与解析。研究发现，海尔的发展经历了节点资源的积累、关系资源的搭建、结构资源的强化，逐渐转化为了网络权力的技术影响、认同趋势、结构优势、制度控制四个维度，最终表现为产业升级的四个方面。同时，采用纵向案例分析法进一步分析网络资源、网络权力和产业升级的关联效应，据此解析"锁定效应"的动态突破过程。

第二节　对　策　建　议

依据前文对企业网络权力形成机理、重构路径和关联机制的研究结论，针对在管理实践中发展中国家企业希望通过参与全球价值链互动,逐步实现全球价值链重构打破"锁定效应"进行转型升级的需要,提出基于网络权力形成机理的微观层面的企业全球价值链重构与"锁定效应"突破策略。

(1)基于网络资源三维积累的企业网络权力形成策略。基于资源基础理论取径网络资源研究全球价值链低端企业网络权力的形成方式,是本书的逻辑出发点。嵌入全球价值链中的企业,由于其在网络中所处位置的不同,结构资源存在差异;由于合作伙伴的不同,关系资源存在差异;由于企业组织内部的差异,节点资源存在差异,在三个层次的具有异质性的网络资源基础上形成的网络权力存在差异。网络资源是网络权力的形成基础,价值链低端环节企业可有倾向地选择如上所述的三种资源类型,进行选择性积累,并据此形成具有水平差异的不同维度的网络权力。通过对所选案例的扎根分析形成的扎根模型,显示网络资源三维度中节点资源的积累有助企业技术权力的形成,关系资源的增加更有助于认同权力的积累,结构资源的变化最终通过结构权力体现。值得注意的是节点资源、关系资源和结构资源的积累均可反映为制度权力的提升,即网络资源累积的权力终端表现通过制度权力显现。基于如上研究结论对策建议如下。

第一,在全球价值链中低价值环节,企业通过节点资源的积累,驱动创新,主动获取技术权力;通过节点资源的积累,形成权威,持续维持认同权力;通过参与全球价值链互动,伴随企业自身成长,不断累积其拥有的人力资源、物质资源。企业需要有意识地整合自身具有的内部资源,驱动创新,在全球价值链中不断实现技术权力的提升。同时,伴随企业内部资源的不断积累和技术权力的提升,企业需要重视对资源积累带来声誉的维系,提升认同,形成权威。

第二,在全球价值链中低价值环节,企业可以通过关系资源的积累,塑造权威,不断累积认同权力。由于参与全球价值链互动,企业和价值链中其他主体基于互动经验的总结和互动效果的评价,在形成的关系质量满意度方面存在差异。互动经验和互动效果是企业在价值链中权威形成和领导力塑造的重要依据。基于互动而产生的关系资源的数量和质量越高,对合作主体的认识越充分,认同越容易产生,认同权力效果就越凸显。企业需要在社会互动过程中注意构建与其他主体的关系资源,塑造权威,在全球价值链中不断实现认同权力的提升。

第三,在全球价值链中低价值环节,企业需要把握结构资源的积累,形成结构势能,据此构建结构权力。由于企业所在价值链在结构方面,如网络密度、中心性的差异,占据核心位置企业,在信息控制和关系资源方面具有连接优势。处于全球价值链低端环节的企业需要进行机会识别,力争占据和把握位置优势,通过初期掌握的结构资源,逐渐形成结构主导,在全球价值链中实现结构权力的提升。

此外,网络资源的节点资源、关系资源和结构资源三维度都会影响制度权力的形成和发展。因此,在全球价值链中低价值环节企业需要注意节点资源积累的效率和方向、关系资源的质量和水平及结构资源的搭建与整合，在节点资源、关系资源和结构资源共同作用下形成规范，建立规则，在全球价值链中实现制度权力的全面提升。此外，需要注意的是制度权力的提升往往伴随着技术权力、认同权力和结构权力的共同作用，即网络权力是一个有机整体，网络资源积累是网络权力全面提升的根源和基础。

（2）基于网络权力和创新模式选择的全球价值链重构策略。在全球价值链中处于低价值环节的企业需要在网络权力提升基础上积极寻求对现有网络格局的调整和变革，以突破既定的价值链结构，重新获取在全球价值链中的位置。全球价值链重构结果既受到不同网络权力维度的直接影响，又与企业选择匹配的创新模式直接相关。基于网络权力和创新模式选择的全球价值链重构策略其本质是新兴市场国家企业，在对关键资源控制基础上形成的网络权力的推动下，结合不同重构方式选择而进行的制度重构过程，是包括企业创新战略选择在内的全球价值链变革问题。

价值链重构包括两种方式：结构自主性和知识链重构。研究结果显示，除认同权力对结构自主性直接影响效应不显著外，网络权力其他维度对重构方式均具有显著的正向影响。说明网络权力是企业实现价值链重构的前置变量，是价值链重构的重要来源。在全球价值链中低端环节企业想要实现价值链重构，网络权力提升是可行且有效的路径。

研究结果显示，在全球价值链中重构方式在网络权力作用于竞争优势的过程中发挥中介传导机制。在考虑结构自主的前提下，企业网络权力中的结构权力对竞争优势影响完全通过获取重构方式中的结构自主性发挥作用。在网络权力中的技术权力对竞争优势的影响完全通过重构方式中的知识链重构发挥作用。创新模式参与全球价值链的重构过程并发挥调节效应。创新模式中突破式创新在技术权力影响知识链重构的过程中的调节效应显著。在考虑知识链重构的中介传导效应过程中，突破式创新的有中介的调节作用显著。研究结果明确了价值链重构的具体实现路径，同时也深入剖析了企业价值链重构成功与否源于网络权力、重构方式及创新模式之间的匹配与否。即经历了网络资源的层次累积和网络权力的导向生成，如果企业在结构权力上提升明显，可以继续选择围绕自主性方面进行拓展以实现价值链重构的结果和"锁定效应"的突破。同样，经历了网络资源的累积和网络权力的形成，如果企业在技术权力维度上提升更加明显，则可以选择解构原有知识链构建新型知识链的方式以实现价值链整体重构和"锁定效应"的突破。同时，全球价值链低价值环节企业需要重视创新在价值链重构中的推动作用。在技术权力提升的前提下，能否认清自身位置，积极应对改变，选择有效方式，敢于进行突破式创新是企业最终全球价值链重构成功与否的关键。

此外，在不同发展阶段，网络权力维度和水平不同，在网络权力基础上的重构方式和创新模式选择也存在差异，在价值链中低端环节企业的全球价值链重构策略可按照发展和演化,归纳为如下四个阶段。

第一,企业在参与全球价值链活动的第一阶段,网络权力萌芽阶段的权力形成依赖技术权力和结构权力的累积,这两种网络权力直接决定了初期企业参与竞争的结果,即企业是否能够继续生存。企业可以依赖其自身提升的结构权力而直接获取竞争优势。在考虑结构自主性参与的前提下,企业结构权力的提升完全通过在结构自主性上的突破而形成竞争优势。在这一阶段企业全球价值链重构仅处于起步阶段,重构策略可以概括为技术权力的初级积累与基于结构权力的价值链结构的初步撼动。

第二,企业在参与全球价值链活动的第二阶段,由于初期的基础积累带来的与其他同时期竞争者相比表现出的微弱的成本、关系及效率优势,企业的结构权力、技术权力以更有效的方式开始发挥作用。认同权力逐渐生成并开始影响在价值链中主体的行为。伴随技术权力的提升,构建新型协作关系,成为企业进行价值链重构的新尝试。这一阶段企业全球价值链的重构策略可以概括为认同权力的构建与基于技术权力的知识链重构的初步实现。

第三,企业在参与全球价值链活动的第三阶段,在前期网络资源和网络权力积累基础上结构权力、认同权力和技术权力开始呈现显著提升,制度权力的作用初见端倪。技术权力与突破式创新相结合,通过改变价值链中的知识结构的方式,尝试对价值链结构进行调整。这一阶段企业全球价值链重构策略可以概括为制度权力的搭建与在技术权力和突破式创新方式交互作用下知识链的强烈颠覆。

第四,企业在参与全球价值链活动的第四阶段,其拥有的网络权力四维度,即结构权力、认同权力、制度权力和技术权力开始呈现高水平、持续性的特征。这些特征使得网络权力水平在未来一段时间内既表现出惯性的持续积累,又为下一轮全球价值链的重构提供权力驱动。这一阶段企业全球价值链重构策略可以概括为在更高权力水平下的全球价值链制度安排。

综上所述,全球价值链变革是新阶段发展中国家企业面临的外部环境也是重要机遇。如何在动荡的环境中抓住机遇,实现全球价值链重构,是中国企业正在面对也必须解决的现实问题。全球价值链低端环节企业的价值链重构路径研究具有必要性。网络权力是在全球价值链中低价值环节企业实现重构的直接因素,网络权力提升是价值链重构可行且重要的直接路径。同时,结构权力→结构自主性、技术权力→知识链重构、技术权力→突破式创新→知识链重构等变量间共同构成了价值链重构的具体路径。在全球价值链中低价值环节企业可依据自身网络权力的维度和水平选择创新模式和重构方式以实现价值链重构。此外,依据企业发展阶段可选择网络权力不同维度予以强化,并考虑结合不同创新模式和重构方式,实现价值链重构,最终达成全球价值链制度重构。

(3)基于网络权力形成机理、重构路径和关联机制的"锁定效应"突破策略。"锁定效应"突破的静态结果反映为企业在价值链中的效率、产品和服务品质及市场敏捷性等方面的竞争优势。"锁定效应"突破的动态过程其实质是包括产品升级、工艺升级、功能升级及链升级在内的产业升级的实现。

本书以系统动力学为理论基础,解析"锁定效应"突破的动态过程,探讨网络资源、权力重构和"锁定效应"突破的关联效应,即分析网络资源及网络权力重构作用下的产品升级、工艺升级、功能升级及链升级。以 Vensim 为工具,构建了系统动力学模型,解析了产业升级四个子系统内部和系统整体因素间的因果关系及其作用机理。在如上研究结果支撑下,基于网络权力形成机理、重构路径和关联机制的"锁定效应"突破策略可概括如下。

人才增长,意味着企业内部人才聚集度增加,企业据此节点资源的不断积累,形成技术权力,并在制度权力方面有所改善,进而实现产业升级。然而,研究结果显示短期内不同人才增长率水平对产业升级影响的差异较小,更大的差异表现需要较长的时间才更为明显。由此可知,企业人才引进应作为一项实现"锁定效应"突破的长期战略,寻求长期效果而非关注短期成效。企业利润率的提升和落后技术的淘汰都意味着企业不再满足于当前产品,开始尝试改善技术权力,通过技术权力提升以及制度权力影响,显著表现为产品升级和工艺升级。由此可知,技术权力的提升是"锁定效应"突破的核心要素,产业升级的关键在于技术权力的积累基础上量变到质变的转换。在关系资源和结构资源影响下的认同权力和结构权力是功能升级的重要来源,并且为链升级提供选择性依据。由此可知,认同权力和结构权力是"锁定效应"突破的结构要素,产业升级的实现不仅需要技术的追赶和更替作为驱动,同时还需要辅之以结构调整和改善。综上所述,仅仅依靠引进人才短期内不能有效实现产业升级,需将人才引进长期资源策略与淘汰落后、提升产品利润进而形成技术权力相结合,同时辅之以构建权威、形成位势的认同权力和结构权力,将其共同转化为制度影响,共同作用于产业升级,实现全球价值链重构进而提出突破"锁定效应"的有效策略。

综上所述,已有研究对全球价值链锁定内容的探讨更多的是从宏观经济视角出发,从研究对象面板数据着手,分析在区域经济发展过程中"锁定效应"的产生、形成及其影响。由于面板数据的区域性和整体性,使得较少研究从企业层面出发,探索"锁定效应"突破的实现路径。据此,本书沿着环环相扣的如下三个问题逐一展开,将资源延伸至网络层面探讨网络权力的形成机理,取径网络权力探索企业全球价值链重构路径,结合网络资源、网络权力和产业升级关联效应提出"锁定效应"的突破策略。即尝试取径企业网络权力,解析网络权力的形成机理,分析网络权力的不同类型和水平高低给价值链重构带来的影响,并据此解析全球价值链"锁定效应"的突破路径和策略。研究结果完善了全球价值链治理理论中治理结构的相关内容,促进了全球价值链治理理论的研究进展。同时,为受制于全球价值链中领先企业的中国制造企业打破"锁定效应",实现转型升级提供理论依据。

参 考 文 献

蔡宁，吴结兵. 2002. 企业集群的竞争优势：资源的结构性整合[J]. 中国工业经济，（7）：45-50.

曹丽莉. 2008. 产业集群网络结构的比较研究[J]. 中国工业经济，（8）：143-152.

陈国权，李赞斌. 2002. 学习型组织中的"学习主体"类型与案例研究[J]. 管理科学学报，5（4）：51-60，67.

陈锟，于建原. 2009. 营销能力对企业创新影响的正负效应——兼及对"Christensen 悖论"的实证与解释[J]. 管理科学学报，12（2）：126-141.

陈向明. 1999. 扎根理论的思路和方法[J]. 教育研究与实验，（4）：58-63.

陈向明. 2000. 从一个到全体——质的研究结果的推论问题[J]. 教育研究与实验，（2）：1-8，72.

陈向明. 2001. 文化主位的限度与研究结果的"真实"[J]. 社会学研究，16（2）：1-11.

戴晓天. 2009. 价值网络的价值创造、锁定效应及竞争优势的关系研究[D]. 电子科技大学硕士学位论文.

党兴华，李玲. 2008. 基于权力依赖的技术创新网络核心企业的识别研究[C]. 第三届中国管理学年会——管理科学分会场，湖南.

党兴华，查博. 2011. 知识权力对技术创新网络治理绩效的影响研究[J]. 管理学报，8（8）：1183-1189.

邓智团. 2010. 非对称网络权力与产业网络的空间组织——以我国台湾地区流行音乐产业网络为例[J]. 中国工业经济，（3）：149-158.

董保宝. 2010. 基于网络结构的动态能力与企业竞争优势关系研究[D]. 吉林大学博士学位论文.

杜世海，丁慧平，姜文生. 2006. 供应链竞争优势的租金贡献分析与评价研究[J]. 管理科学学报，9（3）：24-30.

方建国. 2005. 基于战略网络视角的企业关系资源[J]. 科技进步与对策，22（12）：178-180.

付玉秀，张洪石. 2004. 突破性创新：概念界定与比较[J]. 数量经济技术经济研究，21（3）：73-83.

韩彩欣. 2002. 企业资源配置方法研究[D]. 河北工业大学硕士学位论文.

韩晶，王赟，陈超凡. 2015. 中国工业碳排放绩效的区域差异及影响因素研究——基于省域数据的空间计量分析[J]. 经济社会体制比较，（1）：113-124.

郝生宾，于渤. 2009. 技术战略对企业自主创新作用路径的实证研究[J]. 研究与发展管理，21（3）：

63-69.

何柳，聂规划. 2004. 基于工作流程的知识链管理研究[J]. 情报杂志，23（11）：7-8，11.

衡朝阳. 2004. 企业合作竞争研究[J]. 中央财经大学学报，（2）：55-57，67.

侯杰泰，温忠麟，成子娟，等. 2004. 结构方程模型及其应用[M]. 北京：教育科学出版社.

霍宝锋，韩昭君，赵先德. 2013. 权力与关系承诺对供应商整合的影响[J]. 管理科学学报，16（4）：33-50.

霍影，霍金刚. 2015. 地方产业经济发展策略选择：传统产业是否应让位于战略性新兴产业[J]. 科技进步与对策，32（10）：28-31.

姜翰，高莉芳，金占明. 2009. 成员企业权力结构对联盟中控制权不对称分布影响的研究[J]. 管理学报，6（4）：482-488.

景秀艳. 2007. 网络权力及其影响下的企业空间行为研究[D]. 华东师范大学博士学位论文.

孔曙光，陈玉川. 2008. 广义技术创新与区域产业结构升级的机制探索[J]. 工业技术经济，27（9）：67-70.

蓝庆新. 2005. 论全球价值链下的电子信息产业集群升级[J]. 山西财经大学学报，27（5）：74-78.

李景鹏. 2008. 权力政治学[M]. 北京：北京大学出版社.

李明. 2007. 锁定效应与我国企业自主创新应对策略研究[D]. 吉林大学硕士学位论文.

李配. 2009. 全球生产网络与中国汽车产业升级[D]. 上海师范大学硕士学位论文.

林焜，彭灿. 2010. 知识共享、供应链动态能力与供应链绩效的关系研究[J]. 科学学与科学技术管理，31（7）：98-104.

林兰，曾刚. 2010. 企业网络中技术权力现象研究评述[J]. 人文地理，25（3）：16-19，61.

林润辉，李维安. 2000. 网络组织——更具环境适应能力的新型组织模式[J]. 南开管理评论，3（3）：4-7.

林毅夫，李周. 1997. 现代企业制度的内涵与国有企业改革方向[J]. 经济研究，（3）：3-10.

刘慧宏，余洁雅，祁明德，等. 2005. 合作竞争博弈及其求解[J]. 预测，24（2）：73-75.

刘兰剑. 2010. 网络嵌入性：基本研究问题与框架[J]. 科技进步与对策，27（13）：153-160.

刘石兰. 2008. 市场导向类型、产品创新方式与企业绩效的相关研究[J]. 预测，27（4）：31-38.

刘曦子. 2018. 大数据能力影响互联网金融平台企业竞争优势机理研究——基于商业模式视角[D]. 对外经济贸易大学博士学位论文.

马刚. 2005. 产业集群演进机制和竞争优势研究述评[J]. 科学学研究，23（2）：188-196.

闵成基，杨震宁，王以华. 2010. 权力依附关系和关系嵌入对知识流入的影响——以跨国公司在华子公司为例[J]. 科学学研究，28（3）：412-419，435.

潘松挺. 2009. 网络关系强度与技术创新模式的耦合及其协同演化[D]. 浙江大学博士学位论文.

彭正银. 2009. 企业网络组织的异变与治理模式的适应性研究[M]. 北京：经济科学出版社.

邱斌，尹威，杨帅. 2007. 全球生产网络背景下的企业创新与经济增长——"FDI、企业国际化与中国产业发展学术研讨会"综述[J]. 管理世界，（12）：136-139，147.

邱皓政，林碧芳. 2009. 结构方程模型的原理与应用[M]. 北京：中国轻工业出版社.

全力，顾新. 2010. 专家系统在知识链组织间冲突的应用[J]. 科学学与科学技术管理，31（8）：172-177.

任胜钢. 2010. 企业网络能力结构的测评及其对企业创新绩效的影响机制研究[J]. 南开管理评论，13（1）：69-80.

任寿根. 2004. 新兴产业集群与制度分割——以上海外高桥保税区新兴产业集群为例[J]. 管理世界，（2）：56-62.

石永贵. 2009. 企业网络资源协调研究[D]. 河北工业大学博士学位论文.

宋晨英. 2006. 基于战略导向的项目型企业资源配置方法研究[D]. 西北工业大学硕士学位论文.

孙晓娥. 2011. 扎根理论在深度访谈研究中的实例探析[J]. 西安交通大学学报（社会科学版），31（6）：87-92.

陶厚永，刘洪，吕鸿江. 2008. 组织管理的集权—分权模式与组织绩效的关系[J]. 中国工业经济，（4）：82-91.

王海花，谢富纪. 2012. 企业外部知识网络能力的结构测量——基于结构洞理论的研究[J]. 中国工业经济，（7）：134-146.

王琴. 2011. 基于价值网络重构的企业商业模式创新[J]. 中国工业经济，（1）：79-88.

魏文川. 2008. 我国企业资源配置过程与战略形成路径研究[D]. 华中科技大学博士学位论文.

魏江，郑小勇. 2010. 关系嵌入强度对企业技术创新绩效的影响机制研究——基于组织学习能力的中介性调节效应分析[J]. 浙江大学学报（人文社会科学版），40（6）：168-180.

魏江，周泯非. 2009. 产业集群治理：理论来源、概念与机制[J]. 管理学家（学术版），（6）：50-59，78.

温忠麟，张雷，侯杰泰. 2006. 有中介的调节变量和有调节的中介变量[J]. 心理学报，38（3）：448-452.

温忠麟，张雷，侯杰泰，等. 2004. 中介效应检验程序及其应用[J]. 心理学报，36（5）：614-620.

文嫮，曾刚. 2005. 全球价值链治理与地方产业网络升级研究——以上海浦东集成电路产业网络为例[J]. 中国工业经济，（7）：20-27.

吴明隆. 2010. 问卷统计分析实务：SPSS 操作与应用[M]. 重庆：重庆大学出版社.

吴绍波，顾新. 2009. 知识链组织之间合作与冲突的稳定性结构研究[J]. 南开管理评论，12（3）：54-58，66.

项保华，叶庆祥. 2005. 企业竞争优势理论的演变和构建——基于创新视角的整合与拓展[J]. 外国经济与管理，27（3）：19-26.

肖创勇. 2002. 基于治理与管理相统一的企业网络组织研究[D]. 昆明理工大学硕士学位论文.

杨道宁. 2005. 生产连结相关之理论比较：从“权力关系”取径研究生产网络的重要性[J]. 世界地理研究，14（1）：9-14.

杨莉. 2015. 网络资源、网络权力对产业升级影响机理研究[D]. 河北工业大学博士学位论文.

易明. 2010. 产业集群治理结构与网络权力关系配置[J]. 宏观经济研究,（3）: 42-47.

袁安照. 2002. 企业联盟: 规制结构理论导论[M]. 上海: 上海人民出版社.

张闯. 2008. 社会网络视角下的渠道权力结构与策略研究[M]. 大连: 东北财经大学出版社.

张春辉, 陈继祥. 2011. 渐进性创新或颠覆性创新: 创新模式选择研究综述[J]. 研究与发展管理, 23（3）: 88-96.

张洪石. 2005. 突破性创新动因与组织模式研究[D]. 浙江大学博士学位论文.

张赛, 汪明峰. 2015. 台北都市区信息产业升级及空间组织演化[J]. 世界地理研究, 24（2）: 105-114.

张巍, 党兴华. 2011. 企业网络权力与网络能力关联性研究——基于技术创新网络的分析[J]. 科学学研究, 29（7）: 1094-1101.

赵爽. 2009. 基于网络能力的企业绩效提升路径研究[D]. 大连理工大学博士学位论文.

周立, 吴玉鸣. 2006. 中国区域创新能力: 因素分析与聚类研究——兼论区域创新能力综合评价的因素分析替代方法[J]. 中国软科学,（8）: 96-103.

周晓东, 项保华. 2003. 什么是企业竞争优势? [J]. 科学学与科学技术管理, 24（6）: 104-107.

周振华. 1992. 论战略产业扶植培育政策[J]. 财经问题研究,（1）: 18-23.

邹国庆. 2003. 持续竞争优势: 企业能力与环境的融合进化[J]. 吉林大学社会科学学报,（5）: 107-111.

Alderson W, Martin M W. 1965. Toward a formal theory of transactions and transvections[J]. Journal of Marketing Research, 2（2）: 117-127.

Amit R, Schoemaker P J H. 1993. Strategic assets and organizational rent[J]. Strategic Management Journal, 14（1）: 33-46.

Arndt S W, Kierzkowski H. 2001. Fragmentation: New Production Patterns in the World Economy[M]. Oxford: Oxford University Press.

Baker W E, Faulkner R R, Fisher G A. 1998. Hazards of the market: the continuity and dissolution of inter-organizational market relationships[J]. American Sociological Review, 63（2）: 147-177.

Barney A, Shadle C H, Davies P O A L. 1999. Fluid flow in a dynamic mechanical model of the vocal folds and tract. I. measurements and theory[J]. The Journal of the Acoustical Society of America, 105（1）: 444-455.

Barney J. 1991. Firm resources and sustained competitive advantage[J]. Journal of Management, 17（1）: 99-120.

Baron R M, Kenny D A. 1986. The moderator-mediator variable distinction in social psychological research: conceptual strategic, and statistical considerations[J]. Journal of Personality and Social Psychology, 51（6）: 1173-1182.

Bathelt H, Taylor M. 2002. Clusters, power and place: inequality and local growth in time-space[J]. Geografiska Annaler, 84（2）: 93-109.

Baum J A C, Calabrese T, Silverman B S. 2000. Don't go it alone: alliance network composition and startups' performance in Canadian biotechnology[J]. Strategic Management Journal, 21 (3): 267-294.

Baum J A C, Dutton J E. 1996. The embeddedness of strategy[J]. Advances in Strategic Management, 13: 3-40.

Baum J A C, Korn H J. 1999. Dynamics of dyadic competitive interaction[J]. Strategic Management Journal, 20 (3): 251-278.

Baum J A C, Oliver C. 1991. Institutional linkages and organizational mortality[J]. Administrative Science Quarterly, 36 (2): 187-218.

Belaya V, Hanf J H. 2009. Power struggle in the food chain? Lessons from empirical studies on power influences in chains and marketing channels[R]. European Association of Agricultural Economists.

Benson J K. 1975. The interorganizational network as a political economy[J]. Administrative Science Quarterly, 20 (2): 229-249.

Besanko D, Dranove D, Shanley M T. 2000. Economics of Strategy[M]. 2nd ed. New York: John Wiley and Sons.

Besanko D, Perry M K. 1993. Equilibrium incentives for exclusive dealing in a differentiated products oligopoly[J]. RAND Journal of Economics, 24 (4): 646-667.

Bharadwaj S G, Varadarajan P R, Fahy J. 1993. Sustainable competitive advantage in service industries: a conceptual model and research propositions[J]. Journal of Marketing, 57(4): 83-99.

Bower J L, Doz Y. 1978. Resource allocation: a social and political process[J]. Strategic Management, 65 (5): 25-66.

Bower J L, Gilbert C. 2005. A revised model of the resource allocation process[R]. Harvard Business School, Working Paper.

Bradley M. 1980. Interfirm tender offers and the market for corporate control[J]. Journal of Business, 53 (4): 345-376.

Brandenburger A M, Nalebuff B J. 1996. Co-Opetition[M]. New York: Currency Doubleday.

Bridge G. 1997. Mapping the terrain of time-space compression: power networks in everyday life[J]. Environment and Planning Society and Space, 15 (5): 611-626.

Brockhaus R H. 1987. Entrepreneurial folklore[J]. Journal of Small Business Management, 25 (3): 1-6.

Brown J R, Lusch R F, Muehling D D. 1983. Conflich and power-dependence relations in retailer-supplier channels[J]. Journal of Retailing, 59 (4): 53-80.

Burgelman R A. 1984. Managing the internal corporate venturing process[J]. Sloan Management Review, 25 (2): 33-48.

Burt R S. 1992. Structural Holes: The Social Structure of Competition[M]. Cambridge: Harvard University Press.

Burton M D, Sørensen J B, Beckman C M. 2002. Coming from good stock: career, histories and new venture formation[J]. Research in the Sociology of Organizations, 19: 229-262.

Calcagno L, Giorgis F, Makthari A, et al. 1999. Compositional and structural properties of deuterated plasma enhanced chemical vapour deposited silicon-carbon alloys[J]. Philosophical Magazine B, 79 (10): 1685-1694.

Casciaro T, Piskorski M J. 2005. Power imbalance, mutual dependence, and constraint absorption: a closer look at resource dependence theory[J]. Administrative Science Quarterly, 50 (2): 167-199.

Castells M. 1996. The Rise of the Network Society[M]. Oxford: Blackwell.

Che Y K, Hausch D B. 1999. Cooperative investments and the value of contracting[J]. American Economic Review, 89 (1): 125-147.

Child J, Faulkner D, Tallman S. 2005. Cooperative Strategy: Managing Alliances, Networks, and Joint Ventures[M]. Oxford: Oxford University Press.

Christensen C M. 1997. The Innovator's Dilemma: When New Technologies Cause Great Firms to Fail[M]. Boston: Harvard Business School Press.

Churchman C W, Schainblatt A H. 1965. The researcher and the manager: a dialectic of implementation[J]. Management Science, 11 (4): B69-B87.

Comer J M. 1984. A psychometric assessment of a measure of sales representatives' power perceptions[J]. Journal of Marketing Research, 21 (2): 221-225.

Cook K S, Emerson R M, Gillmore M R, et al. 1983. The distribution of power in exchange networks: theory and experimental results[J]. American Journal of Sociology, 89 (2): 275-305.

Corbin J, Strauss A. 1990. Grounded theory research: procedures, canons and evaluative criteria[J]. Zeitschrift für Soziologie, 19 (6): 418-427.

Dahl R A. 1957. The concept of power[J]. Behavioral Science, 2 (3): 201-215.

Danneels E. 2004. Disruptive technology reconsidered: a critique and research agenda[J]. Journal of Product Innovation Management, 21 (4): 246-258.

Davies A. 2004. Moving base into high-value integrated solution: a value stream approach[J]. Industry and Corporate Change, 13 (5): 727-756.

Day G S, Schoemaker P. 2004. Peripheral vision: sensing and acting on weak signals[J]. Long Range Planning, 37 (2): 117-121.

Depner H, Bathelt H. 2005. Exporting the german model: the establishment of a new automobile industry cluster in Shanghai[J]. Economic Geography, 81 (1): 53-81.

Dicken P, Kelly P F, Olds K, et al. 2001. Chains and networks, territories and scales: towards a relational framework for analysing the global economy[J]. Global Networks, 1 (2): 89-112.

DiMaggio P J, Powell W W. 1983. The iron cage revisited: institutional isomorphism and collective rationality in organizational fields[J]. American Sociological Review, 48 (2): 147-160.

Doz Y L. 1996. The evolution of cooperation in strategic alliances: initial conditions or learning processes?[J]. Strategic Management Journal, 17: 55-83.

Dyer J H, Nobeoka K. 2000. Creating and managing a high-performance knowledge-sharing network: the toyota case[J]. Strategic Management Journal, 21 (3): 345-367.

Dyer J H, Singh H. 1998. The relational view: cooperative strategy and sources of interorganizational competitive advantage[J]. The Academy of Management Review, 23 (4): 660-679.

D'Aveni R A. 1994. Hyper-competition[M]. New York: The Free Press.

Eisenhardt K M. 1989. Building theories from case study research[J]. Academy of Management Review, 14 (4): 532-550.

Emerson R M. 1962. Power-dependence relations[J]. American Sociological Review, 27 (1): 31-41.

Ernst D. 1998. Catching-up crisis and industrial upgrading: evolutionary aspects of technological learning in Korea's electronics industry[J]. Asia Pacific Journal of Management, 15 (2): 247-283.

Ernst M, Chefer S. 2001. Neuroimaging and substance abuse disorders in the year 2000[J]. Current Opinion in Psychiatry, 14 (3): 179-185.

Feller J, Parhankangas A, Smeds R. 2006. Process learning in alliances developing radical versus incremental innovations: evidence from the telecommunications industry[J]. Knowledge and Process Management, 13 (3): 175-191.

Forrester J W. 1961. Industrial Dynamics[M]. Encino: Pegasus Communications.

Freeman L C. 1978. Centrality in social networks conceptual clarification[J]. Social Networks, 1 (3): 215-239.

Freeman R H, Davis J O, Watkins B E. 1977. Development of chronic perinephritic hypertension in dogs without volume expansion[J]. American Journal of Physiology, 233 (4): 278-281.

French J R P, Raven B. 1959. The Bases of Social Power[M]. New York: Harper & Row.

Ganesh J, Arnold M J, Reynolds K E. 2000. Understanding the customer base of service providers: an examination of the differences between switchers and stayers[J]. Journal of Marketing, 64 (3): 65-87.

Gatignon H, Xuereb J M. 1997. Strategic orientation of the firm and new product performance[J]. Journal of Marketing Research, 34 (1): 77-90.

Gereffi G. 1999. International trade and industrial upgrading in the apparel commodity chain[J]. Journal of International Economics, 48 (1): 37-70.

Giuliani E, Pietrobelli C, Rabellotti R. 2005. Upgrading in global value chains: lessons from Latin

American clusters[J]. World Development, 33（4）: 549-573.

Granovetter M S. 1973. The strength of weak ties[J]. American Journal of Sociology, 78（6）: 1360-1380.

Grant R M. 1991. The resource-based theory of competitive advantage: implications for strategy formulation[J]. California Management Review, 33（3）: 114-135.

Gulati R. 1998. Alliances and networks[J]. Strategic Management Journal, 19（4）: 293-317.

Gulati R. 1999. Network location and learning: the influence of network resources and firm capabilities on alliance formation[J]. Strategic Management Journal, 20（5）: 397-420.

Haas E B. 1998. Governing ideas: strategies for innovation in France and Germany by J. Nicholas Ziegler[J]. American Journal of Sociology, 103（6）: 1713-1772.

Hair J F, Anderson R E, Tatham R L, et al. 1998. Multivariate Data Analysis[M]. 5th ed. Upper Saddle River: Prentice-Hall.

Hamel G. 1991. Competition for competence and inter-partner learning within international alliances[J]. Strategic Management Journal, 12（51）: 83-103.

Hess M. 2004. 'Spatial' relationships? Towards a reconceptualization of embeddedness[J]. Progress in Human Geography, 28（2）: 165-186.

Hofer C W, Schendel D. 1978. Strategy Formulation: Analytical Concepts[M]. Saint Paul: West Publishing Company.

Humphrey J, Schmitz H. 2000. Governance and upgrading: linking industrial cluster and global value chain research[R]. IDS Working Paper, Brighton: Institute of Development Studies.

Humphrey J, Schmitz H. 2002. How does insertion in global value chains affect upgrading in industrial clusters?[J]. Regional Studies, 36（9）: 1017-1027.

Huxham C, Beech N, Croppper S, et al. 2008. Inter-organizational Power[M]. Oxford: Oxford University Press.

Irwin J G, Hoffman J J, Lamont B T. 1998. The effect of the acquisition of technological innovations on organizational performance: a resource-based view[J]. Journal of Engineering and Technology Management, 15（1）: 25-54.

James L R, Brett J M. 1984. Mediators, moderators, and tests for mediation[J]. Journal of Applied Psychology, 69（2）: 307-321.

James W. 2002. Molecular structure and property: product engineering[J]. Industrial & Engineering Chemistry Research, 41（8）: 1917-1919.

Jin Y, Vonderembse M, Ragu-Nathan T S. 2013. Proprietary technologies: building a manufacturer's flexibility and competitive advantage[J]. International Journal of Production Research, 51（19/20）: 5711-5727.

Jones C, Hesterly W S, Borgatti S P. 1997. A general theory of network governance: exchange conditions and social mechanisms[J]. Academy of Management Review, 22（4）: 911-945.

Jones R W, Kierzkowski H. 1988. The Role of Services in Production and International Trade: A Theoretical Framework[M]. Oxford: Basil Blackwell.

Kaplinsky R. 2000. Globalisation and unequalisation: what can be learned from value chain analysis[J]. Journal of Development Studies, 37（2）: 117-146.

Karlsen T, Silseth P R, Benito G R G, et al. 2003. Knowledge, internationalization of the firm, and inward-outward connections[J]. Industrial Marketing Management, 32（5）: 385-396.

Kim T Y, Oh H, Swaminathan A. 2006. Framing interorganizational network change: a network inertia perspective[J]. Academy of Management Review, 31（3）: 704-720.

Kishimoto C. 2004. Clustering and upgrading in global value chains: the Taiwanese personal computer industry[C]//Schmitz H. Local Enterprises in the Global Economy Issues of Governance and Upgrading. Cheltenham: Edward Elgar Publishing Limited: 233-264.

Klemperer P. 1995. Competition when consumers have switching costs: an overview with applications to industrial organization, macroeconomics, and international trade[J]. Review of Economic studies, 62（4）: 515-539.

Koberg C S, Detienne D R, Heppard K A. 2003. An empirical test of environmental, organizational, and process factors affecting incremental and radical innovation[J]. Journal of High Technology Management Research, 14（1）: 21-45.

Larson A. 1992. Network dyads in entrepreneurial settings: a study of the governance of exchange relationships[J]. Administrative Science Quarterly, 37（1）: 76-104.

Lawrence T B, Suddaby R. 2006. Institutions and institutional work[C]//Clegg S R, Hardy C, Lawrence T B, et al. The Sage Handbook of Organization Studies. 2nd ed. London, Thousand Oaks, New Delhi: Sage Publications: 215-254.

Liu A H, Leach M P, Bernhardt K L. 2005. Examining customer value perceptions of organizational buyers when sourcing from multiple vendors[J]. Journal of Business Research, 58（5）: 559-568.

Mansfield E. 1986. Patents and innovation: an empirical study[J]. Management Science, 32（2）: 173-181.

Marshall A. 1890. Principles of Economics[M]. Cambridge: Macmillan and Company.

Mansfield E. 1986. Patents and Innovation: An Empirical Study[M]. Griliches: INFORMS.

Markovsky B, Willer D, Patton T. 1988. Power relations in exchange networks[J]. American Sociological Review, 53（2）: 220-236.

Marx K. 1848. The Communist Manifesto[M]. Moscow: Progress Publishers.

Mathur S R, Murthy J Y. 1999. Coupled ordinates method for multigrid acceleration of radiation calculations[J]. Journal of Thermophysics and Heat Transfer, 13（4）: 467-473.

Meredith J. 1998. Building operations management theory through case and field research[J]. Journal of Operations Management, 16（4）: 441-454.

Meyer J W, Rowan B. 1977. Institutional ized organizations: formal structures as myth and ceremony[J]. American Journal of Sociology, 83（2）: 340-363.

Molina-Morales F X, Martínez-Fern á ndez M T. 2009. Does homogeneity exist within industrial districts? A social capital-based approach[J]. Papers in Regional Science, 88（1）: 209-229.

Morgan R M, Hunt S D. 1994. The commitment-trust theory of relationship marketing[J]. Journal of Marketing, 58（3）: 20-38.

Murphy J T. 2007. The challenge of upgrading in African industries: socio-spatial factors and the urban environment in Mwanza, Tanzania[J]. World Development, 35（10）: 1754-1778.

Normann R, Ramirez R. 1993. From value chain to value constellation: designing interactive strategy[J]. Harvard Business Review, 71（4）: 65-77.

Nye J S. 1990. Bound To Lead: The Changing Nature of American Power[M]. New York: Basic Books.

O'Connor G C, de Martino R. 2006. Organizing for radical innovation: an exploratory study of the structural aspects of RI management systems in large established firms[J]. Journal of Product Innovation Management, 23（6）: 475-497.

Oerlemans L A G, Knoben J, Pretorius M W. 2013. Alliance portfolio diversity, radical and incremental innovation: the moderating role of technology management[J]. Technovation, 33（6/7）: 234-246.

Oke A, Idiagbon-Oke M, Walumbwa F. 2008. The relationship between brokers' influence, strength of ties and NPD project outcomes in innovation-driven horizontal networks[J]. Journal of Operations Management, 26（5）: 571-589.

Palermo G. 2000. Economic power and the firm in new institutional economics: two conflicting problems[J]. Journal of Economic Issues, 34（3）: 573-601.

Peng M W, Luo Y D, Shenkar O, et al. 1997. The growth of the firm in China: an information-processing perspective[J]. Cancer Treatment Reviews, 3（4）: 428.

Penrose E T. 2015. The Theory of the Growth of the Firm[M]. New York: John Wiley.

Phillips W, Lamming R, Bessant J, et al. 2006. Discontinuous innovation and supply relationships: strategic dalliances[J]. R&D Management, 36（4）: 451-461.

Ponte S, Ewert J. 2009. Which way is "up" in upgrading? Trajectories of change in the value chain for South African wine[J]. World Development, 37（10）: 1637-1650.

Porter D. 1987. Viscosity as a consequence of dielectric dissipation: general equation and applications[J]. Polymer, 28（7）: 1051-1055.

Porter M E. 1985. Competitive Advantage: Creating and Sustaining Superior Performance[M]. New York: Free Press.

Porter M E. 1991. Toward a dynamic theory of strategy[J]. Strategic Management Journal, 12（S2）: 95-117.

Powell W W. 1990. Neither market nor hierarchy: network forms of organization[J]. Research in Organizational Behavior, 12（3）: 295-336.

Prahalad C K, Hamel G. 1994. Strategy as a field of study: why search for a new paradigm?[J]. Strategic Management Journal, 15（S2）: 5-16.

Provan K G. 1980. Recognizing, measuring, and interpreting the potential/enacted power distinction in organizational research[J]. Academy of Management Review, 5（4）: 549-559.

Rice M P, Kelley D, Peters L, et al. 2001. Radical innovation: triggering initiation of opportunity recognition and evaluation[J]. R&D Management, 31（4）: 409-420.

Ritter T, Wilkinson I F, Johnston W J. 2002. Measuring network competence: some international evidence[J]. Journal of Business and Industrial Marketing, 17（2/3）: 119-138.

Rutherford T, Holmes J. 2008. "The flea on the tail of the dog": power in global production networks and the restructuring of Canadian automotive clusters[J]. Journal of Economic Geography, 8（4）: 519-544.

Robert B. 1987. Entrepreneurship folklore[J]. Journal of Small Business Management, 6: 1-6.

Rose G M, Shoham A. 2004. Interorganizational task and emotional conflict with international channels of distribution[J]. Journal of Business Research, 57（9）: 942-950.

Rothaermel F T. 2002. Technological discontinuities and interfirm cooperation: what determines a startup's attractiveness as alliance partner?[J]. IEEE Transactions on Engineering Management, 49（4）: 388-397.

Rousseau D M, Sitkin S B, Burt R S, et al. 1998. Not so different after all: a cross-discipline view of trust[J]. Academy of Management Review, 23（3）: 393-404.

Sacchetti S, Sugden R. 2003. The governance of networks and economic power: the nature and impact of subcontracting relationships[J]. Journal of Economic Surveys, 17（5）: 669-692.

Saxenian A. 1994. Regional Advantage[M]. Cambridge: Harvard University Press.

Schoemaker P J H. 1990. Strategy, complexity and economic rent[J]. Management Science, 36（10）: 1178-1192.

Schultz T W. 1961. Investment in human capital[J]. The American Economic Review, 51（1）: 1-17.

Schumpeter J. 1912. The Economic Theory of Development[M]. Oxford: Oxford University Press.

Sheu J B, Hu T L. 2009. Channel power, commitment and performance toward sustainable channel relationship[J]. Industrial Marketing Management, 38（1）: 17-31.

Sirmon D G, Hitt M A, Ireland R D. 2007. Managing firm resources in dynamic environments to create value: looking inside the black box[J]. Academy of Management Review, 32（1）: 273-292.

Smith A. 1776. The Wealth of Nations[M]. Oxford: Clarendon Press.

Smith A. 2003. Power relations, industrial clusters, and regional transformations: pan-European integration and outward processing in the Slovak clothing industry[J]. Economic Geography, 79 (1): 17-40.

Swasy J L. 1979. Measuring the bases of social power[J]. Advances in Consumer Research, 6 (1): 340-346.

Szymanski D M, Bharadwaj S G, Varadarajan P R. 1993. Standardization versus adaptation of international marketing strategy: an empirical investigation[J]. Journal of Marketing, 57 (4): 1-17.

Teece D J, Pisano G, Shuen A. 1997. Dynamic capabilities and strategic management[J]. Strategic Management Journal, 18 (7): 509-533.

Tokatli N, Kizilgun O. 2004. Upgrading in the global clothing industry: Mavi jeans and the transformation of a Turkish firm from full-package to brand-name manufacturing and retailing[J]. Economic Geography, 80 (3): 221-240.

Varadarajan P R, Jayachandran S. 1999. Marketing strategy: an assessment of the state of the field and outlook[J]. Journal of the Academy of Marketing Science, 27 (2): 120-143.

Veryzer R W. 1998. Discontinuous innovation and the new product development process[J]. The Journal of Product Innovation Management, 15 (4): 304-321.

Vogel M A. 2005. Leveraging information technology competencies and capabilities for a competitive advantage[D]. University of Maryland Doctoral Dissertation.

von Hippel E. 1993. "Sticky information" and the locus of problem solving: implications for innovation[J]. Management Science, 40 (4): 429-439.

von Hippel W. 1994. A social psychological perspective[J]. Ethics&Behavior, 4 (4): 397-399.

Walter A, Auer M, Ritter T. 2006. The impact of network capabilities and entrepreneurial orientation on university spin-off performance[J]. Journal of Business Venturing, 21 (4): 541-567.

Weil K E. 1998. Competitive Advantage: Creating and Sustaining Superior Performance[M]. New York: Free Press Export Edition.

Wernerfelt B. 1984a. A resource-based view of the firm[J]. Strategic Management Journal, 5 (5): 171-180.

Wernerfelt B. 1984b. Consumers with differing reaction speeds, scale advantages and industry structure[J]. European Economic Review, 24 (2): 257-270.

Williamson O E. 1991. Comparative economic organization: the analysis of discrete structural alternatives[J]. Administrative Science Quarterly, 36 (2): 269-296.

Williamson O E. 1993. Transaction cost economics and organization theory[J]. Industrial and Corporate Change, 2 (1): 107-156.

Wind J, Mahajan V. 1997. Issues and opportunities in new product development: an introduction to the special issue[J]. Journal of Marketing Research, 34 (1): 1-12.

Woodruff R B. 1997. Customer value: the next source for competitive advantage[J]. Journal of the Academy of Marketing Science, 25（2）: 139-153.

Yan Y, Chi R Y. 2013. R & D investment, technology acquisition pattern, and enterprise innovation performance-based on a demonstration of high-tech enterprises in Zhejiang Province[J]. Science Research Management, 34（5）: 48-55.

Yin R K. 2003. Case Study Research: Design and Methods[M]. 3rd ed. London: Sage Press.

Zald M N. 1970. Power and Organizations[M]. Nashville: Vanderbilt University Press.

Zhao X D, Huo B F, Flynn B B, et al. 2008. The impact of power and relationship commitment on the integration between manufacturers and customers in a supply chain[J]. Journal of Operations Management, 26（3）: 368-388.

附录 A 调 查 问 卷

您好！我们是全球价值链治理研究调研小组，我们进行本次调查研究是在国家社会科学基金项目支持下，希望了解嵌入全球价值链的我国制造企业目前拥有的资源和权力情况，归纳价值链重构的具体路径，为企业实现"锁定效应"突破提供策略依据。此外，也希望研究结论为地方政府促进区域内企业发展提供政策建议。问卷的统计结果将用于国家社会科学基金的学术研究，任何有关企业的信息和资料，我们都将严格保密。

根据贵企业现状，请您将下表中每项描述与您心目中的实际情况进行对比，并逐一打分。

1 表示非常不同意　2 表示不同意　3 表示不确定　4 表示同意　5 表示非常同意

第一部分　网络权力					
1. 企业经常比其他价值链成员更快获得商业信息	1	2	3	4	5
2. 企业能够主导商业信息在价值链中的流动	1	2	3	4	5
3. 企业经常为价值链中的其他成员企业传递信息	1	2	3	4	5
4. 企业会控制和关注价值链中的信息	1	2	3	4	5
5. 企业在价值链其他成员企业中的口碑很好	1	2	3	4	5
6. 企业在行业内拥有较高的社会地位	1	2	3	4	5
7. 企业的行动和观点经常得到主要合作伙伴的支持	1	2	3	4	5
8. 企业对整个价值链的发展方向有影响	1	2	3	4	5
9. 企业会联合其他价值链成员共同限制网络外部企业的进入	1	2	3	4	5
10. 企业建立了有效的激励与约束价值链中其他成员企业的机制和措施	1	2	3	4	5
11. 企业在价值链中具有较强的讨价还价的能力	1	2	3	4	5
12. 企业有能力对不满足自身需求的价值链成员采取一些惩罚性措施	1	2	3	4	5
13. 企业掌握一些其他成员企业不具有的核心技术	1	2	3	4	5

续表

第一部分 网络权力					
14. 本企业技术优势可以对价值链中其他企业的决策造成影响	1	2	3	4	5
15. 对技术的掌控水平越高，企业在价值链中的等级越高	1	2	3	4	5
16. 由于对技术的掌控能力不同，价值链企业之间相互依存	1	2	3	4	5
17. 在企业参与价值链活动过程中，技术对网络发展演化起到重要作用	1	2	3	4	5
第二部分 网络资源					
18. 价值链内企业共享基础设施建设和所需自然资源	1	2	3	4	5
19. 企业有大量熟练劳动力	1	2	3	4	5
20. 本企业在所属价值链内产品技术的创新水平领先	1	2	3	4	5
21. 本企业从招募的人员中获得技术和营销知识	1	2	3	4	5
22. 本企业对所属价值链内上游供应商的合作非常满意	1	2	3	4	5
23. 总体上，本企业对所属价值链内下游买家的合作非常满意	1	2	3	4	5
24. 本企业与本地科研院校或中介机构联系非常紧密	1	2	3	4	5
25. 本企业可以得到政府实施有利的科技政策和项目	1	2	3	4	5
26. 在价值链中本企业拥有的有联系的组织和机构种类多于其他企业	1	2	3	4	5
27. 与本企业发生业务往来的主要企业数量明显较多	1	2	3	4	5
28. 本企业可以使用价值链中其他企业的原料来源	1	2	3	4	5
第三部分 重构方式					
29. 企业与价值链中经常保持联系的合作企业之间有相似的社会背景	1	2	3	4	5
30. 价值链中与本企业联系的其他企业和本企业中断合作关系后很难找到替代者	1	2	3	4	5
31. 价值链中与本企业经常合作的成员企业分属于不同的活动圈子	1	2	3	4	5
32. 本企业与价值链大多数成员企业中断关系后能找到替代者并建立类似的合作关系	1	2	3	4	5
33. 有突发情况时，本企业能打破原来的计划并提出新的处理方式	1	2	3	4	5
34. 价值链其他企业退出或与本企业解除合作关系时有相应的应对程序	1	2	3	4	5
35. 本企业预先发现行业主流趋势，为未来需求做准备	1	2	3	4	5
第四部分 创新模式					
36. 本企业进行的创新活动采用新材料或新配件	1	2	3	4	5
37. 本企业的创新活动包括对产品外观设计方面进行创新	1	2	3	4	5
38. 本企业在原有产品基础上增加新属性	1	2	3	4	5
39. 本企业愿意引进或开发新设备	1	2	3	4	5

续表

第四部分　创新模式					
40. 本企业在创新活动中引入新产品	1	2	3	4	5
41. 本企业在创新活动中扩展了产品的种类	1	2	3	4	5
42. 本企业在创新活动中积极开拓新的市场	1	2	3	4	5
43. 本企业在创新活动中积极开发新技术	1	2	3	4	5
第五部分　竞争优势					
44. 与竞争对手相比，企业能够以较低的成本为客户提供产品或服务	1	2	3	4	5
45. 与竞争对手相比，企业能够为客户提供多功能、高性能的产品或服务	1	2	3	4	5
46. 与行业竞争对手相比，企业能以更加快速、有效的方式执行操作流程	1	2	3	4	5
47. 企业能灵活地适应快速变化的市场并比对手更快地做出反应	1	2	3	4	5
48. 与行业竞争对手相比，企业更加重视客户的需求	1	2	3	4	5
49. 与行业竞争对手相比，企业的市场份额增长更快	1	2	3	4	5

50. 您认为在参与全球生产活动的过程中，存在哪些影响企业获取竞争优势和实现升级的因素？（请分开填写）

_____

51. 您所在的单位名称：_____

52. 您目前所从事的行业：1. 食品制造业　2. 纺织品制造业　3. 家具制造业　4. 金属制造业　5. 设备制造业　6. 化学制品制造业

53. 您所在企业规模：1. 大型企业　2. 中型企业　3. 小型企业　4. 微型企业

54. 您的工作年限：1. 3 年以下　2. 3~6 年　3. 6~10 年　4. 10 年及以上

55. 您所处职位：1. 普通员工　2. 基层管理者　3. 中层管理者　4. 高层管理者

问卷到此结束，非常感谢您的参与。

附录 B 数 据 分 析

表B.1 大样本各题项的描述性统计结果

变量	题项	样本量 N	最小值 min	最大值 max	均值 M	标准差 SD	偏度 D	峰度 K
结构权力	STP 1	320	1.00	5.00	3.76	0.829	−0.151	−0.424
	STP 2	320	1.00	5.00	3.53	0.807	−0.210	−0.081
	STP 3	320	1.00	5.00	3.63	0.908	−0.427	0.073
	STP 4	320	1.00	5.00	3.86	0.856	−0.576	0.287
认同权力	IDP 1	320	1.00	5.00	3.74	0.898	−0.362	−0.222
	IDP 2	320	1.00	5.00	3.77	0.910	−0.411	−0.238
	IDP 3	320	1.00	5.00	3.83	0.835	−0.332	−0.121
	IDP 4	320	1.00	5.00	3.81	0.882	−0.440	−0.187
制度权力	ITP 1	320	1.00	5.00	3.69	0.955	−0.296	−0.266
	ITP 2	320	1.00	5.00	3.81	0.829	−0.527	0.228
	ITP 3	320	1.00	5.00	3.63	0.903	−0.445	0.123
	ITP 4	320	1.00	5.00	3.60	0.962	−0.459	−0.076
技术权力	TNP 1	320	1.00	5.00	3.96	0.785	−0.398	0.147
	TNP 2	320	1.00	5.00	3.79	0.877	−0.469	0.139
	TNP 3	320	1.00	5.00	3.92	0.935	−0.781	0.473
	TNP 4	320	1.00	5.00	3.79	0.928	−0.778	0.646
	TNP 5	320	1.00	5.00	3.88	0.909	−0.746	0.592
渐进式创新	ICI 1	320	1.00	5.00	3.76	0.941	−0.752	0.584
	ICI 2	320	1.00	5.00	3.77	1.002	−0.639	−0.057
	ICI 3	320	1.00	5.00	3.86	0.914	−0.510	0.050
	ICI 4	320	1.00	5.00	3.85	0.981	−0.819	0.472

续表

变量	题项	样本量 N	最小值 min	最大值 max	均值 M	标准差 SD	偏度 D	峰度 K
突破式创新	BTI 1	320	1.00	5.00	3.73	0.939	−0.507	−0.081
	BTI 2	320	1.00	5.00	3.67	1.009	−0.569	0.090
	BTI 3	320	1.00	5.00	3.81	0.962	−0.524	−0.266
	BTI 4	320	1.00	5.00	3.75	0.956	−0.420	−0.257
结构自主性	OSA 1	320	1.00	5.00	3.79	0.791	−0.177	−0.255
	OSA 2	320	1.00	5.00	3.63	0.898	−0.262	−0.308
	OSA 3	320	1.00	5.00	3.67	0.866	−0.462	0.285
	OSA 4	320	1.00	5.00	3.73	0.862	−0.457	0.215
知识链重构	KCR 1	320	1.00	5.00	3.71	0.906	−0.486	0.081
	KCR 2	320	1.00	5.00	3.76	0.893	−0.464	0.037
	KCR 3	320	1.00	5.00	3.58	0.979	−0.370	−0.313
竞争优势	CPA 1	320	1.00	5.00	3.72	0.978	−0.659	0.179
	CPA 2	320	1.00	5.00	3.88	0.901	−0.760	0.439
	CPA 3	320	1.00	5.00	3.73	0.930	−0.486	−0.153
	CPA 4	320	1.00	5.00	3.68	0.936	−0.455	−0.135
	CPA 5	320	1.00	5.00	3.96	0.870	−0.519	−0.260
	CPA 6	320	1.00	5.00	3.67	0.948	−0.503	0.116

表B.2 网络权力、创新模式、重构方式、竞争优势各维度之间的相关系数

变量	STP	IDP	ITP	TNP	ICI	BTI	OSA	KCR	CPA
STP	1								
IDP	0.561**	1							
ITP	0.484**	0.518**	1						
TNP	0.475**	0.555**	0.528**	1					
ICI	0.453**	0.415**	0.427**	0.558**	1				
BTI	0.472**	0.481**	0.474**	0.599**	0.745**	1			
OSA	0.529**	0.569**	0.536**	0.562**	0.446**	0.402**	1		
KCR	0.572**	0.561**	0.528**	0.619**	0.580**	0.656**	0.576**	1	
CPA	0.513**	0.499**	0.504**	0.542**	0.543**	0.563**	0.538**	0.606**	1

**表示 $p < 0.01$

注：根据 Pearson 相关分析结果整理，样本量为 320